전남대학교 동아시아연구소 총서 ②

중국근대문화연구

전남대학교 동아시아연구소 총서 ②

중국근대문화연구

인 쇄 2019년 1월 21일
발 행 2019년 1월 25일

저 자 엄영욱 · 이종민 · 정영호
발행인 정병석
발행처 전남대학교출판문화원

등 록 1981. 5. 21. 제53호
주 소 61186 광주광역시 북구 용봉로 77
전 화 (062) 530-0571~2 마케팅 530-0573
팩 스 (062) 530-0579
홈페이지 http://www.cnup.co.kr
이메일 cnup0571@hanmail.net

값 17,000원

ISBN 978-89-6849-591-5 (93300)

이 도서의 국립중앙도서관 출판예정도서목록(CIP)은
서지정보유통지원시스템 홈페이지(http://seoji.nl.go.kr)와
국가자료종합목록시스템(http://www.nl.go.kr/kolisnet)에서 이용하실 수 있습니다.
(CIP제어번호 : CIP2019001543)

전남대학교
동아시아연구소
총서
2

중국근대문화연구

엄영욱 · 이종민 · 정영호 공저

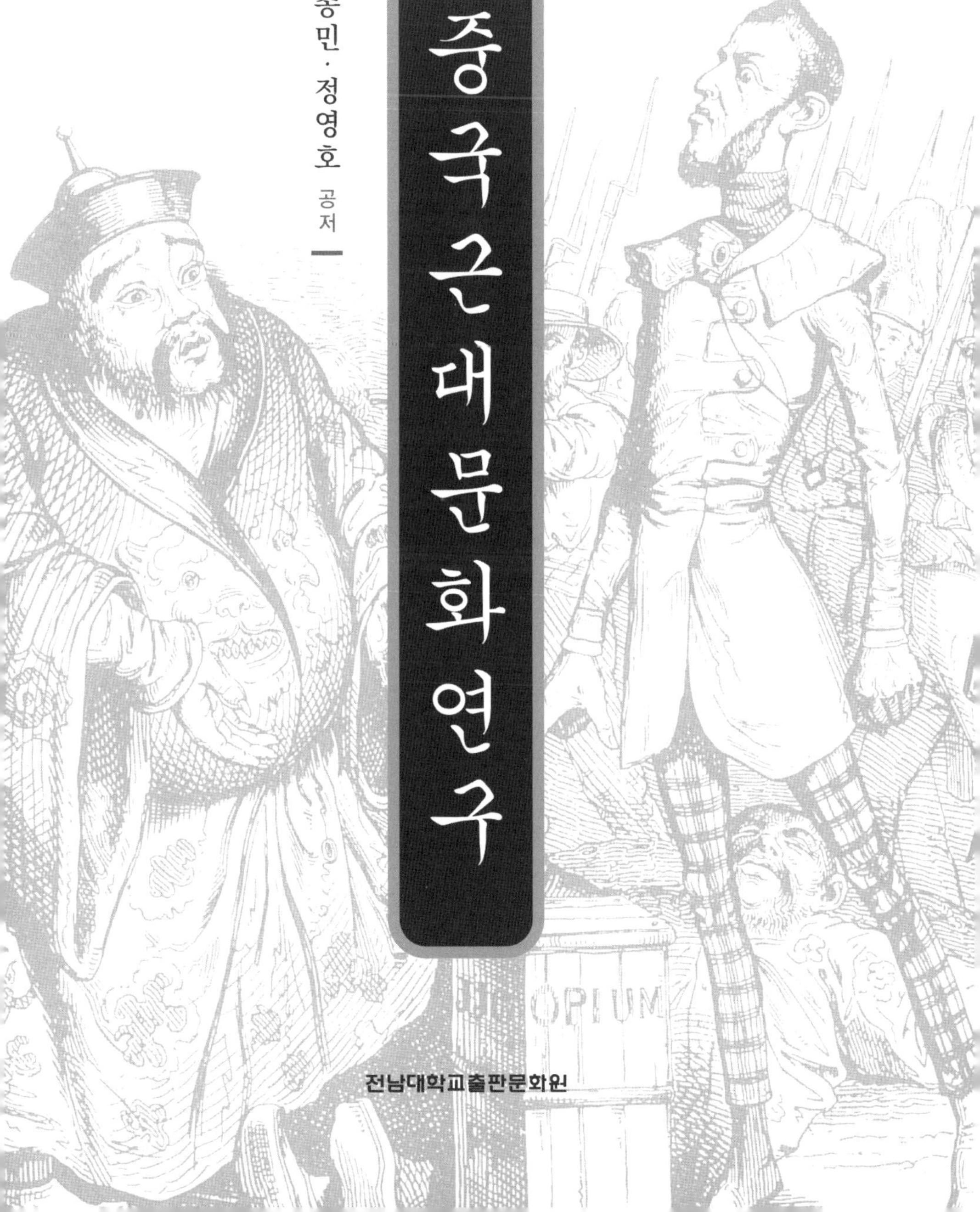

전남대학교출판문화원

'역사적 근대'의 시각으로 본 중국근대문화연구

미국의 신청사新淸史 학파는 아편전쟁을 중국 근대사의 기점으로 간주하는 시각을 비판하고 명말 청초에서 중국의 '초기 근대(early modern)'가 시작되었다는 관점을 제기하였다. 주지하듯이 아편전쟁을 근대사의 기점을 삼는 시각은 서구의 충격에 대한 중국의 대응 과정에서 근대가 시작된다는 서구 중심적 근대론을 반영한 것이다. 이렇게 볼 경우 서구의 충격이 도래하기 전에 중국 내부에서 진행되어왔던 다양한 진보적 흐름이 지닌 시대적 의미를 이해하지 못하게 될 수 있다. '초기 근대'는 이러한 문제점을 비판하며 서구 중심적 근대론이 아닌 '역사적 근대'의 개념을 통해 중국의 내재적 시각에 기반한 근대사의 과정을 고찰한다. 서구 중심적 근대론에서는 비서구 세계의 근대가 독자적으로 형성될 수 없고 서구 근대와 접촉하고 대응하는 과정에서 발단된 것이라고 규정한다. 그러나 비서구 세계의 근대가 서구 근대와의 충돌이 아니라 내재적인 성장과정에서 발단된 것이라고 이해하는 관점에서는 근대 형성경로가 더욱 복잡하고 다양해진다. 그래서 서구 및 비서구 세계의 다양한 근대 형성경로를 논의하기 위해서는 서구 중심적 근대론에서 벗어나 '역사적 근대'의 개념으로 세계사의 시기를 세분화할 필요가 있는 것이다.

역사적 근대는 세계 여러 지역에서 복잡한 내외적 요인으로 근대가 형성되어 변화 발전하는 장기적인 역사과정을 지칭한다. 역사적 근대는 각 지역의 상황에 따라 3단계의 근대 형성 과정을 거친다. 즉 각 지역의 내재적 요인에 의해 형성된 초기 근대, 서구 제국주의에 저항하는 과정에서 형성된 식민/피식민 근대, 서구 근대성에서 벗어나기 위해 전 지구적 차원에서 모색하고 있는 탈서구 근대가 그러하다. 유럽사의 1450~1640년이나 미국의 신청사학파가 제기한 명말청초 등은 초기 근대에 해당하고, 우리가 상식적으로 알고 있는 서구 중심적 근대는 식민/피식민 근대에 해당한다. 중국의 대안근대 담론을 비롯해 현재 세계 여러 지역에서 추구하고 있는 서구중심주의 비판은 탈서구 근대를 모색하기 위한 사회실험에 해당한다고 할 것이다.

이 책에서 사용하는 중국 근대는 '초기 근대'에서 식민/피식민의 근대가 형성되는 역사적 시간을 의미한다. 이는 중국의 근대가 아편전쟁 이후 획기적으로 시작된 것이 아니라, 그 이전부터 내부의 다양한 비판과 모색을 통해 변화의 흐름이 축적되는 과정에서 생성된 것이라고 인식하기 때문이다. 이러한 입장을 취할 때 중국 내재적 시각에 기반한 다양하고 풍부한 문화적 현상을 해석하여 근대의 의미에 대한 새로운 가치평가를 내릴 수 있을 것이다. 이 책은 이러한 맥락에서 명청시대의 텍스트와 문화현상을 출발점으로 삼아 '초기 근대'와 관련된 사회비판과 새로운 세계의 모색에 대해 설명하고(Ⅰ부), 다음으로 청말민초의 텍스트와 문화현상에서 전통과 근대 그리고 탈근대의 흐름이 복잡하게 얽힌 가운데 어떠한 사유를 통해 신문명을 탐색해나가고 있는지에 대해 서술하고(Ⅱ부), 그리고 한중 근대 작가의 창작의식과 글쓰기를 통해 근대 문학에 관해 어떠한 성찰을 하고 있는지(Ⅲ부)에 대해 분석한다.

Ⅰ부는 '명청 소설 속의 지식인과 사회비판'에 관한 것이다.

1장 '명청소설 속의 과거문화와 지식인'은 명청시기 과거문화를 반영한 소설들의 분석을 통해 지식인들의 형상을 추출해보고자 한 글이다. 명청 시기의 많은 소설 작가들은 동시대의 과거문화에 대해 긍정적 차원이든 부정적 차원이든 일정한 묘사를 하고 있는데, 이들 중 다수의 작가들은 과거에 응시했다가 낙방하여 권력의 중추세력으로 편입되지 못한 실의失意한 문인들로, 소설을 통해 통치제도의 근간인 과거제도를 비판하고 있다. 그들은 대부분 사회·경제적 지위를 확보하지 못한 지식인계층으로, 비록 선명성을 가지고 소설을 썼으나 모두가 과거제도의 피해자인 동시에 추종자였으며, 그들 자신을 포함한 모든 지식인 계층의 모순적 심리와 이에 대한 반성의 의미로서 과거제도를 비판하였음을 보여준다.

2장 '『걸리버여행기』와 『경화연』에 나타난 사회비판과 이상향'은 '통치계급과 현실사회에 대한 풍자'와 '이상사회에 대한 동경'의 비교분석을 통해, 각종 불합리한 사회현상에 대해 폭로 비판하는 내용과 봉건사회의 틀 속에서 새로운 사회를 지향한 작가의 흔적을 찾아보고자 했다. Jonathan Swift의 『걸리버여행기』와 이여진의 『경화연』은 백 년의 시차를 두고 신구교체·사회변동이 심각하던 변혁시기를 배경으로 동·서양에서 저작되었는데, 『걸리버여행기』는 영국 및 전체 유럽 사회에 대해 비판의 칼날을 지향하고 있고, 『경화연』은 청조의 통치계급 및 그들의 추종세력과 각종 불합리한 사회현상 등 제반문제에 대해 묘사하고 있음을 알 수 있다. 그 비판의 심도 면에서 『걸리버여행기』는 세부적이고 심층적이며 날카로우나, 『경화연』은 사회 각계각층과 각종의 비리들을 폭넓게 비판 폭로하고 있지만 직접적이지 못하다는 차이점을 발견할 수 있다.

Ⅱ부는 '청말민초의 시대인식과 신문명 탐색'에 관한 것이다.

3장 '근대 중국의 세계인식과 자기모색: 세계, 진화, 문명, 민족 개념을 중심으로'는 현재 중국지식계의 '문명' 담론 속에 내재한 시각과 고민은 청말민초 중국지식계의 세계적응 및 자기모색의 담론과 겹쳐지는 부분이 많다는 문제의식에서 출발한다. 즉 중화제국에서 민족국가로 전환하는 근대의 조건과 민족국가에서 문명대국으로의 전환을 준비하는 현재의 조건 차이가 존재하지만, 천하와 세계·진화와 윤리·시대와 문명 그리고 정치적 주체로서 중화민족의 개념을 통해 중국 문제를 사유하는 방식은 동질적이라는 것이다. 어떻게 보면 청말민초 중국지식계의 담론이 중화제국에 대한 반성을 통해 모색하려고 했던 목표가 현재 중국이 걸어가는 과정 속에서 실현되고 있는 것으로 보인다. 이러한 문제의식 속에서 근대 중국의 담론 속에 내재한 논리구조를 살펴보고, 이것이 한 세기 너머의 오늘날의 담론 속에서 재사유되고 있는 맥락은 무엇인지 검토해본다.

4장 '근대 서양인의 중국인을 바라보는 시각: 아더 스미스의 『중국인의 성격』을 중심으로'는 루쉰이 아더 스미스 『중국인의 성격』을 번역하도록 유언으로 남긴 본의가 무엇인지에 대한 문제의식에서 출발한다. 루쉰은 외국인들이 중국인의 국민성을 규명하는 책을 저술하는데 반해 정작 중국인들은 자신의 국민성과 그 결함에 대해 별다른 관심이 없는 것을 비판하고, 외국인이 쓴 책 가운데 가장 볼만한 것으로 스미스의 『중국인의 성격』을 언급하며 이를 번역하여 소개하기를 희망한다. 이는 루쉰이 평생 국민성 개조의 길을 걸었음에도 불구하고 중국인의 결함은 여전히 그대로 존재하여 중국이 낙후된 세계에서 벗어나지 못하게 하는 병근으로 작용하고 있었기 때문일 것이다. 이러한 중국인의 병근이 존재하는 이상 타자의 거울로서 스미스의 『중국인의 성격』은 여전히 중국에서의 존재가치를 지니게 되는 셈이다.

5장 '량치차오의 『구유심영록』과 신문명의 탐색'은 량치차오가 1차 세계대전 후 유럽 여행을 통해 관찰하고 느낀 생각을 서술한 『구유심영록』에 대한 문제의식에서 출발한다. 『구유심영록』은 보수/진보, 자본주의/사회주의, 전통/현대, 국가/세계, 동/서, 과학/인생관 등의 경계를 넘나들며 새로운 가치를 탐색하는 개방적인 텍스트이다. 서구 자유주의의 편향들인 개인주의, 과학만능주의, 약육강식 등을 비판하면서도 자유, 과학, 진화 등이 지닌 본래적 의미를 현시대적 맥락에서 되살리려 하고, 자본주의적 경제발전을 승인하면서도 불평등이 초래한 문제를 해결하기 위해 노동과 분배를 중시하는 사회주의 정책을 수용한다. 또 국가주의, 제국주의가 지배하는 국가 간 경쟁체제를 비판하면서도 현실 정치단위로서 국가 자체를 부정하지 않고, 국가와 세계가 소통하는 세계주의 국가를 제창하며 이러한 국가들의 관계를 조정하는 세계정부로서의 국제연맹을 통해 국가 간 평화체제를 구축한다. 백년이 지난 오늘날에도 『구유심영록』이 신선하게 읽혀지는 것은 사상에 대한 편견을 줄이고 현재의 어둠을 뚫기 위해 개방적이고 탄력적인 사유를 밀고나가는 힘에서 연원하는 것이다.

Ⅲ부는 '한중 근대작가 창작의식 비교'에 관한 것이다.

6장 '김사량 소설에서 루쉰 창작의 수용양상연구'에서는 루쉰의 『아Q정전』, 「쿵이지」와 「Q백작」, 「천마」, 「풀숲 깊숙이」를 중심으로, 김사량이 루쉰의 어떠한 창작 정신과 창작기법을 수용하였는가를 살펴보았다.

루쉰의 작품에서 희극은 비극을 심화시키는 보조 수단으로 쓰이는데, 김사량은 루쉰의 이 희비극 융합의 창작방법을 수용했다. 그는 「Q백작」, 「천마」, 「풀숲 깊숙이」 작품에서 희극과 비극을 하나로 융합시키고 비극미를 강화시킴으로써 "조선의 아Q"를 탄생시켰다.

그 밖에 김사량은 루쉰 작품의 비극속의 낙관적인 정서를 수용했다. 김사량의 작품 또한 대부분 비극이지만 결말이 결코 비극적인 것은 아니다. 『빛 속으로』와 『태백산맥』에서 주인공들과 민중들은 미래에 대해 희망을 갈구하였는데 이것은 루쉰의 「광인일기」, 「고향」, 「약」 등의 영향을 받은 것이다.

7장 '옌푸와 루쉰의 외국문화 수용과 전통문화 대응 양상비교'에서는 외국문화 수용과 전통문화 대응 양상을 네 가지 점에서 살펴보았다.

진화론의 수용방법에 있어서 옌푸와 루쉰은 차별성을 보인다. 옌푸는 부분적이고 점진적인 변화를 희망했지만 루쉰은 전체적인 변화와 완전한 혁명을 원했다.

옌푸와 루쉰은 구국의 방법에서도 차이가 있었다. 옌푸가 교육구국론을 주장한 반면, 루쉰은 사상계몽과 개방해방을 주장했다. 옌푸는 구국을 위하여 직접적인 교육에 힘썼으며 지식인들을 교육하는 데 중점을 두었다. 옌푸가 생각하는 민중은 민지가 낮아 변혁의 주체가 되지 못한다고 생각했다. 반면 루쉰은 민족정신 개조의 목표대상을 중국인 다수를 차지하는 하층계급으로 삼았다.

그들은 둘 다 번역을 통해 외국문화를 소개하고 개화와 계몽, 진보를 꾀했으며, 번역의 임무를 정치개혁의 측면에서 찾았다. 그러나 번역관은 서로 달랐다.

옌푸는 자신의 번역론을 "신, 달, 아"라는 세 글자로 정의했다. 그는 독자를 위한 가독성, 즉 '달'을 우선시해야 한다고 생각했는데, 루쉰은 오히려 경역을 주장했다. 루쉰이 매끄럽지 않는 어려운 문장을 고집한 이유는 그것을 통해 독자의 주의력을 일깨우고 강력한 자극을 줌으로써 그들로 하여금 사고하게 하려는 의도였다.

옌푸는 의화단사건 전에는 '전반서화론'을 주장했지만 전통을 완전히 부정하지는 않았다. 후기에 들어서서 전통문화를 고집한 것은 옌푸의 변모가 아니라 전기의 모습이 확대 돌출된 것이다.

반면, 루쉰은 전통문화에 대해 이중적 태도를 취하였다. 그는 전통문화의 긍정적 요소를 수용했고 부정적 요소는 파괴하였다. 그의 전통문화에 대한 인식과 태도는 '가져오기주의'에서 집중적으로 표현된다. 그는 중국과 외국문화 유산의 비판적 계승의 필요성과 중요성을 명확히 지적하였다. 한마디로, 후기의 루쉰은 외국문화의 편향적인 국수주의를 비판, 전통의 우수한 점을 계승하고 외국의 장점을 변증법적으로 결합해야 한다고 주장하였다.

본서가 중국학 전공자들 뿐만 아니라 중국문화와 중국문학에 관심을 갖는 사람들에게 조그마한 길잡이가 되었으면 하는 바람이다. 끝으로 본서를 출간하는 데 지원해 준 전남대학교와 전남대출판문화원에 감사를 드린다.

| 차 례 |

Ⅲ. 한중 근대작가 창작의식 비교

Ⅰ.

명·청 소설 속의 지식인과 사회비판

1. 명·청 소설 속의 과거문화와 지식인*

1. 명·청 소설과 지식인

중국 고대사회는 행정 권력이 모든 것을 지배하는 '관본위官本位' 사회였다. 정부관료는 사회의 최고 계층으로서 국가의 행정, 입법, 사법, 경제, 군사 등 모든 분야를 직접 장악했을 뿐 아니라, 사상, 교육, 학술, 종교 등 이데올로기적 측면에 대해서도 간여와 통제를 하였다. 그리고 정부 관료들의 이 모든 움직임은 다시 하나의 구심점, 즉 황제를 중심으로 하는 것이었다. 이는 중국의 고대 봉건 사회가 서구의 중세 봉건 사회와 크게 다른 점들 가운데 하나이다. 그런데 중국의 이러한 관료계층을 창출해냈던 제도는 바로 황제를 대신해 거행한 과거시험이었다. 기나긴 중국의 고대 역사 속에서 중국의 문화가 풍부하게 발전하는 데에 지대한 공헌을 했던 모든 위대한 정치가, 사상가, 문학가, 사학가 및 기타 학자들은 거의 모두 과거시험을 통해 사회의 상층에 오른 사람들이었고, 그들은 바로

---

* I부는 정영호 교수가 집필한 것이다.

그것을 통해 자신의 문화적 공헌의 활동 기반을 얻을 수 있었다. 그러나 이와 동시에 중국의 문화발전에 막대하게 부정적인 영향을 끼쳤던 인물들 중에서도 같은 길을 걷지 않은 사람은 매우 드물었다.[1] 중국 역사 제도상 장기간 존재해왔던 과거제도는 과거를 응시하는 본인은 물론 가족에게까지 권력과 부를 획득하는 지름길이었으므로, 거의 모든 지식인[2]들은 오로지 이를 위해 평생을 보내는 게 보편적 현상이었다.

---

1 金諍 지음, 김효민 옮김, 『중국 과거 문화사』, 동아시아, 2003, 17쪽 참조.

2 「중국문학의 전통과 정치권력」(중국인문학회 2003년 추계학술대회 발표논문, 2003. 11. 15)에서 서경호 교수는 중국의 지식인에 대해 정의하고 있는데, 본 논문에서 다루고 있는 명·청 시기 지식인들에 대한 필자의 견해와 일맥상통하여 일부를 요약 소개한다. "중국의 지식인은 국가의 유지를 위한 기능직으로 형성되었으며 권력의 중개자인 동시에 실질적인 구현자였다. 지식인 집단은 권력의 중개자이자 민중을 계도하기 위한 지식의 생산자였으며, 국가의 유지와 안정을 도모하는 중심세력이었다. 동시에 그들은 행정수요의 대부분을 담당하는 집단이었으며, 실제로 중국의 사회 경제력이 팽창하는 데에 있어서의 중용한 역할을 수행하였다. 당대 말엽에서 송대 초기에 새로운 형태의 서면어를 사용하는 문학적 중간층이 등장하기 시작했는데, 이 중간층은 정통적인 지식인의 반열에는 들지 못하지만 나름대로의 서면어를 무기로 해서 도시생활자들의 문화적 욕구를 충족시킬 수 있었다. 이들이 만들어낸 문화는 話本, 戲曲 등이 가장 대표적이다. 이들은 민간사회와 지식인 집단 가운데에 위치하면서 양자를 연결시켜주는 역할을 하고 있었다. 이들의 신분은 지식인 집단에 끼지 못해도 항상 지식인을 지향하는 경향을 보인 것이 사실이다. 그것은 중간층의 형성이 사실상 지식인들이 자신들의 집단을 공고히 하는 과정에서 그 집단에 끼어 들지 못한 실패자를 중심으로 이루어졌을 가능성이 크기 때문이다. 다시 말해서 중간층의 많은 사람들이 애초에는 지식인이 되려는 희망을 품었던 사람들이었는데 결국 그 꿈을 이루지 못하고 하급의 지적 생산자로 만족하지 않으면 안 되었던 인물이었을 가능성이 크다. 오늘날의 시각에서 보면 그들도 넓은 의미에서의 지식인 집단의 일부를 이루고 있었다고 할 수 있다. 그러나 전통시기 중국의 사회에서는 이러한 시각이 아직 적용되지 않고 있었으며, 그들이 지식인 집단에 편입된 것은 20세기가 시작된 이후의 일이다."

이와 같은 이유로 명·청 시기의 지식인들은 대다수가 과거문화 속에서 생활하였고, 문인 지식인에 속하는 많은 소설 작가와 독자 역시 같은 상황이었다. 때문에 이 시기에 창작된 『성세항언醒世恒言』, 『박안경기拍案警奇』, 『천주교天湊巧』, 『석점두石點頭』, 『원앙침鴛鴦針』, 『취성석醉醒石』, 『청야종淸夜鐘』, 『평산냉연平山冷燕』, 『인중화人中畵』, 『도화영桃花影』, 『두붕한화豆棚閑話』, 『쾌사전快士傳』, 『오경풍五更風』, 『유림외사儒林外史』, 『영웅몽전英雲夢傳』, 『경화연鏡花緣』, 『우빈전虞賓傳』, 『몽중연夢中緣』, 『여의군전如意君傳』, 『아녀영웅전兒女英雄傳』, 『해상화열전海上花列傳』, 『관장현형기官場現形記』, 『활지옥活地獄』, 『이십년목도지괴현상二十年目睹之怪現狀』, 『여거인女擧人』, 『월구식민지소설月球殖民地小說』, 『학구신담學究新談』, 『구명기원九命奇寃』, 『구미귀九尾龜』, 『후관장현형기後官場現形記』, 『환해조宦海潮』, 『화류심정전花柳深情傳』, 『시모현형기時髦現形記』, 『장고연의掌故演義』, 『편범영片帆影』 등등[3]의 많은 소설들 속에는 긍정적 측면이든 부정적 측면이든 과거문화를 반영한 묘사가 다량 포함되어 있다. 즉 주요 등장인물이 과거에 응시하여 관직에 나아가 가문을 빛내고 가인을 만나 자손을 번성시키거나, 어려움을 극복하고 과거에 급제하여 입신출세하는 이야기 구조를 지닌 소설은 과거문화의 긍정적 측면을 묘사한 것으로 볼 수 있다. 또 과거제도가 파생시킨 매관매직, 시험관의 부정, 관료사회의 부패 등의 문제점과 과거제도를 통해 신분상승을 노리는 지식인층 및 중·소 상공인, 획득된 부와 권력을 유지하려는 관료층 등이

3 과거제도를 직·간접적으로 묘사한 명·청 소설은 150여 편에 달하지만 여기서는 지면 관계상 하나하나 열거하지 않았고 본 논문에서 언급된 소설을 중심으로 말한 것이다.

벌이는 온갖 부정적인 현상을 밀도 있게 묘사하고, 이로 인하여 지식인이 겪은 정신적 폐해 등의 문제를 신랄하게 파헤치고 있는 내용의 소설은 과거문화의 부정적 측면을 묘사한 것으로 볼 수 있다.

본 글은 명·청시기 과거문화에 대해 묘사한 소설 중에서 과거문화의 긍정적 측면을 묘사한 소설과 부정적 측면을 묘사한 소설로 나누어 살펴보면서, 이들 소설 속에서 명·청 시기 과거문화 속의 지식인의 지위는 어떠한 모습으로 나타나는지를 보고, 이를 통해 지식인과의 불가분의 관계에 있는 팔고八股 과거제도의 시대적 의의를 조명해보고자 한다.

2. 과거문화의 긍정적 반영

명·청 시기의 소설 작가들은 의도적이든 아니든 과거문화를 소설에 반영시켰으며, 그 중에서 『도화영桃花影』, 『쾌사전快士傳』, 『오경풍五更風』, 『영운몽전英雲夢傳』, 『몽중연夢中緣』, 『여의군전如意君傳』, 『아녀영웅전兒女英雄傳』, 『남조금분록南朝金粉錄』 등등의 소설들은 정도의 차이는 있지만 주인공이 과거제도라는 권력 기제를 통해 개인의 출세는 물론 가문을 빛낸 내용의 줄거리를 지닌 전형적인 소설이라 말할 수 있다.

작자가 서진徐震으로 추정되며 『모란기연牡丹奇緣』이라고도 하는 『도화영』은 과거에 응시하여 합격한 후의 승관升官 과정이 전체 내용의 큰 줄기를 이루고 있다. 주인공인 화정현의 위옥경은 학도學道가 주관하는 고시에서 장원급제한 후, 향시에 합격하여 거인이 된다. 경사京師에 가서 회시를 쳐 삼갑三甲 28등으로 들어가 지현知縣에 제수된다. 일련의 벼슬길을 거치다가 마침내는 공부시랑까지 올랐다. 나이가 들어 정신이 혼미해지자 병을 핑계로 표를 올리고 관직을 물러나 전원으로 돌아간다.[4]

청대의 서술기徐述夔의 작으로 알려져 있는 『쾌사전』이 있다. 주인공 동문은 생원시험에서 뇌물을 주지 않아 낙방하고, 처형 백형은 재주와 학식이 없었으나 뇌물을 써서 수재가 된다. 후에 무武 거인 동제의 도움으로 수재에 합격한 후, 전시의 장원이 되어 국자감 박사로 내정되었다. 후에 화광국華光國 만蠻을 평정시킨 공으로 병부상서로 승진되었고 연이어 벼슬이 태자소보, 이부상서, 입각변사入閣辨事에 이르렀다. 이로 인해 동문은 쾌사라는 미칭美稱까지 얻는다.

작자를 명확히 알 수 없고 일부만 전해지고 있는 『오경풍』은 4권 4책이 현존하는데, 어려운 생활환경을 극복하고 과거에 응시하여 좋은 결과를 얻는 주인공들이 생활이 내용의 큰 줄기를 이루고 있다.

특히 『오경풍』은 등장인물 중에서도 선한 인물은 과거에 합격하여 가문의 번성을 이루고, 악한 인물은 과거에서 낙방함은 물론 갖은 모략을 일삼다가 집안이 몰락하는 길을 걷는 인과응보적 사건을 전개시키고 있다. 또한 진택송운씨震澤松雲氏 선選이라 알려진 『영운몽전』의 경우는 전체 내용의 대부분이 주인공 왕운과 그의 자

4 본 논문에서 다루고 있는 소설들은 『中國通俗小說總目提要』(江蘇省社會科學院 編, 中國文聯出版公司, 1990)와 이의 번역본인 『중국고전소설총목제요』(오순방 외 역, 울산대학교출판부) 제1권(1995), 제2권(1996), 제3권(1997), 제4권(1999), 제5권(1999)의 많은 부분을 참고하였음을 밝혀 둔다.

제들까지 2대에 걸쳐 과거에 합격하여 관직에 나아가 가문을 흥성시키는 내용으로 이루어져 있다. 이상에서 언급한 『도화영』, 『쾌사전』, 『영운몽전』 등의 소설들은 주인공이 과거제도라는 권력 기제를 통해 개인의 출세는 물론 가문을 빛낸 줄거리를 지닌 전형적인 소설이라 볼 수 있다.

『몽중연』의 작자는 이수행李修行으로 추정하고 있다. 그는 "어려서 남달리 총명하였고 여덟 살에 글을 지었다. 구성기 선생으로부터 수학하였는데 몇 달만에 괄목상대한 진보를 보여 벽에다 그를 칭찬하는 절구를 써놓았다. 약관에 생원시에 장원급제하여 관가로부터 돈과 식량을 지급 받았다. 강희의 갑오년(1714)에 향시에 합격하여 거인이 되고 이듬해 을미년(1715)에는 곧장 진사시험에 합격하였다. 관례에 따라 교습하며 30년 간 서울에 머물렀는데, 여가시간을 이용하여 등과한 여러 명사들과 시운을 교환하며 작품활동을 했다."[5] 『몽중연』은 그가 만년에 지은 것으로 보인다. 주인공 서생은 전시에서 차등으로 합격하여 남창의 지사를 제수 받는다. 『몽중연』의 경우는 소설 속의 주인공이 전시에 합격하여 관직을 얻고, 소설작가 또한 진사시험에 합격한 것으로 작가가 몸소 체험한 과거문화를 소설에 반영시켰다고 보겠다.

『여의군전』의 작자 진천지陳天池는 재능이 비범하고 탁월하여 수재에 합격한 후 향시에 참가하였으나 낙방하여 다시는 응시하지 않고 학생을 가르치며 생계를 유지하였다. 반평생을 곤궁과 실의

5 『陽信縣志·人物志』, 오순방 외 역, 『중국고전소설총목제요』 제2권, 울산대학교 출판부, 1996, 480쪽 재인용.

속에 보내면서 『여의군전』 72회를 완성하였다. 작자의 이러한 생활은 소설 속에서는 정반대로 나타난다.

> "주인공 문천은 어려서부터 총명하여 멀리까지 명성이 자자하였다.…12세에 주시향시를 보았는데 춘추문무 사관을 획득하였고, 회시에서는 문무과에 모두 장원을 하여 일시에 경사를 뒤흔들어 놓았고 천하에 이름을 떨쳤다. 황제는 문화전시독을 제수하고 부마로 정했다. 공주는 바로 천상에서 속세로 쫓겨난 옥녀였다. 부부는 옥천궁에 기거하였는데, 서로 매우 사랑하였다."

작가는 과거에 응시했지만 회재불우懷才不遇하여 빈궁한 생활을 보냈다. 이것은 본인이 바라던 생활은 아니었다. 주인공 문천이 『여의군전』에서 문무과에 모두 장원을 하여 천하에 이름을 떨치는 내용으로 묘사된 것은 작가 본인이 희구하던 생활을 소설 속에 반영한 것임을 알 수 있다.

『아녀영웅전』은 주인공 안학해가 50세에 과거에 급제하여 회안에 지현으로 파견된 것을 서술하고 있다. 또한 그의 아들 안기의 입신출세와 십삼매의 이야기를 다루고 있다. 아버지가 50세에 과거에 급제한 것과 달리 아들은 탐화로 급제하여 벼슬이 한림원시강학사, 국자감제주에 임명된다. 작자 문강文康은 세가 출신으로 "자본으로써 이번원랑중이 되었고 군수가 되었으며 관찰로 발탁되었다. 부모상을 당하여 귀향하였는데 주장대신으로 기용되었다. 병으로 인하여 가지 못하고 마침내 집에서 죽었다." 마종선馬從善 서에서는 문강은 "말년에 여러 아들들이 불초하여 가세가 중도에 몰락하고 선대의 유물을 다 팔아 버리게 되었다." "선생이 홀로 방안에서 필묵 밖에는 다른 장기가 없어서 이 책을 지어 스스로 소일하였다."라고 전한다.[6] 이로 보면 작가의 생활이 그렇게 평탄하지는 못했으며, 이러한 심경을 소설에 의탁하여 펼쳐 보인 것이다. 즉 주인공 안학해가 50세가 되어서야 지현이 된 것은 문강 자신이 돈으로 관직에 진출하게 되는 정황과 유사하며, 이러한 불편한 심경을 주인공 아들의 탐화 합격과 국자감제주에 임명되는 것으로 표출하고 있는 것이다.

『남조금분록』은 저자는 알 수 없고 연산일수燕山逸叟가 편집하였다고 알려져 있다. 주인공 경화가 조실부모하고 어려운 역경을 딛고 과거에 합격한 후 조정의 중신이 되어 자손을 번성시키는 내용이다. 『형창청완화류가담螢窗淸玩花柳佳談』의 『연리지連理枝』와 『옥관필玉管筆』은 과거응시 전후 과정이 주된 내용을 이루고 있다. 『연리지』의 이수평은 회시에서 장원급제하여 한림 벼슬을 제수받고 후에는 정서도독에 임명되어 공을 세운다. 『옥관필』의 주인공 주덕문은 과시에서 일등을 한 후 춘시에서 일등으로 합격하였으며, 전시에서는 탐화에 급제하여 임강으로 부임하고, 후에는 벼슬이 예장태수에 오른다. 작자 미상의 『규문비술閨門秘術』 또한 과거응시 과정과 후의 일들이 주요 제재로 활용되어 있다. 우정옹寓情翁 찬이라 전해지는 『우빈전』은 권십일 이후는 전해지지 않지만 잔존본의 내용에서 차지하는 과거응시는 중요한 제재로 설정되어 있다. 이밖에도 주요 등장인물이 과거에 응시하여 관직에 올라 가문을 빛내고 가인을 만나 자손을 번성시키거나, 어려움을 극복하고 과거에 급제하여 입신

6 오순방 외 역, 『중국고전소설총목제요』 제3권, 울산대학교출판부, 1997.

출세하는 이야기 구조를 지닌 소설은 많이 있다. 예를 들어 명대 시기의 『의춘향질宜春香質』, 『변이채弁而釵』, 청대 시기의 『성몽병언醒夢駢言』, 『환중유幻中遊』, 『이도매전전二度梅全傳』, 『설월매전雪月梅傳』, 『오목성심편娛目醒心篇』, 『기루중몽綺樓重夢』, 『난화몽』 등은 지식인이 과거에 응시하는 문제가 주요 주제의 하나로 설정되어 있다. 또한 단순히 소재로 활용된 예도 50여 편에 이른다. 이처럼 과거제도는 명·청 소설에서 주제로 설정되거나 제재 내지는 소재로 활용되었음을 알 수 있다. 그러나 과거제의 부정적 측면을 묘사한 소설의 양에는 비할 수 없다.

과거제도는 통치계급 내부의 구성원이 끊임없이 물갈이 되도록 하여 사회의 상·하층이 평화롭고 합법적이며 지속적으로 상호 유동하게 함으로써, 상대적으로 사회의 계층 간의 모순을 완화하고 국가기구의 활력과 효율을 유지시킬 수 있었다. 이로 인해 왕조는 바뀔지언정, 고대 중국의 사회실체는 단절 없이 지속되는 결과를 가져온 것이다.[7] 상기의 작품들에서도 나타나듯, 과거제도는 신분상승에 대한 강렬한 욕망을 추구한 사람들에게는 더없이 좋은 제도로 활용되었고, 관료주의의 안정을 유지시키는 데에 필수적인 제도였음을 알 수 있다. 그래서 과거제도는 정치적·사회적으로 민을 다스리고자 하는 목적에 부합하고 그 기능을 다할 수 있었던 것이다. 상기 소설들에서는 바로 계층 간의 이동을 가능케 하고 국가기구의 활력과 효율을 유지시킬 수 있는 과거제도의 긍정적 측면을 반영하고 있다고 볼 수 있을 것이다.

---

7 金諍 지음, 김효민 옮김, 『중국 과거 문화사』, 동아시아, 2003, 22쪽.

3. 과거문화의 부정적 반영

과거제도는 권력, 재부, 지위와 학식을 결합시킴으로써 중국인들이 교육을 극단적으로 중시하고 각고의 노력으로 공부하는 전통을 만들었다. 명·청시대에는 가난한 수재가 계속 낙방해 거인이 되지 못하거나 더 이상 거인이 되려고 시험을 치지 않는다 하더라도 여전히 사회에서 존경받는 일원이었으며, 관리와 부자들 역시 그를 예로써 대해야만 했다. 행정권력 지상주의, 이것이 모든 부가 권력자들에게 귀속되도록 규정하였고, 그것 외에 재부에 대한 보장이란 있을 수 없었다. 지주나 상인들도 계속해서 가문을 키우거나 파산을 면하기 위해서는 주로 경제적인 수단이 아닌 정치적 수단에 의지했다. 이로 인해 부유한 집안사람들은 너나 할 것 없이 과거를 통해 출사하기 위해 노력했고, 최소한도 자기 지역의 관리와 평등한 관계를 유지할 수 있는 수재를 배출해야 했다. 그리하여 사회 전체가 '관본위官本位' 의식으로 가득 차게 되었고, 공부해서 시험에 응시하고 벼슬길에 나아가 나랏일을 하는 것이 모든 지식인계층이 반드시 거쳐야 할 길이 되었다. 그러나 관료기구가 아무리 확대된다 하더라도 단지 극소수의 지식인만을 받아들일 수 있을 뿐인데, 과거제도는 모든 독서인들에게 관료 집단으로 진입할 수 있는 가능성을 열어 두었기에 그들은 끊임없이 시험장을 들락거리면서 늙고 백발이 되도록 결코 포기하지 않고 매달렸다.[8]

과거문화의 부정적 측면을 반영한 대표적 소설들은 『취성석』,

8 金諍 지음, 김효민 옮김, 『중국 과거 문화사』, 동아시아, 2003, 26~27쪽 참조.

『인중화』, 『요재지이』, 『유림외사』, 『경화연』, 『이십년목도지괴현상』, 『관장현형기』, 『활지옥』, 『월구식민지소설』, 『구명기원』, 『구미귀』, 『후관장현형기』, 『환해조』, 『편범영』 등을 들 수 있다. 이들 소설은 주로 과거제도가 파생시킨 매관매직, 시험관의 부정, 관료사회의 부패 등의 문제점과 과거제도를 통해 신분상승을 노리는 지식인층 및 중·소 상공인, 획득된 부와 권력을 유지하려는 관료층 등이 벌이는 온갖 부정적인 현상 등을 묘사하고 있다. 여기서는 승관발재昇官發財의 지향, 부정행위, 과거제도의 정신적 폐해 등 세 방면에서 살펴보겠다.

1) 승관발재의 지향

명·청대 지식인들은 과거제도의 노예적 지위라 해도 과언이 아니다. 그들은 과거제도를 '승관발재'의 유일한 길로 이용하여 그 지위를 얻는 데에 평생을 바치기도 하였다. 아래의 글은 송 진종 황제의 권학문이다.

> 부자가 되기 위해 좋은 토지를 살 필요 없나니,
> 책 속에 마땅히 천 석의 곡식이 있도다.
> 안락한 거처로 높은 집을 지을 필요 없나니,
> 책 속에 마땅히 황금으로 된 집이 있도다.
> 문을 나섬에 시중드는 사람이 없다고 한탄하지 말라.
> 책 속에 수레와 말이 떼지어 있도다.
> 장가들려함에 좋은 중매인 없다고 한탄하지 말라.
> 책 속에 옥 같이 고운 여인 있도다.
> 남자가 평생의 뜻을 이루고자 한다면,
> 육경을 창 앞에 두고 부지런히 읽어야 하느니.

배움을 권장하는 글인데 어찌 미인과 재산을 들어가며 '유혹'하고 있을까? 이른바 '천종속千鐘粟'과 '황금옥黃金屋' 만을 추구하는 지식인들의 부귀공명에 대한 집착은 어쩌면 당연하고 자연스러운 일로 여겨질 정도이다. 어쨌든 중국인들은 어려서부터 이러한 권학문을 접하면서 자랐다. 이렇게 성장 과정을 보낸 그들은 어려서부터 늙을 때까지 인생을 오로지 과거에 매달리게 된다. 봉건 통치자들은 팔고 과거취사의 방법을 빌어서 '독서'와 '승관발재'를 직접적으로 연계시켰으며, 수재·거인·진사 등 거업擧業의 등급은 바로 그들이 생활하고 있는 사회적 등급 즉 지위를 상징하는 급별級別이었으니, 이것을 획득하기 위한 고시장은 바로 지식인들 생존의 전투장소였다.[9] 진종 황제는 중국 고대의 지식인들에게 책 속에서 모든 것을 얻을 수 있다고 말하고 있다. 그러나 이것은 하나의 이상에 불과할 뿐이었다. 권학문은 바로 학문에 정진하여 과거에 급제하는 것이 공맹孔孟의 도道와 제세이민濟世利民을 행하기 위해서가 아니라, 의식주와 성性등 삶의 물질적 욕구를 한껏 만족시키기 위한 것임을 암시하고 있다. '승관발재'의 반영은 『인중화』, 『요재지이』, 『유림외사』, 『관장현형기』, 『활지옥』 등에서 찾을 수 있다.

과거시험을 보는 지식인들은 과거장에서 급제하기 위하여 온갖 수단과 방법을 다 동원하는 추태를 보인다. 이런 방법을 통하여 관리가 된 사람들은 당연히 과거라는 각축장에서 싸워 이긴 고시의 승리자들임은 당연하다. 그러나 문제는 그들이 관직에 있으면서 명예와 이익을 추구하는 데에 사용하는 방법이 고시를 통하지 않고

9 中國文學史硏究委員會, 『新編中國文學發展史』, 臺灣 文復書店, 362쪽.

진출한 관리들보다 더욱 추악하고 악랄하다는 점에 있다. 과거제도가 이처럼 지식인의 정신과 도덕성을 타락시키는 것은 사실 통치자들이 원하던 바였다. 『인중화』의 「자작얼自作孽」은 과거 합격 후 부패한 관리와 청렴한 관리를 대비시켜 보여준다. 스승과 제자 두 사람이 남경으로 가 시험을 보는데 황여는 떨어지고 도리어 왕비는 거인에 합격한다. 갑자기 입신출세를 한 왕비는 배은망덕하게 황여를 거들떠보지도 않는다. 왕비는 회시에서 떨어지지만 왕비의 집안에서는 거인이라는 신분을 믿고 온갖 나쁜 짓을 저지른다. 왕비는 본래 진사에 합격했지만 조승례가 과거의 총책임자에게 그의 언행에 부족함이 있다고 말하여 그는 또 과거에서 떨어지고 만다. 황여는 60세 되던 해에 마침내 이갑二甲 진사로 합격했으므로 공부주사로 발탁된다. 왕비는 권세에 빌붙어 이익을 챙기기 위해 강서성 덕안德安의 지현이 되었는데, 재임하자 악명이 높았고 적지 않은 돈을 긁어모은다. 황여는 청렴한 관리가 되어 벼슬이 호광안찰어사까지 오르게 된다. 이는 황여와 왕비를 대비시켜 과거합격 후 변화되어 가는 인간상을 선명하게 드러나도록 하고 있다.

탐관오리의 부정부패, 과거제도, 애정혼인 등을 주요 내용으로 하고 있는 『요재지이』는 「고폐사考弊司」, 「아귀餓鬼」, 「공손하公孫夏」, 「사훈司訓」, 「신녀神女」 등에서 사취와 매관을 일삼은 관료계층을 꾸짖고 있다. 「고폐사」에서 한 수재가 말한다. "우리들은 모두 고폐사의 관할에 속합니다. 고폐사의 관할 관원의 이름은 허두귀왕虛肚鬼王이라 합니다. 처음 그를 알현할 때에는 관례에 따라 허벅지 살을 한 곳 떼어 내야 합니다. 당신이 날 위해 좀 사정해 주십시오." 문인생聞人生이 깜짝 놀라 무슨 죄를 지었느냐고 묻는다. 그러자 수재는 "꼭 죄가 있어 그런 것은 아니고 관례일 뿐입니다. 많은 뇌물을 헌납하면 이를 면할 수 있습니다. 그러나 난 매우 가난합니다."라고 말한다. 고폐사의 귀왕은 관할 하에 있는 모든 지식인들에게 뇌물을 강요하는 무도無道한 자이며 이를 어기는 자는 허벅지가 살아남지 못한다. 꼭 죄가 있어서가 아니라 관례처럼 자행하는 행사일 뿐이다. 그런데 고폐사에 다다르면 이와는 완전히 다르다. 고폐사의 넓은 앞마당에는 "효제충신孝悌忠信"·"예의염치禮義廉恥"라 쓰여 있는 커다란 돌이 두 개 서있고 건물에는 "고폐사"라는 커다란 액자가 걸려 있다. 기둥 사이의 대련에는 고대의 하·은·주 시기의 학교 명칭과 주나라 때의 관직명이 쓰여 있다. 대련의 의미는 덕행 즉 "효제충신"·"예의염치"로 저승의 학생을 교육시키고 여러 지식인들은 귀왕의 문하생으로 예악에 전념한다는 의미이다. 이를 보면 겉으로는 덕행을 펼치고 예악을 탐구하는 듯 하지만 속으로는 뇌물을 상납 받는 등 사취와 매관매직을 일삼는다. 이는 봉건통치자들이 자행하는 일을 저승세계로 표현한 것에 불과한 것이다.

『요재지이』의 「사훈司訓」 역시 통치자들의 만행을 고발하고 있다. 어느 날 고시장에서 귀먹은 학관學官과 학사學使와의 사이에 일어난 웃지 못할 광경을 묘사하고 있다.

> 어느 날 고시장에서 일을 하고 있었다. … 학관들은 각자 장화 속에서 수험생의 명단을 꺼내서 학사에게 뇌물을 주며 청탁을 했다. 다 끝나자 학사는 웃으면서 물었다. "학관께서는 왜 주지 않는 거요?" 그는 멍하니 있을 뿐 무엇을 묻는지 몰랐다. 가까이 앉아 있던 사람이 팔꿈치로 그를 건드리며 손을 장화 속으로 넣으며 손짓으로 그에

게 암시를 주었다. 이 학관은 친척을 위해 방중房中 음구淫具를 팔아 주고 있었는데 늘 장화 속에 숨겨두고 형편에 따라 사람들에게 팔았다. 학사가 웃으면서 말하는 것을 보고 이 물건을 사려는 것으로 짐작했다. 그는 몸을 굽혀 인사하더니 일어나 대답하여 말했다. "하나에 팔 원 하는 것이 가장 좋은데 소관은 감히 드리지 못하겠습니다." 주위를 꽉 메우고 있던 사람들이 남몰래 웃었다. 학사는 큰소리고 꾸짖고 그를 내쫓았고, 마침내는 면직되었다. (『요재지이』「司訓」)

과거시험장에는 주시험관과 부시험관 등 여러 명이 감독을 하였던 바, 부 시험관들은 모두 청탁을 받은 명단을 내보이며 뇌물을 주고 재차 청탁을 하였으나 이 귀먹은 학관은 부정에 물들지 않은 순수한 학관이었던 것이다. 생활이 어려우니 친척을 위해 방중 음구를 팔았고 이것을 원하는 것인 줄 알고 꺼냈던 것이다. 이는 뇌물이 뇌물을 가져오고 청탁이 청탁을 부르는 부패한 사회의 모습을 보여준 좋은 예이다. 역시 「사훈」에서 나쁜 일을 해서 남들과 원수관계가 되고 굶주리고 헐벗어 가면서 가까스로 일백 량의 은을 모은 한 학관이 있었다. 가족에게도 말하지 않고 서재에 묻어두었으나 사환이 알고 훔쳐 가버리자 가슴을 치고 발을 구르며 후회하지만 아무런 소용이 없는 일이었다. 포송령蒲松齡은 회재불우한 문인이었다. 19세 때 동시에 응시하여 수재가 된 후 50년 동안이나 거인에 합격하지 못하다가 강희 49년(1710) 71세가 되어서야 비로소 공생이 되고, 그로부터 4년 후에 세상을 떠났다.[10] 과거제도에 대해 비판한

10 李悔吾, 中國小說史漫稿, 湖北教育出版社, 1992 126~142쪽 참고, 金諍 지음, 김효민 옮김, 『중국 과거 문화사』, 동아시아, 2003, 326쪽 참조.

작품 속의 생생한 묘사 장면들은 바로 그가 직접 체험하고 목도한 것임을 미루어 짐작할 수 있다.

『유림외사』 역시 돈에 눈 먼 관료 지식인 사회를 잘 반영하고 있다. 제8회에서 새로 부임한 왕태수(혜)와 거공자와의 대화 속에서 그 일면을 볼 수 있다.

> 왕태수가 물었다. "세 가지라니?" 거공자가 대답했다. "시 읊는 소리, 바둑 두는 소리, 노래부르는 소리요." 왕태수가 큰소리로 웃으며 말했다. "이 세 가지 소리라면 흥미로움이 있구만." 거공자가 "앞으로 선생께서 잘 다스리시면 아마도 다른 세 가지 소리로 바뀌게 되겠지요!"라고 말했다. 왕태수가 말했다. "어느 세 가지 말인가?" 거공자가 대답했다. "물건 다는 저울소리, 주판 튕기는 소리, 두들겨 패는 매 소리이지요." (『유림외사』 제8회)

이는 임지에 부임하자마자 돈을 긁어모을 수 있는 방법을 아전들에게 물어 보는 왕혜의 태도를 통해서 돈에 눈먼 관리들의 행태를 잘 묘사해주고 있는 부분이다. 시 읊는 소리가 물건 다는 저울소리로 바뀌고 바둑 두는 소리는 주판 튕기는 소리로, 노래부르는 소리는 두들겨 패는 매 소리로 변하게 되니 백성들의 고통을 미루어 짐작할 수 있다. 또한 "이 아전이나 백성들은 모두 그에게 맞아서 혼비백산할 정도였다. 합성合城(강서 남창부南昌府)의 사람은 모두가 태수의 지독함을 모르는 이 없었고 꿈에서조차 두려운 것이었다." (『유림외사』 제8회 80쪽)는 내용을 보면 꿈속에서까지 두려워할 정도로 그 부패의 정도가 심각했음을 알 수 있다. 이렇게 해서 모은 돈을 그는 승관운동에 사용하여 강서 제일의 능력 있는 관원이라는 소리를 듣다가 급기야 도태道台로 승관 영전하게 된다. 또한 고관대작들 뿐만 아니라 하위 관리들까지도 일반 백성들을 착취하여 사리사욕을 채우는 풍조가 일반화되어 있었다. 즉 "돈이 있어야 일이 처리되고 불이 있어야 돼지머리가 익는다."(『유림외사』 13회)는 말은 당시 관리들이 금과옥조처럼 여기는 말이다. 오경재吳敬梓는 왕태수의 경우를 통해 '유림儒林'의 타락을 써냈을 뿐만 아니라 옹정 황제 통치 하에서 탐혹貪酷을 일삼는 정치풍토를 은은하게 제시해주고 있다.[11]

『경화연』은 '승관발재'를 직접적으로 묘사한 부분은 보이지 않는다. 그러나 제15회에서 일은 하지 않고 온갖 살생으로 먹고 마시는 것에만 급급해 하는 견봉국 상층 사회의 사람들을 다구공의 말을 통해 묘사하고 있다. "당신이 보기에 비록 개 대가리와 뇌를 가졌지만 '먹고 마시는 것'에 열을 올릴 줄 누가 알았겠습니까? 매일 무수히 산 것을 해치면서 방법을 생각하고 모양을 바꾸면서 음식에만 열중한답니다. 먹고 마시는 것 이외에는 할 수 있는 것이 하나도 없지요. 이 때문에 해외에서는 그를 '술자루'·'밥통'이라 부르지요." 다구공의 말에 의하면 축적된 부를 통해서 먹고 마시는 것에만 열을 올려 무수한 살생을 자행하며, 먹고 마시는 것 이외에는 아무 것도 할 수 있는 것이 없어서 '술자루'·'식충이'라 하였다. 이는 당시 사회에서 일없이 향락에만 젖어 있는 관료 지식인층을 견봉국 상층 사회를 통해 풍자하고 있는 것인데, 작가의 붓끝에 의해 그들을 개 대가리와 뇌를 가진 구두민狗頭民으로 전락시키고 있다.

11 宋浩慶, 『中國古代小說史十五講』, 木鐸出版社, 1987, 144쪽 참조.

『관장현형기』의 작자 이백원李伯元은 세 살 때 부친을 여위고 백부에 의해서 양육되었다. 시문에 뛰어났으며 제1등으로 수재에 합격하였으나 후에 과거에 여러 차례 낙방하였다. 소설 속 조노두의 손자의 이름은 조온으로 초시에 합격하여 거인이 된 후 회시를 보러 경성으로 갔다. 집에서는 전전사를 청하여 그와 동맹하게 하였다. 전전사는 관리가 되면 어떻게 돈을 벌고 일 년간 여러 차례 생일잔치를 벌려 하속下屬으로 하여금 어떻게 선물을 보내게 하는 가등을 크게 떠벌린다. 하인인 하근은 거짓으로 시험에 합격하였다고 소식을 알려 10량의 은을 편취하여 도망갔으며, 결국에는 시험에 합격하지 못한다. 전전사는 좋은 관직을 모색하기 위하여 많은 돈을 쓰게 된다. 하번대는 하는 짓이 더욱 기발하였는데, 뜻하지 않게 돈에 따라 관리를 논하였다. 즉 뇌물의 액수가 많으면 大官이 되었고, 액수가 적으면 小官이 되었다. 어떤 사람이 현금이 없으면 부임한 후 약속어음을 발행하기로 하여 받아들이고 관리로 파견하였는데, 이름하여 '매결賣缺'이라 하였다. 『관장현형기』에서는 매관매직, 사취, 뇌물공여 등등 관청에서 일어나는 모든 일들에 대해 폭로 비판하고 있다. 이 역시 작가가 과거에서 여러 차례 낙방하면서 겪은 일들을 소설 속에서 묘사하고 있는 것이다.

『활지옥』에서는 연관捐官의 문제를 집중 거론하고 있다. 『활지옥』에서 서대소는 10여 만 가량의 재물을 모으자, 그의 처의 말을 듣고 일찌감치 손을 씻고 연관이 되고자 하지만 수하의 여러 사람들은 따르고자 하지 않는다. 그 가운데 주백설·공새명 등이 서徐와 여러 사람들을 위해 계책을 내었다. 즉 차라리 여러 개의 지현 자리를 사서 매 사람이 4, 5십 명의 동료들을 데리고 가서 고안稿案이나 근반跟班, 또는 서리書吏나 차역差役 등의 공직을 맡겨 각지에서 돈을 긁어모으자고 한 것이다. 여러 사람들은 크게 기뻐하고, 그 자리에서 결정이 되자, 주·공 등 6명이 각각 1만 은자를 가지고 연관이 되는 것이다. 이 시기는 누구나 돈이 있으면 관직을 살 수 있었다. 과거에 합격하기 위해 수학하던 지식인뿐만 아니라 상업으로 돈을 모은 중소상공인은 물론 일자무식 무뢰배까지도 금전으로 관직을 살 수 있었다. 이것은 오래 전부터 있어 온 연납제도의 폐해가 가져온 결과였다.

관품이 없는 서리에서부터 현승, 지현을 거쳐 진사에 이르기까지는 기나긴 여정이었고 합격과 승관의 일은 의지로만 되는 것은 아니었다. 과기에 응시하려면 경제적인 문제가 수반되었기 때문이다. 과거는 오랜 기간 연속해서 치러야 하는 시험이고 그 경쟁도 만만치 않았다. 때문에 20대 초에 진사의 영광을 얻는 사람은 굉장히 운이 좋은 경우이고 30대에도 그다지 늦은 편이라고 할 수 없다.[12] 그렇다면 그동안 끊임없이 공부를 계속하기 위해서는 그만큼 경제적인 지원이 필요한데 가난한 사람으로서는 도저히 그만한 여유가 없었다. 또한 개개의 시험에 대해 특별히 수험료를 받지는 않았지만 그것에 따르는 비용이 대단했었다. 특히 시골에 살고 있는 사람은 향시를 치르기 위해 성도省都로 가는 왕복 여비, 숙비 외에 시험관에게 줄 사례비, 여러 담당관에게 줄 축의금이 필요하고 연회비

12 光緖 12년(1886) 『丙戌科會試題名』(중국 第一歷史檔案館 소장)의 통계에 의하면 淸代 지식인 중 進士의 연령은 평균 37세 정도였다. 光緖 丙戌 進士 연령표를 보면, 20~29세 73명, 30~39세 158명, 40~49세 57명, 50~59세 27명, 60~69세 1명 등이다. 張杰의 『淸代科擧家族』, 社會科學文獻出版社, 2003, 159쪽 참조.

나 교재비도 없어서는 안 되었다. 더 나아가 회시, 전시를 위하여 수도까지 가게 되면 한층 비용이 많아졌는데, 명대 후반인 16세기에는 이 비용이 대략 은 6백 냥이었다고 하며 당시 은 1냥으로 쌀 한 가마를 살 수 있었으니 이는 상당한 거액이었다. 아무리 과거의 수험료가 무료라고 해도, 또는 아무리 적게 여행비를 쓴다고 해도 결국 일반인으로서는 그림의 떡과 같은 일이었다. 하지만 생원, 거인, 지현 등의 지위에서 상급의 시험을 보는 자는 그나마 나았다고 할 수 있다. 생원의 신분만 취득하여도 관리의 길로 접어들 수 있는 길이 있었기 때문에 재물과 연이 닿을 수 있었다. 그러나 진사에 합격하는 것은 극히 희박한 확률이었기 때문에 평생을 두고 준비하는 경우가 허다했으며, 실제로 50, 60대에 진사에 합격하는 경우가 많았다고 한다.[13] 이러한 시험 지옥에서 살아가는 중국 고대의 지식인, 그리고 지식인의 길로 나아가는 젊은이들의 육체적, 정신적 피해는 이루 말로 표현하기 힘든 일이다. 과거를 통해 관리에 진출한 관리들이 왜 이처럼 '승관발재'에 몰두하게 되었는가? 상기에서 보듯 지식인들은 과거에 열중하여 한 평생을 보내는 것을 마다하지 않았다. 그렇게 된 근본적인 원인은 과거제도를 통해 사회구조를 지배해온 통치계층에 있지만, 지식인 또한 이를 통해 사회 경제적 지위를 확보하고자 하는 데도 이유가 있다. 과거를 통해 상층 관료계층에 진입한 지식인들은 사회적 지위를 영속화시키기 위해 자녀의 교육을 과거급제에 맞추었고 중·하층 지식인들은 이를 통해 사회 경제적 신분 상승을 노렸기 때문에 불가피한 것이었다. 결국

13 미야자키 이치사다(宮崎市定) 지음, 박근칠·이근명 옮김, 앞의 책, 222쪽 참조.

'승관발재'는 과거제도의 구조적 모순에 빠진 중국 고대 지식인들이 걸을 수밖에 없었던 길이었으며, 이 길을 걸었던 지식인들은 과거제도의 수혜자이거나 피해자였다.

2) 부정행위

과거가 가진 기본적 장점은 그것이 극히 공평한 기회와 심사에 의해 실시된다는 점이다. 답안 심사가 이름을 가린 채 좌석번호만을 근거로 이루어졌던 점도 그 한 예이다. 더욱이 향시, 회시에서 답안 자체에는 심사원이 손을 대지 않고 다만 그 사본을 보고서 채점하는 방법은 그 유례를 찾기 힘든 것이라 하겠다. 세간에서 과거에 기대를 걸며 그 합격자를 존경했던 것도 과거의 공평함을 믿었기 때문이다. 그러나 이러한 점에도 한계가 있었는데 과거는 자주 수험생 자신의 손에 의해 공정성이 왜곡되는 일이 발생했다. 일반적으로 시험의 경쟁이 지나치게 격렬해지면 수험생 측에서는 어떻게 해서든 합격하려는 일념에서 결국 안이한 부정수단에 의지하게 되었다. 그리고 한번 부정이 성공하면 그렇게 하지 않은 측이 손해라는 분위기가 퍼지게 되어 점차로 부정수단이 만연하게 되었다. 부정행위용 작은 책자를 시험장에 갖고 들어가는 것은 물론이고 심한 경우는 비단 천으로 된 속옷에 온통 사서오경의 본문을 써넣고 입장하는 예도 있었다. 더 심각한 것은 대리인을 쓰는 경우인데, 이것은 고액의 보수를 받는 하나의 상거래로 성립했다고 한다. 우수한 답안을 작성했던 사람이 나타나서 몇 사람 분이라도 청부를 맡았던 것이다. 청조 말년인 19세기 후반이 되면서 특히 이러한 폐해가 극심해졌다.

그 중에서도 남경의 향시에서 대리시험이 성행하여 전국적으로 이름이 널리 알려진 대리인 사무실이 번창할 정도였다.[14]

실제 상황이 이러하였듯 명·청대 소설에는 부정행위의 풍토를 반영한 묘사가 많이 있다. 대표적으로 『요재지이』, 『유림외사』, 『경화연』, 『이십년목도지괴현상』, 『구명기원』, 『구미귀』, 『후관장현형기』, 『환해조』 등에서 이러한 예를 찾아 볼 수 있다. 『요재지이』의 「삼생三生」, 「사문랑司文郎」, 「우거악于去惡」, 「고봉치賈鳳雉」 등은 시험관의 부정을 묘사하고 있다. 이 가운데 『사문랑』의 한 부분을 보겠다. 맹인 스님은 문장을 읽을 수 없지만 문장을 태운 재의 냄새를 맡아 그 우수성을 판별할 줄 아는 능력을 지녔다. 아래 예문은 분별 없이 도리에 어긋난 행동을 하는 여항생이 스님을 시험하는 부분이다.

> 여항생은 그다지 믿음이 가지 않아 먼저 고대 명가의 문장을 태워 그를 시험했다. 스님이 또 냄새를 맡더니 "묘하도다! 이 문장을 내가 주의 깊게 감상해 보았는데, 귀유광·호우신과 같은 명가가 아닌데 어떻게 이런 문장을 써낼 수 있을까!"하고 말했다. 서생이 크게 놀라 비로소 자신의 문장을 태웠다. 스님이 말했다. "방금 하나를 맛보았지만 아직 전체를 이해하지 못했는데 어찌 갑자기 다른 사람 것으로 바꾸었습니까?" 여항생이 핑계를 대며 말했다. "친구의 작품이었는데 한 작품뿐이었습니다. 이것은 소생이 쓴 것입니다." 스님이 그

14 미야자키 이치사다(宮崎市定) 지음, 박근칠·이근명 옮김, 앞의 책, 222쪽 참조. 나아가 수험생이 시험관과 결탁하는 일이 있었는데, 이를 關節이라고 한다. 실제로 1699년(康熙 38년) 북경의 향시 시험관이었던 姜宸英과 李蟠同이 부정행위에 연루되어 피해를 본 사람들이다. 姜宸英은 70세가 넘는 고령이었는데 진사에 합격하기 위해 평생을 보냈으나 불운하게도 진사가 된 지 2년이 넘지 않은 상황에서 감옥 생활을 하다 영양실조로 죽었다고 한다. 223~224쪽 참조.

> 문장의 남은 재를 맡아보더니 연이어 기침을 하며 말했다. "더 태우지 마시오! 도무지 어울리지 않아 냄새를 맡을 수가 없소. 억지로 감상하게 하면 격막을 쳐야 할 것이요. 더 태운다면 곧 구역질을 하게 될 거요." 서생은 부끄러워하며 가버렸다. 몇 일 후 방이 붙었는데, 여항생은 결국 합격하였고 왕평자는 낙제했다. 송생과 왕평자는 스님에게 가서 말했다. 스님이 탄식하며 말했다. "내 비록 눈은 멀었으나 코를 멀진 않았는데, 시험관은 코까지 멀었나 보군." (『요재지이』「문란사文郎司」)

잠시 후에는 여항생이 스님을 찾아와서는 득의양양한 모습을 보인다. 그러자 스님은 감독관들의 문장을 가져와서 한 편씩 태워보면 당신의 시험관이 누구인지 알 수 있음을 말한다. 여항생과 왕평자가 함께 8, 9명 감독관의 문장을 찾아왔다. 여항생이 스님에게 "만약에 틀리게 되면 무슨 벌을 받겠소?"라고 말하고는 문장을 태우자, 매 편을 태울 때마다 모두 아니라고 말한다. 여섯 번째 편을 태우자 스님이 갑자기 담장을 향해 가서 심한 구토와 함께 우뢰와 같은 방귀를 뀌자 모두들 껄껄 웃는다. 스님은 눈을 비비며 여항생에게 "이 분이 당신의 진짜 시험관이군요. 처음엔 알아차리지 못했으나 맹렬히 맡아보았더니 코를 자극하고 배를 자극하며 방광조차도 용납할 수 없어서 곧장 항문으로 빠져나온 것입니다."라고 말한다. 결국 여항생은 화를 내며 "내일 분명해질 것이니 후회하지 마시오, 후회하지 말아요!"하며 가버린다. 그런데 이삼일이 지나도 오지 않자 그를 찾아가 보니 이사 가고 없었다. 이것은 바로 여항생은 그 시험관이 합격시킨 것이라는 것을 짐작케 한다. 여항생의 문장은 왕평자의 문장에 비해 뛰어나지 못함에도 합격하고 왕평자는 낙제하고 말았다. 스님이 "내 비록 눈은 멀었으나 코를 멀진 않았는데, 시험관은 코까지 멀었나 보군."이라고 말한 것은 시험관이 답안지의 우수성을 가려낼 수 없는 불학무식한 자임을 암시하고 있다. 또한 당시 과거시험에서 부정한 방법으로 통과한 자들 이외에도 연납이나 음의 혜택을 입고 관리가 되는 자들이 상당하였고, 팔고문에 의해 취사를 하다보니 문장다운 문장을 찾아보기 힘들었던 상황을 반영한 작품이라 하겠다.

『유림외사』 제26회에는 수단과 방법을 가리지 않고 과거시험에 통과하려는 수험생의 모습을 묘사했다. 수험생들의 모습을 보면 대필자도 있고, 답안지를 건네주는 이도 있고, 모두가 종이 뭉치를 던지고 벽돌을 빼앗고, 눈이나 눈썹을 찡긋거리며 뜻을 전달하기도 하여 하지 않는 짓이 없다. 어떤 수험생은 화장실에 간다는 구실로 나가 도찰원 담벼락까지 가서 흙담에 구멍을 뚫고 손을 내밀어 밖의 다른 사람이 대신 쓴 문장을 받다가 감독관에게 발각되어 잡혀가게 된다. 이는 부정행위의 백태를 묘사한 것이다.

『경화연』의 작자 이여진李汝珍 역시 흑치국에서 붉은 옷을 입은 홍홍이 시험에 나가 낙제하는 등의 일을 통해 고시에서 선발된 사람들이 저지른 못된 짓은 돈과 재물 때문이고, 참된 인재는 절반도 선발되지 못하는 진상을 폭로했다. 또 과거 시험장에서 '재물이 있는 수험생이 재물이 없는 수험생을 이긴다'는 부정 행위의 풍토를 맹렬히 비판하였다. "진정한 인재를 알아보지 못했다면 '본의 아닌 잘못'이니 그래도 그다지 중요한 것은 아니지. 유감스럽게도 연줄을 타거나 뇌물을 주어 암암리에 청탁하는데, 오래 사귄 친구가 아니면 돈과 재물에 의한 것으로 진정한 인재를 뽑은 것은 반도 안돼."

(『경화연』 제51회)라는 묘사는 과거제도가 연줄과 뇌물로 인해 재능이 없는 사람이 선발되고 진정한 학문적 소양을 지닌 인재는 발탁되지 못하는 모순 속에 운영되었음을 보여주는 좋은 예이다. 그런데 당규신의 말을 통해 청 왕조의 시험관은 청렴하고 나라를 위해 어진 사람을 등용하며 아첨한 적이 없다고 강변한다. "우리 천조는 만방의 으뜸으로 모든 시험관들은 청렴결백하지. 더욱이 나라에서 국고를 아끼지 않고 이러한 큰 대전을 실시하는 것은 진정한 인재를 선발하고 국가를 위해 유능한 인재를 구하기 위한 것이야. 만약 연줄이나 뇌물에 의해서 한 명을 뽑으면 곧 한 사람의 진정한 인재를 매몰시키게 될 거야. 이와 같이 한다면 후세의 자손들이 어찌 흥성할 수 있겠니? 그래서 역대로 결코 연줄이나 뇌물로 출세하는 일은 없었어." (『경화연』 제51회) 그러나 이것은 청 왕조 자신의 병폐에 주의할 것을 일깨워 주고 있는 것과 동시에 당시 관리 선발 시험에서 뇌물이 횡행하였음을 단적으로 지적해 주는 것이다.

『이십년목도지괴현상』의 작자 오견인吳趼人은 몰락하는 세환世宦 가정 출신으로 18세에 상해로 가서 신문사에서 원고를 쓰는 일을 했다. 오계지란 인물이 과거시험장의 직책을 맡은 후, 구사일생에게 과거시험장에 들어와 답안을 채점하는 것을 돕도록 하였는데, 과거시험장에서 그는 각종 부정행위를 보고 듣게 된다.

『구명기원』은 합격을 매개로 돈을 갈취하는 일을 묘사하였다. 능귀흥이 집으로 돌아가는 도중에 점쟁이 마반선이 그를 보고는 부귀를 모두 누릴 상이라고 말한다. 마침 관직을 박탈당한 한림원 편수 진대인이 내방하여 같이 과거시험에 합격했던 왕모가 내년에 광동의 주시험관을 맡게 되니 줄을 대어 일만 냥의 은자를 주면 장원으로 급제할 수 있다고 말한다. 능귀흥은 점쟁이의 말과 부합된다고 생각하여 바로 진대인에게 일만 냥의 은자를 주게 된다. 능귀흥의 종숙인 종공도 함께 부화뇌동하였는데, 과거시험의 방이 나붙는 날, 귀흥은 경축연회를 준비해놓고 밤새도록 기다렸지만 완전히 허탕을 치고 만다. 능력과 노력에 의한 과거응시가 아니라 뇌물과 요행으로 시험에 합격하려다 속임을 당한 예이다.

『구미귀』에서는 시험통과를 위해 뇌물로 청탁을 한다. 김한량은 제멋대로 돈을 물 쓰듯 하였는데, 시험삼아 임용하는 지현 자리를 돈으로 샀으며, 또 거인에 응시하여 낙제하고 상하이로 가 화류계를 찾아 명기인 김소보의 가마를 타고 거리 구경을 하며 추태를 부린다. 우시無錫의 벼락 향신인 강기생은 청탁을 통해 추가 과거시험으로 수재에 합격하였으며, 또 3천 냥의 은을 도원 지현에게 주어 과거에 합격하려고 도모하였으나, 뜻밖에도 사기꾼이 '도원 지현'을 사칭한 것이었다. 그러자 그는 또 생각을 바꾸어 후보 도道를 돈으로 산다.

『후관장현형기』에서는 부패한 과거제도를 신랄하게 비판하고 있다. 오랫동안 과거장에서 어려움을 겪던 견씨 큰형은 뜻밖에 16세부터 17, 8차례에 걸쳐 과거시험을 치렀지만 48세가 되도록 향시의 거인도 손에 넣지 못하였을 뿐만 아니라 오히려 일신을 소진하여 어쩔 수 없이 집에서 병을 치료하고 있었다. 견씨 맏이는 끝내 일신의 심혈을 소비해 '황금옥'의 꿈을 꾼 뒤의 깨달음과 바꾸어서, 각학을 향해 그가 두 아들을 절대 고시장에 가서 벼슬을 하지 못하게 하려는 도리를 이야기한다. 원래 수험생이 과거에 합격하려면 견씨 맏이와 같이 그렇게 상투를 매달고 허벅지를 찔러 졸음을 쫓으며 각고의 노력을 기울이고 심혈을 소비할 필요가 없이, 단지 약간의 금전을 써서 시험관과 통하고 그들 문하생이 되면 그만이었다. 과거장에 갈 때를 기다렸다가, 반드시 먼저 암호를 정하여 시험관이 한번 뒤집어보기만 하면 곧 이 시험지가 누구의 것인지 알아, 그 문장의 좋고 나쁨을 막론하고 남의 눈을 속여 그를 대신해 몇 개의 남색 동그라미를 치고 좋은 비평의 말을 더하면 바로 합격할 준비가 된 것이었다.

황소배黃小配 작『환해조』 역시 과거제도와 매관매직에 대해 비판의 칼날을 향하고 있다. 등장인물 장임반은 어릴 때 서당에 입학하여 일찍이 신동이란 명성을 얻지만, 시운이 불리해서 여러 번 과거에 불합격했으며 20세가 되도록 여전히 향시조차 합격하지 못하자 술과 여자에 탐닉하며 시름을 잊는다. 또 이종악은 어떤 왕저에 있는 패자貝子(만주 귀족의 작위 이름)에게 팔백 냥을 주고 감독관 왕홍조에게 뇌물을 주고 내통하여 두 번 째 성적으로 합격한다. 또 연납을 통해 도원의 자격을 얻고 산동성에 관리로 파견되었으며 패자에게 청탁하여 산동성순무에게 편지를 보내 좋은 벼슬자리를 얻게 된다.

명·청대는 이전시대에 비해 시험의 경쟁이 더욱 격심하였다. 생원이 되기 위한 입학시험은 제외하더라도 생원에서 거인이 되기 위한 향시는 대개 백 명에 한 명이라는 비율로서 이것이 최대의 난관이었다. 다음의 회시는 숫자상으로는 30명에 한 명의 합격률이지만 이미 충분히 선택을 거친 후의 경쟁이기 때문에 실질적으로는 가장 치열한 경쟁이었다. 결국 전국의 생원 가운데 실제로 시험에 응시했던 사람만을 세어 보면 약 3천 명에 한 명이 진사의 지위를 획득하는 행운을 얻었음에 지나지 않았음을 알 수 있다.[15] 때문에 평생을 과거에 매달리는 지식인으로서는 갖가지 부정한 방법으로 시험을 통과하고자 하는 유혹에 빠지지 않을 수 없었다는 것을 반증해준다. 소설의 묘사에 보이듯, 사리사욕을 추구한 부정한 감독관이나 부정행위 및 뇌물공여 등의 방법을 추구한 수험생의 행위 때문에 뛰어난 동량들은 등용되지 못하고 평범한 사람들을 진출시키는 결과를 가져오게 되었던 것이다. 이러한 현상은 과거에서 진사에 합격하는 것이 그만큼 큰 의미를 지니고 있었기 때문이다. 곧 정치적 지위는 물론이고 사회·경제적으로 신분의 수직 상승을 의미하는 것이었다. 이 때문에 과거에서 출세하기 위해 몇 십 년을 매달려 인생을 망치는 경우가 허다했다. 이러한 상황은 곧 각종의 부작용을 낳았고 인간의 정신적 분열과 타락을 조장했다. 청대 말기에 태평천국의 난을 주도했던 홍수전洪秀全은 과거제도의 피해자라고 말할 수 있다. 그는 광동 화현花縣 사람으로 13세에 동생시에 합격하였다. 그는 다른 모든 서생들과 마찬가지로 과거 급제와 출세의 희망을 꿈꾸었다. 그러나 16세 때부터 광저우廣州로 가서 수재시험에 응시하여 연거푸 낙방해 심신의 큰 타격을 입게 된다. 도광道光 17년(1837)에 그는 세 번째 실패를 겪은 후 큰 병을 얻어 40일 간 앓았으며, 이런 과정에서 그에게 반청反淸 혁명의 사상이 싹트기 시작한다. 도광 23년(1843), 31세였던 그는 네 번째 수재시험에서도 떨어져 과거시험을 완전히 포기하고 고향으로 돌아가 '배상제회拜上帝會'를 창시하여 신도들을 모아 은밀히 봉기를 일으켰는데 중국 대륙의 16개

15 미야자키 이치사다(宮崎市定) 지음, 박근칠·이근명 옮김, 앞의 책, 225쪽 참조.

성이 화를 입었고 청조의 위세를 땅에 떨어지게 했다. 때문에 과거는 당시의 왕조에 충성을 바치는 관료를 배출하는 제도임과 동시에 불평분자를 만들어내는 역할도 했음을 알 수 있다.[16]

3) 과거제도의 정신적 폐해

과거제도가 지식인에게 가져온 정신적 폐해는『취성석』,『요재지이』,『유림외사』,『경화연』,『월구식민지소설』,『편범영』 등의 작품에 아주 잘 묘사되어 있다. 특히 명·청 시기에는 과거시험이 팔고문이라는 독특한 문장으로 과거를 치르게 되었으니 학문이 아닌 과거만을 위한 독서를 해야 했다. 때문에 팔고문 학습으로 인한 정신적 폐해는 더욱 심했던 것이다.『취성석』 제7회는 한 집안의 이야기를 통해 과거제도의 폐해를 여실히 보여주고 있다. 명 중주에 여씨 성을 가진 진신이 있었는데, 두 구절의 글로 거인의 자격을 얻긴 했지만 나이 40이 되자 과거에 급제할 수 없다고 생각하여 천금을 주고 의진의 지현 자리를 산다. 재임하는 동안 뇌물을 받아먹고 법을 어겨 퇴임하고 고향으로 돌아올 때에는 은 수십 만 냥을 긁어모은다. 여주사에게는 다섯 아들이 있었다. 큰놈은 여러 번 과거에 응시하면서 뇌물을 바쳐도 급제하지 못하자 아예 돈을 중서성에 바친 뒤 강서 지방의 관리에 임명되었는데, 구강을 지나가다가

16 미야자키 이치사다(宮崎市定) 지음, 박근칠·이근명 옮김, 앞의 책, 227~229쪽 참조. 金諍 지음, 김효민 옮김,『중국 과거 문화사』, 동아시아, 2003, 329~330쪽 참조. 청대 뿐만이 아니라 당대의 黃巢, 李振(황소의 반란에 공적을 세운 朱全忠의 휘하), 北宋 시기의 張元昊, 明末의 牛金星 등은 과거에서 뜻을 이루지 못한 결과 정권에 반대하였던 사람들이다.

폭풍우에 배가 파손되어 강물에 빠져 죽는다. 둘째 놈은 200냥을 뇌물로 썼으나 과거에 합격하지 못하자 고리대업을 하면서 살았는데, 나중에 장물을 은닉하여 감옥에 갇히게 된다. 셋째 놈은 애첩의 소생으로 어렸을 때 매우 총명하여 일찍부터 공부를 시작했으나 자신의 재주만 믿고 남에게 오만하게 굴었다. 향시를 볼 때 여씨가 뇌물을 쓰려고 하자 셋째 놈은 오히려 해원 쯤이야 힘 안들이고 아버님께 갖다 바칠 터이니 기생집에서 놀 돈이나 몇 천 냥 나에게 갖다 주라고 했다. 그러나 예상 밖으로 낙제하자 기생집에서 시험관에게 욕설을 퍼붓고 고향으로 돌아갈 낯이 없다고 하면서 성 안에서 주색과 도박에 미쳐 버린다. 부모는 뇌물을 주고 관직을 샀기에 뇌물을 받아 재물을 모으고, 아들들은 과거에 낙방하여 고리대업을 하거나 주색과 도박에 미쳐 세월을 보낼 수밖에 없는 처지로 전락하고 만다.

『요재지이』의 「엽생葉生」, 「왕자안王子安」, 「냉생冷生」, 「서치書癡」, 「묘생苗生」 등에는 과거시험 준비 속에 피폐해진 지식인들의 정신상태를 묘사하고 있다. 과거를 통해 신분상승을 노리는 지식인의 수는 헤아릴 수 없이 많지만 통과의례는 만만치 않은 것이었다. 일단 향시에 합격하여 거인이 되면 사회적 지위가 눈에 띄게 높아지지만 시험장에서의 수험생에 대한 대우는 극히 나빴다. 단속이 몹시 엄격한 것은 좋지만 전연 선비로 대접하지 않고 마치 죄인을 다루듯이 심하게 대했다. 포송령은 몇 차례나 향시에 실패하여 결국 거인이 되지 못했던 문인이다. 그는 『요재지이』의 『왕자안』에서 향시를 보는 수험생이 일곱 번이나 그 모습이 변한다고 비웃는데, 이 대목은 지식인의 정신과 인격을 손상시키는 과거제도의 이면을 심각하게 폭로한 것이다.

수재가 시험장에 들어가면 일곱 가지 모습이 있다. 맨 처음 시험장에 들어갈 때 두 발을 드러내고 지필묵을 싼 보따리를 멘 모습은 마치 걸인과 같다. 한 사람 한 사람 출석을 부를 때에는 감독관은 큰소리로 꾸짖고 병졸은 욕설을 퍼붓고 창피를 주니 마치 죄수와 같다. 호사의 좌석에 들어가면 구멍마다 머리를 빼들고 발을 드러내 놓고서 바깥을 엿보는 것은 마치 늦가을 벌집에 있는 애벌레 같다. 시험이 끝나 밖으로 나오면 머리가 멍해지고 발 밑이 흔들흔들하는 모양은 마치 새장 속에서 끄집어낸 병든 새와 같다. 합격일까 낙제일까 하고 기다리고 있는 사이, 초목 흔들리는 소리에도 흠칫흠칫 놀라며 꿈에 헛것이 보인다. 잠시 뜻을 얻었다 생각되면 어느새 누각이 모두 줄지어 있고 공명에 실패했다 생각되면 순식간에 해골도 이미 부패되어 버렸다. 이즈음엔 앉지도 서지도 못한 채 안절부절하여 마치 묶여 있는 원숭이 같다. 드디어 발표가 나서 낙제가 결정되면 이때는 기력을 잃고 얼이 빠진 듯한 죽은 사람 같아 마치 독을 먹은 파리처럼 만져도 꿈적도 하지 않는다. 처음 실의에 빠졌을 때는 실망하여 의기소침하다가 나중에는 시험관에게 분별 없이 욕을 해대니 필묵이 소용없고 책상 위의 물건을 가져다가 모두 태워버린다. 태워도 다 타지 않자 밟아 부순다. 밟아도 다 부서지지 않자 더러운 물 속에 던져버린다. 이로부터 산발을 하고 산에 들어가 면벽수도를 하면서 '그런데'·'일찍이 이르길'하는 문장으로 나에게 오는 자가 있다면 창검으로 그를 물리치리라 한다. 얼마가지 않아 시간이 흐르자 화가 진정되고 글 짓는 재능 점차 꿈틀대기 시작한다. 이때는 알을 까고 나온 비둘기가 하는 수 없이 나뭇가지를 물어다 집을 짓고 새로이 알을 품는 것과 같다. 이와 같은 정황은 당사자는 애통하여 죽고자 한 것이나 옆의 사람이 보기에는 그 가소로움이 누구보다도 심하구나. (『요재지이』「왕자안王子安」)

이 예문은 시험장에 들어가는 수재의 모습을 걸인, 출석 점검 때의 모습을 죄수, 시험장소에서 밖의 눈치를 살피는 모습을 애벌레, 시험이 막 끝난 후 지친 모습을 병든 새, 합격자 발표전의 안절부절 하는 모습을 원숭이, 불합격하여 기절한 듯한 모습을 독을 먹은 파리, 정신을 차린 후 실성한 듯 기물을 부수는 낙제생을 비둘기에 각각 비교하여 시험장 안에서 펼쳐지는 모습을 묘사하고 있다. 낙방하여 지필묵 등 모든 물건을 태워 없애버리고 다시는 팔고문을 짓지 않겠다고 다짐하지만 시간이 흐르면 다람쥐 쳇바퀴 돌 듯 제자리로 돌아온다. 비록 합격 후에 급제자에 대한 대우가 판이하게 달라질지라도 그 이전까지의 그들에 대한 대우에 나타난 모습은 비극 그 자체인 것이다. 상기의 예문에서 포송령은 온갖 모욕을 겪어가면서도 일념으로 공명추구에 매달린 청대의 지식인의 모습을 꼬집고 있다. 평생 과거시험에서 실패를 거듭했던 포송령이 아니었다면 되풀이되는 시험의 과정을 이처럼 생생하게 묘사하기란 불가능했을 것이다. 수없이 많은 지식인들이 무한한 시험 주기의 순환 속에서 소모되어 갔던 한스러운 역사가 포송령 자신의 한과 더불어 극명하게 형상화된 것이다. 역시 『왕자안』에서 왕자안이 합격자 발표가 가까워지자 그는 대취하여 잠들어 꿈을 꾸는데, 꿈속에서 합격한 사람처럼 행동하다 꿈에서 깨어나더니 환상임을 알고는 스스로 웃으면서 "옛날 귀신에게 조롱당한 사람이 있다더니 오늘 내가 여우에게 비웃음을 당한 게로구나."라고 말한다. 과거시험은 중·하층 지식인들이 상층사회로 진입할 수 있는 유일한 길이었다. 왕자안이 취한 후에 보인 모습은 지극히 현실적인 것이지만 평소에는 의식 속에 잠재되어 있을 뿐 나타나지 않는다. 작가는 이것을 여우에게

홀린 것으로 묘사하여 나타냈을 뿐이다. 결국 「왕자안」에서처럼 수재가 과거시험 과정과 과정 후에 당하는 비웃음, 가련함, 서러움 등의 정황은 작자의 절실한 경험에서 나온 것이라 하겠다.

『요재지이』의 「서치」에서는 "황금으로 된 집"과 "천 석의 곡식"이 진정 책 속에 있다고 믿고 있는 어리석은 낭옥주를 풍자하고 있다. 여기에서 말하는 "서중진유금속書中眞有金粟", "권중여인卷中麗人", "천종千鍾"은 모두 진종 황제의 권학문 속에 나오는 인간의 욕망에 호소하는 지극히 자극적인 언어이다. '책 속에 천 석의 곡식이 있고, 책 속에 황금으로 된 집이 있다'고 믿는다. 그는 장가들 것을 권하는 사람에게 "'책 속에 마땅히 옥 같은 미인이 있다'는데 내 어찌 아름다운 아내가 없음을 걱정하겠습니까?"하고 말하지만 이삼 년이 지나도 효험이 없자 사람들이 모두 그를 야유한다. 장가들 생각도 없이 책 속에서 옥 같이 고운 아름다운 여인이 나오기만을 바라는 낭옥주는 바로 정신적 공허 상태인 당시 지식인의 표본인 것이다. 과거제도 하에서 많은 지식인들은 외로운 독서와 싸우면서 공명을 추구하여 결국 정신적 피폐상태에 이르게 된다. 낭옥주의 공명 추구의 목표는 결국 허망한 것임을 보여주는 좋은 예라 하겠다.

젊어서 수재가 된 이후 향시에 수 차례 낙방하고 집안도 몰락하면서, 인정 세태의 매정함을 수없이 맛보고 사회의 부패와 암흑에 분노하며 과거 공명을 포기하였던 오경재 역시 『유림외사』에서 지식인의 정신적 피해상황을 잘 보여주고 있다. 제11회에서 노편수가 그의 딸에게 팔고에 대한 견해를 말하고 있는데, 이것은 팔고문과 과거의 관계를 한 마디로 설명해주는 좋은 예일 것이다. 노편수는 딸에게 "팔고의 문장을 잘 짓는다면 네가 무엇을 짓고 싶던지 마음대로야, 즉 시를 지으려면 시가 되고, 부賦를 지으려면 부가 되니 모두 '채찍 한 대 때리면 흔적이 하나 남고, 뺨 한 대 때리면 피가 나는 것과 같다.' 만약 팔고문을 잘 배워두지 않으면 네가 무엇을 지어내도 모두 완전히 알지 못하면서 아는 것처럼 자기 만족하는 것이요, 불도를 방해하는 사악한 마귀와도 같은 것이다."라고 말한다. 이것은 노편수가 딸에게 팔고문의 필요성을 강조한 것으로 시·서·예·악은 한낱 불필요한 존재가 되었고 입신양명의 수단인 과거에 합격하려면 팔고문에 능해야 했던 것이다. 제3회의 과거 시험의 수험생과 감독관의 대화 속에도 역시 팔고문에 대한 오경재의 견해를 엿볼 수 있다. 한 수험생이 "저는 시사가부에는 모두 자신이 있으니 나으리께서 구두로 질의해 주십시오"라고 말하자 감독관은 "오늘날엔 문장을 중히 여기는데 그대는 어찌 漢·唐을 이야기하려 하는가? 당신과 같은 수험생은 오로지 열심히 문장을 짓는 데 주력할 것이지 시사가부詩詞歌賦 따위는 배워서 무엇하겠소?"라고 말한다. 여기에서 감독관이 팔고문을 '정무正務로 여기고 과거시험과는 무관한 시사가부는 잡람雜覽'이라 경시한 것은 팔고의 형식적인 문장을 요구하는 과거제도 자체를 문제 삼고 있는 것이다. 『유림외사』 제2, 3회에서 주진이 아직 수재의 자격도 없이 김유여와 함께 과거시험장에 놀러갔을 때 자기 신세를 한탄하며 미친 듯이 울부짖는다. "주진은 숙소에 들어서자 두 개의 책상이 정연하게 놓여 있는 것을 보고 자신도 모르는 사이에 눈시울이 시큰해오는 것이었다. 길게 탄식을 하고는 머리를 책상에다 쾅쾅 박고는 몸이 뻣뻣하게 굳어져서 정신을 잃고 말았다. ……그는 일어날 생각도 없이 한바탕 울어댔다. 한바탕 울고 나자 입에서 피를 토했다. 여러 사람이 서둘러 그를 부축하고 나와 과거시험장 앞의 찻집에 앉혀 놓았다. 차를 한잔 마시도록 권하니, 콧물을 닦고 눈물을 씻고는 상심하여 마지않는다." 이러한 비참한 모습을 본 김유여는 안타깝게 여기며 동정하자, 주진은 "그렇게 된다면 생명의 은인이나 다름없습니다. 주진은 나귀와 말이 되어서라도 반드시 보답하겠습니다."라고 말하고는 땅바닥에 엎드려 머리를 조아린다.

주진은 능력은 있었으나 아직 수재도 되지 못했으며, 과거시험장을 둘러보고 감회가 남달라 머리를 박고 울부짖은 것이다. 이에 주변 사람들이 수재가 아니어도 과거시험에 참가할 수 있는 감생의 신분을 살 수 있도록 돈을 걷어 지원한 것이다. 청대의 국자감제는 정도正途와 잡도雜途가 있는데 잡도 중에 곡식으로 감생의 자격을 사는 연납이 있었다. 이들의 국가에서 혹은 사회에서의 대우는 생원과 다를 바 없었다.[17] 명·청시대에 거인과 함께 예비관료와 평민 사이의 경계를 긋는 지위인 공생과 감생의 자격 역시 수만이 판매되었다. 왕조의 권위와 중앙권력이 결정적으로 급격히 쇠퇴해 가던 이 시기에 이르러는 대다수의 지방관이 연납을 통해서 관직에 들어왔기 때문에 자연스럽게 비정규적 진출에 대해 집단적인 공감을 느끼고 있는 상태였다. 이러한 결과로 생원은 士人으로서의 지위에 손상이 가는 잡일을 하기도 하였다. 『유림외사』에서 광초인은 병든 부친을 부양하기 위하여 수년 동안 두부를 만들었다. 그가 생원이 되었을 때 이웃의 소민들로부터 축하금으로 몇 꾸러미의 돈을 받은

17 吳金成, 「中國의 科擧制와 그 政治·社會的 機能 －宋·明·清 時代의 社會의 階層移動을 中心으로－」, 科擧, 一潮閣, 1981, 19쪽 참조.

후에는 그 일만은 그만 두었지만, 행상을 하여 생계를 꾸리는 일은 계속 해야만 했다. 생원이자 시인인 그의 친구 경난강은 관모가게를 운영하면서 생계를 유지하였다. 청대 후기로 갈수록 생원의 법적 지위와 사회적 위치는 하락하여 그들의 지위를 버리고 소상인이 되는 예가 많았다.[18]

또한 제3회에서 범진이 과거 합격 후에 보이는 모습을 보면 과거시험을 준비하는 수험생의 정신적 상황이 어떠했는지 짐작할 수 있다. 범진은 과거에 합격하자, 마치 실성이라도 한 사람처럼 웃으면서 "아! 됐구나! 내가 합격했어!"라고 소리치며 뒤로 나뒹군다. 잠시 후 정신을 차린 후에도 여전히 소리치며 반나절 동안을 밖을 뛰어다니다 겨우 정신을 차려서는 몽롱한 상태에서 꿈을 꾼 것 같다고 말한다. 주진이 수재도 되지 못한 상태에서 과거시험장에 갔다가 책상에 머리를 박은 일이나 범진이 과거에 합격하여 실성한 듯 소리 지르며 돌아다니는 묘사는 지식인이 과거에만 매달린 결과 일어난 일이며 그들이 받은 정신적 피해의 일면이다. 또한 범진의 과거 합격 전후, 주위 사람들이 범진을 대하는 태도 속에 과거라는 매체가 당시 인들의 정신상황에 어떤 영향을 미쳤는지 짐작할 수 있다. 제3회에서 그의 장인인 호도호의 범진에 대한 태도는 천양天壤의 구별이 있다. 호도호胡屠戶는 돼지 도살업을 하던 사람으로 사위인 범진을 평소에 변변치 못한 사람으로 경시하였다. 향시에 참가하기 위하여 여비문제로 상의하니 얼굴에 침을 내뱉고 욕지거리를 퍼붓는다. 이는 하층민의 지식인에 대한 태도를 통해 과거를 지향하는

18 何柄棣著·曺永祿外譯, 앞의 책, 30~41쪽 참조.

지식인의 심리를 엿볼 수 있다. 거인에 합격하기 전 호도호는 한바탕 욕설을 퍼붓고는 말한다. "너는 때를 잃지 마라! 너 자신은 상공에 합격했다고 느끼겠지만 곧 '두꺼비가 고니고기를 먹고자 함'이다. ……너의 이 뾰족한 입과 원숭이 볼 같은 얼굴을 오줌을 누어 스스로 비추어 보라! 이것도 저것도 아니면서 고니의 방귀를 먹으려 하는가! ……"(제3회) 반면 범진이 수재에 합격한 후에는 태도를 돌변하여 범진을 칭해 '하늘의 별天上星宿'·'어진 사위 나으리賢壻老爺'·'재주가 뛰어나고 품행도 좋다才學又高, 品學又好' 등의 언행을 연출한다. 이로 보면, 지식인의 지위는 동일한 것이 아니었다. 거인에 합격하느냐 못하느냐는 사회적 지위를 확보하느냐 못하느냐의 문제와 직결되어 있다. 『요재지이』의 『왕자안』에서 거인에 도전하는 수험생이 무시당하는 모습을 일곱 가지로 묘사하였듯, 시험장 안과 밖에서 당하는 고통을 엿볼 수 있다. 작가 오경재는 바로 호도호의 언행과 행위를 통해 강자에겐 약하고 약자에겐 강한 인간의 보편적 심리를 반영하고 있으며, 거인 합격 후 위상이 달라진 범진의 모습과 호도호의 태도를 대비시켜 풍자의 효과를 극대화하고 있다.

『경화연』 제67회에서도 임완여, 진소춘이 방을 붙이기 전날 밤의 판이한 태도와 방을 붙인 후의 갈팡질팡하여 어쩔 줄 모르는 행동에 대해 묘사하고 있다. 변기 통 옆에서 완여는 소춘을 바라보고 소춘은 완여를 바라보며 마치 정신 나간 사람처럼 오로지 크게 웃기만 한다. 사람들을 보고서야 웃음을 멈추자, 순영이 묻는다. "두 분께서는 아무리 못 견딜 정도로 즐겁다 하더라도 하나의 좋은 장소를 고르셔야지요. 두 분께서는 이곳에서 기분 좋게 계셨지만, 가령 이곳의 냄새에 물들었다면 장차 시를 지어도 여전히 구린내가 날까 걱정되는군요." 변기 통 옆에서 완여는 소춘을 바라보고 소춘은 완여를 바라보며 마치 정신 나간 사람처럼 오로지 크게 웃기만 하는 미친 듯한 모습만을 묘사하고, 순영의 말을 서술하지 않았다면 『유림외사』에서 과거에 합격하기 전과 합격 후 범진의 변화된 모습을 풍자한 것과 같은 묘미가 있었을 것이다. 그러나 작자는 또한 순영에게 야유를 퍼붓게 하여 조롱과 자조로 비극적인 맛을 씻어 냈다. 이것은 과거에 합격한 소춘과 완여의 정신적 변화를 묘사한 것인데, 작가는 이를 통해 당시 팔고 과거제도가 지식인에게 가져다 준 정신적 피해 상황을 비판하기 위한 것이었다.

『편범영』 또한 과거합격 소식이 전해지기 전후의 상황을 잘 묘사해 주고 있다. 9월 초열흘 합격자 방이 붙던 날, 보섬은 집에 앉아서 기다리고 있기가 어려웠으며, 가족들 또한 애를 태우며 좌불안석이다. 해질 무렵 누군가가 집안에 대대로 전해 내려오는 타박상 약을 빌리러 왔는데, 온 이유를 정확히 물어보더니 합격소식이 아님을 알고는 보섬은 바로 기절하고 그때부터 사경四更까지 잠을 잔다. 밖에서 누군가 합격하였다고 말하는 소리가 들려오는데, 둘째 백부의 손아래 처남 호리도가 많은 돈을 들여 대리시험을 보고 합격하였다는 소식이었다. 마침내 누가 와서 문을 두드리며 제 4등으로 합격하였다고 알려주자, 보섬은 그때서야 펄쩍 뛰며 일어난다. 그 바람에 걸상의 발에 걸려 넘어져서 부인의 발을 찧었는데도 전혀 아랑곳하지 않는다. 방록을 보고 나서야 비로소 전보동이 수석합격 하였고 진보기는 10등, 고미선은 18등, 호리도는 56등, 그리고 단희인이 대신 답지를 써준 사람도 합격하였음을 알게 된다. 친척들은 찹쌀가루로 풀을 끌여 합격통지서를 붙이는가 하면 폭죽을 터뜨리고 날이 밝도록 징을 치고 북을 치기도 하고, 또 등롱燈籠에다 글을 쓰는 것을 돕기도 하고 명함을 인쇄하는 이도 있다. 보섬의 실성한 듯한 모습은 『유림외사』의 범진이 과거 합격 후 실성한 모습을 보인 묘사에는 미칠 수 없다하더라도 『경화연』의 임완여, 진소춘이 방이 붙은 후 변기통 옆에서 정신 나간 사람처럼 웃는 장면의 묘사와 같은 효과를 얻을 수 있는 것이다. 또 미완성 작품인 『월구식민지소설』에서 용맹화가 여러 번 발광하자 옥태랑이 의사에게 치료받도록 하는데, 의사가 심장 수술을 한 후, 5분 정도 지나자 정상인처럼 행동한다. 그 병의 이유인 즉 모두가 팔고문에 의한 독이다는 사실을 알게 된다. 이 역시 팔고문의 폐해로 정신적 질환상태에 있는 지식인의 모습을 단적으로 말해주고 있는 것이다. 팔고문으로 취사하는 제도는 비록 지식인들에게 영예로운 길로 나아가게 했지만 진정으로 이 길을 통해 관료사회에 진입하는 사람은 극소수였다. 대부분의 지식인들은 과거시험장에서 뜻을 잃고 평생동안 초라하게 보내야만 했다. 과거에 응시해 관리가 되는 것 외로는 지식인들에게 별다른 출로가 없던 사회에서, '공명'이라고 할 수도 없는 동생 자격을 얻은 자라 하더라도 과거시험에 사력을 다해 끝까지 매달렸던 것이다. 그들은 끼니를 잇지 못할 정도로 빈궁하더라도 진로를 바꿔 자신과 사회에 조금이라도 이로운 일을 하려고는 하지 않았다. 명·청 시대의 수없이 많은 동생들 심지어 동생에조차 합격하지 못한 사람들까지도 그저 이렇게 이름 없이 팔고 과거제도에 의해 소모되어갔던 것이다. 팔고 과거는 명목상 인재를 선발했지만 실제로는 인재를 해치고 국가의 경쟁력을 저하시키는 악과 같은 제도였다. 명·청 소설에 묘사된 비참한 장면들은 당시의 지식인들이 과거시험장에서 뜻을 잃고 곤궁한 생활로 빠져드는 현실을 진실하게 묘사하고 있으며, 팔고취사에 대해 심도 있게 고발하고 있는 것이다. 그러나 과거제도의 엄청난 매력은 마치 마약과도 같은 것이었다. 비록 실제로는 영원히 극소수만이 획득할 수 있는 것이라 하더라도, 누구나 희망을 가질 수 있을 뿐 아니라 일단 성공하면 보통 사람과 비교할 수 없을 정도의 권력과 재부財富를 얻을 수 있었기 때문이다.[19]

결국 『취성석』의 과거에서 낙방 후 주색과 도박에 미쳐버린 셋째 아들의 모습, 『요재지이』의 「왕자안」에서 왕자안이 술에 취해 꿈을 꾼 모습의 묘사, 『유림외사』의 범진이 과거 합격 후 실성한 모습을 보인 묘사, 그리고 『경화연』의 임완여, 진소춘이 방이 붙은 후 변기통 옆에서 정신 나간 사람처럼 웃는 장면의 묘사, 합격자 방이 붙던 날 좌불안석하다 결국 기절을 하는 『편범영』의 보섬의 모습, 팔고문 때문에 누차 발광하여 의사의 치료를 받은 『월구식민지소설』에서의 용맹화 등등은 모두가 과거준비에 몰두했던 지식인의 정신적 상황을 말해주고 있는 좋은 예라 할 것이다.

4. 과거문화와 지식인

당대로부터 시작된 과거제도는 중국 사회에서 천여 년 간 지속되어 오면서 사회 각 분야에 결정적인 작용을 하였다. "과거제도는 중국 봉건 사회에서 통치자들의 인재 선발 기능과 동시에 지식계층

19 金諍 지음, 김효민 옮김, 『중국 과거 문화사』(동아시아, 2003) 321쪽과 王凱符, 『팔고문概說』(北京中華書局, 2002) 102쪽 참조.

을 농락하는 수단으로 작용하여 안정적인 통치를 할 수 있게 하였던"[20] 것이며, 지식인 계층의 입장에서 보면 사회적 지위를 획득하여 지배층으로 나아가는 중요한 길이었기 때문에 그럴 수밖에 없었다. 특히 14세기에서 19세기까지의 5백 년 동안은 서로 격절隔絶되어 있던 세계의 문명이 관계를 맺고 융합돼 나가면서 질적 발전을 이루던 매우 중요한 시기였다. 바로 이처럼 중요한 시대에 명·청 지식인들은 전제의 고압에 머리를 숙인 채 팔고문에 몰두하고 있었던 것이다. 그들의 지식과 시야는 정주程朱의 틀에 박힌 문장을 전혀 벗어나지 못하였고, 그들의 삶은 서재에서 시험장까지의 범위를 벗어나지 못했다. 그리하여 청초의 고염무는 일찍이 증오에 찬 목소리로 "팔고문의 해로움은 분서나 마찬가지이며, 인재를 망침에 있어서는 함양 교외에서 유생들을 생매장했던 것보다 더 심하여 매몰된 자가 단지 460여 명에 그치지 않는다."라고 말했다. 진시황의 분서갱유는 한 시대의 지식인들 중 극히 일부만을 소멸시켰을 뿐이지만, 명·청 시대의 팔고 과거제도는 5백 년 이상이나 대대로 지식인 전체를 '소멸'시켰던 것이다. 여기서 '소멸'이라는 말을 쓰는 것은 결코 과하지 않다. 왜냐하면 명·청 지식인계층 전체를 놓고 볼 때 이미 그들에게 '지식'이 있었다고 말하기조차 어렵기 때문이다.[21] 그러나 명·청 시기 소설 작품을 통해 보면 체제에 대한 반항의식이 스며

20 韋慶遠, 『中國政治制度史』, 中國人民大學出版社, 1989, 411쪽 참조.

21 金諍 지음, 김효민 옮김, 『중국 과거 문화사』, 동아시아, 2003, 311쪽 참조. 고염무 이외에도 왕부지, 황종희, 안원, 대진 등도 팔고취사제도를 반대하고 나선 대표적인 문인 학자였다. 王夫之, 顔元 등도 팔고의 폐해를 지적하고 있다. 王凱符, 『八股文概說』, 北京中華書局, 2002, 92~93쪽 참조.

있음을 알 수 있다. 명·청 시기의 대다수 소설가들은 과거에 뜻을 두었으나 누차 낙방하여 곤경한 생활에 처한 실의失意 문인이었다. 『수호전』의 작자 시내암과 비평가 김성탄, 『삼국연의』의 작자 나관중과 비평가 모종강, 『서유기』의 작자 오승은, 『홍루몽』의 작자 조설근, 『유림외사』의 작자 오경재, 『요재지이』의 작자 포송령 등은 실의한 문인이었으며, 작자 미상의 많은 작품들도 내용으로 미루어 짐작컨대 동일한 지위였음을 알 수 있다.[22] 특히 이들 중 오경재와 포송령은 소설 속에서 체제 유지의 근간인 과거제도에 대해 맹렬한 비판을 가함으로써, 국가권력을 향해 붓끝을 겨누는 지식인의 의지를 보여주고 있다. 당시 실의문인들은 곤궁한 생활과 정신적 고통을 당해야 했다. 이런 상황 속에서 실의문인들이 소설 창작에 접어들 수 있었던 것은 당시의 소설 발전사의 흐름 및 출판문화와 밀접한 관련이 있으며, 다량의 소설에서 과거제도를 묘사하고 있는 것은 당시 과거제도가 사회에 미친 영향력이 어떠했는지를 짐작케 한다. 그렇다면 대다수 지식인들이 과거에 몰두할 수밖에 없었던 명·청 시기의 과거제도에 대해 간략히 살펴볼 필요가 있겠다.

명·청시기의 과거제도는 제도상 큰 차이가 없다. 왜냐하면 청대의 과거제도는 명대의 제도를 답습한 것이고 명대의 과거제도는 송·원대의 것을 더욱 발전시킨 것이기 때문이다. 여기서는 과거제도가 가장 부패했던 청대의 과거제도에 대해 간략히 살펴보겠다. 청대의 과거제도는 원시, 향시, 회시·회시복시·전시의 3단계로 실시되었다. 원시는 동생童生 가운데 수재를 선발하고, 이미 뽑힌 수재에

22 吳聖昔, 『明·淸小說與中國文化』, 南京大學出版社, 1991, 10~11쪽 참조.

대해서 선별시험을 치르는 것이다. 향시는 3년에 1회, 자子·묘卯·오午·유酉년의 8월에 3장시험[23]으로 행해졌고, 시험관은 모두 중앙에서 파견되었다. 응시자격은 생원과 감생[24]만이 있었으며 합격자는 거인이라 하고 종신 자격이었다. 또 그 자격만으로도 지주·지현 등 지방관으로 임명되기도 하였다. 거인은 회시를 볼 수 있고 회시는 향시의 다음 해인 축丑·진辰·미未·술戌년의 3월에 실시되었다. 회시는 예부상서가 주관하였으며 합격자는 팔고문의 경의經義에 대해서 시험을 치르는 복시에 응시할 수 있었다. 합격자 중 1, 2, 3등의 그룹은 황제가 직접 주관하는 전시에 참가할 수 있고, 4등 이하는 전시 응시자격이 일정 기간 동안 제한되었다. 전시에서의 합격자는 진사라 칭했다. 전시는 4월에 실시하는데 회시 합격자의 순위를 정하는 것으로 진사 전체의 성적을 제1·2·3갑의 3등급으로 나누어 발표되었다. 1갑의 3명을 장원·방안·탐화라하고 그들을 합쳐 삼정갑三鼎甲이라 했다. 이와 같은 제도상의 등급은 정치, 경제, 사회에 많은 영향을 주었고 신분상의 특권층으로 사회에 존재하며 각종의 특권을 누렸다. 그러나 이런 과정을 거쳐 지배 계층에 편입되는 것은 그리 쉬운 일이 아니었다. 청대의 관료 중 상층의 1·2·3품관은 여러 가지 권한이 많지만 특히 속관屬官을 천거할 수 있고 또 이들의 자손은 음蔭의 특권[25]을 가지고 있었다. 중간층의 끝에 해당하는

23 제1장 四書3題, 제2장 五經5題, 제3장 策1題를 부과하였다.

24 生員(秀才)은 府·州·縣의 童試에 합격하여 유학에 입학이 허락된 학생을 말한다. 監生은 國子監에 입학한 자로 직접 鄕試에 응시할 수 있었다.

25 父祖의 공로로 얻은 혜택을 말한다. 唐·宋代 관리들은 세습적인 특권을 가지고 있었으나, 명·청대 관리들에 대한 蔭의 범위는 대폭 축소되어 3품 이상 관리의

7품관인 지현의 기능에는 그 지역의 행정·사법과 질서유지, 심지어 교육감독권까지 포함되어 있다. 그는 말하자면 '민의 부모'였다. 하층 현승·순검의 8·9품관, 관품이 없었지만 하위관품으로 승진할 수 있었던 서리와 유외관流外官, '청직淸職'의 관리로 생각되던 부·주·현 유학의 교수, 학정學正, 교유敎諭와 훈도訓導 등은 모두 좌잡佐雜에 속한다 할 수 있는데, 19세기에 접어들면서 정부가 재정궁핍 때문에 관직과 관위를 대규모로 팔게 될 때 이들이 혜택을 입었다.[26] 이와 같은 제도상의 혜택 때문에 명·청대의 많은 지식인들은 과거제도의 노예가 되어 그 지위를 얻는 데에 평생을 바치기도 하였다. 그러나 "전쟁이나 자연재해가 없는 상황에서 과거시험은 사회의 정상적 유동을 촉진하는 작용을 했다. 그것은 보통 지식인을 직업관료가 되게 했고 낙제수험생에게는 평생 동안 독서를 업으로 삼게 했다."[27]

명대의 『석점두』 제1권에서 곽재는 여러 차례 과거를 보았으나 합격치 못하다가 56세에 비로소 거인이 된 후 진사에 합격한다. 제2권에서 노생은 21세 때 거인에 합격하여 진사시험을 보러 경성에 들어가나, 시험장에 늦게 도착함으로 인해 합격하지 못하자 분하여 성명을 숨기고 서산에 기거하며 책을 보고 지낸다. 『청야종』 제1회에는 명말의 사회상을 잘 보여주고 있다. 왕위는 현관으로 서울에

長子만으로 제한되었다. 실제로 明·淸 전 기간을 통해 蔭의 규정은, 1품 관리의 아들 한 명은 과거를 보지 않고 5품관으로 관직에 나갈 수 있고, 같은 비율로 낮추어서 3품 관리의 아들 한 명은 7품의 관직을 받도록 되어 있었다. 何柄棣著·曺永祿外譯, 『中國科擧制度의 社會史的 硏究』, 東國大學校 出版部, 1987, 27쪽, 166~171쪽 참조.

26 何柄棣著·曺永祿外譯, 앞의 책, 27~28쪽 참조.

27 張杰의 『淸代科擧家族』, 社會科學文獻出版社, 2003, 215쪽.

올라가 시험에 참여하게 되는데, 서울에 머무는 동안 왕위는 세상의 폐해를 간파한다. '뇌물의 많고 적음에 따라 관리를 평가하는' 과거장의 부정부패를 알게 된 것이다. 그는 한림을 뽑는 전시에서조차 뽑힐 인물이 사전에 내정이 되어 있는 것을 보고 개탄해 마지않는다. 이자성李自成이 서울로 쳐들어오자 왕위는 적과 맞서 싸우려 하나 백성들은 물론이고 일부 관원들마저 적을 쌍수로 환영하는 것을 목도하고는 민심이 명나라 조정을 떠난 것을 알고 경부인과 함께 목을 매어 스스로 목숨을 끊는다. 『두붕한화』의 작자 애납거사艾衲居士는 "명말에 태어나서 전란을 몸소 겪었고 청조에 들어서도 오래도록 살았다. 과거에 응시하기도 하였으나 급제하지 못하였고, 사맹社盟에 들었으나 끝끼지 하지는 못하였다. 벼슬길에 나아가지 못하여 일생을 헛되이 보내면서 세상의 불합리한 모든 것에 대해 분개하고 증오하였으며 구속됨이 없이 호방하였다. '해내의 명산대천을 두루 돌아다니며 가는 곳마다 시를 남겨 그 기이함을 읊었다.' 더욱이 억울하고 불평스러운 마음을 글로 달래었으며, '시집과 전기傳奇가 판각되어 천하에 회자된 것이 무수히 많았다.' 그러나 애석하게도 오늘날에는 모두 찾아볼 수 없다. 본서는 그의 만년 작품이다."[28] 이들 작품은 명대 시기 과거문화의 일면을 볼 수 있는 작품들이다.

명·청 시대 사회에서 하나의 궁극적인 신분목표는 오직 학문적·관료적 성공을 통해서만 얻어질 수 있는 것이었다. 가치의 단일성은 과거시험용 모범답안지를 간행하는 일로 생활비를 번 『유림외사』

---

28 江蘇省社會科學院 編, 『中國通俗小說總目提要』, 中國文聯出版公司, 1990, 410쪽.

속의 가장 흥미 있는 인물 중의 하나인 마순상의 강한 현실주의에서 가장 잘 나타난다.[29] 『유림외사』 제13회에서 작자 오경재는 마이선생의 입을 빌어 당시 일반 지식인들의 과거에 대한 견해를 나타냈다. 마이선생의 말은 표면상 팔고 과거제도를 크게 찬양하나 실제로는 역설적 효과를 조성한 것이다. "'말에 탈이 없고 행동에 후회가 없게 하라'言寡尤, 行寡悔"의 중요성은 마이선생의 부정하는 목소리에 그 중요성이 더욱 드러난다. 춘추시대에서 본조本朝[30]에 이르기까지 시대를 막론하고 거업에 매달리고 거업을 위해서 학문에 정진하는 중국 고대사회 지식인의 모습을 말해주고 있으며 이의 결점을 지적해주고 있다. "공자가 살아 계셨더라도 역시 문장을 공부해서 거업을 하였을 것이 틀림없으며 결코 '말에 탈이 없고 행동에 후회가 없게 하라'는 말은 말하지 않았을 것이네. 왜냐? 매일 '그런 말'만 하다가는 아무도 그를 관직에 붙여 주지 아니하였을 것이고, 따라서 공자의 도道도 행하여지지 아니하였을 터이니까." 마이선생의 이러한 말속에는 과거시험을 형식적으로 엄격하게 만든 의도는 지식인들을 길들여 전제 규범에 복종하도록 하는 데에 있었기 때문에 인의 도덕의 사상적 내용은 완전히 내버려졌던 것임을 의미한다. 또 제15회에서 마이선생의 광초인에 대한 이야기 속에 당시 지식인들의 과거에 대한 보편적 심리를 짐작할 수 있다.

29 何柄棣著·曺永祿外譯, 앞의 책, 102쪽 참조.

30 소설 속에서의 本朝는 明代에 해당하나 청대의 文字獄을 피하기 위해 소설의 배경을 청대로 설정한 것이기 때문에 실제로는 청대까지를 말하는 것이다.

"당신은 지금 돌아가면 부모를 봉양하며 늘 글공부하여 과거에 급제하길 힘쓰시오. 사람이 세상에 나서 이 일을 제외하면 출세할 수 있는 다른 것은 없습니다. ……글공부를 해서 거인 진사시험에 합격할 능력이 있기만 하면 조상을 빛낼 수 있습니다; 이것이 바로 효경에서 말하는 '부모를 드러내고 이름을 날리는 것'이니 크게 효도하는 것이며 자신 또한 고생을 하지 않습니다. 옛말에 '책 속에 황금으로 된 집이 있고, 책 속에 천 석의 곡식이 있으며, 책 속에 백옥 같은 미인이 있다'고 했습니다. 지금은 무엇이 책입니까? 바로 우리들 문장의 선본입니다. 아우님, 당신은 돌아가 부모를 봉양하고 꼭 늘 글공부하여 과거에 급제하길 힘쓰시오. 장사가 되지 않아 봉양에 부족함이 있더라도 개의할 필요 없이 문장을 짓는 데에 힘쓰도록 하시오. 병이 든 부친이 침상에서 잠을 자다 먹을 음식이 없어도 당신의 글 읽는 소리를 들으면 부친의 마음은 꽃이 피어난 듯하여 슬픔이 기쁨이 되고 아픈 곳도 낫게 될 것이오." (『유림외사』 제15회)

입신양명의 지름길은 독서에 있다. '황금으로 된 집, 천 석의 곡식, 백옥 같은 미인'은 모두 책 속에 있고 과거 합격을 위한 팔고문에 있다. 생업의 지장을 받더라도 독서에 힘쓰고 부모가 병상에 있더라도 독서에 힘쓴다면 글 읽는 소리에 저절로 낫게 될 것이다. 그럼 어찌하여 지식인들은 과거에 합격하기 위해 평생을 바치도록 되었을까? 그 이유는 간단하다. 일단 합격만 하면 정치적으로 중앙의 행정관료에 진출하거나 지방의 하급관료에 임명되었고, 경제적으로는 그 지방의 경제권을 장악함은 물론 각 계층의 사람들이 각종의 물건을 보내와 갖추지 않은 것이 없었다. 또한 사회적으로 신분상승의 변화가 일어나 상층사회의 일원이 될 수 있었기 때문이다. 이러한 신분상승의 급격한 변화는 곧 탐관오리를 생산하고 핍박받는 양민이 양산되는 것이다.

『유림외사』 제3회에서 학도인 주진과 시험에 응시한 범진과의 대화 속에 과거 지향의 지식인 모습과 과거 합격 후의 위상을 보여주는 묘사가 있다. 수험생 범진은 나이를 속이면서 20여 차례나 시험을 치는 비참한 지식인이다. 주학도가 범진을 보니, 얼굴이 노랗고 양 볼 살이 말랐으며 키 크고 깡마른 동생이 좌석에 앉아 있는 것이 눈에 띄었다. 이 동생이 답안을 제출하러 나왔을 때 가까이서 보니 의복이 너덜너덜 헤어져 있었고 몹시 곤궁해 보였다. 답안지를 받아들고 명단을 보니 30세라고 적혀 있었다. 그러나 주학도가 나이를 물으니 범진은 "제가 기입한 것은 30세이지만 실제로는 54세입니다."라고 대답한다. 주학도가 다시 시험을 몇 번이나 쳤느냐고 묻자, 범진은 "저는 20세에 응시하여 지금까지 20여 번을 보았습니다."라고 대답한다. 범진은 비교적 선량하고 성실한 사람이다. 그들은 스스로의 노동에 의거하여 자신의 삶을 유지한다. 범진은 빈궁하여 먹을 양식이 없어 씨암탉 한 마리를 안고 시장에 나가 팔아야 하는 비참한 처지였다. 그러나 궁핍한 범진이 과거에 급제한 후 커다란 생활상의 변화를 가져오게 됨을 알 수 있다. 또한 거인이 된 범진과 어떻게든 관계를 맺으려고 아첨하는 하층민의 자세를 엿볼 수 있다. 이러한 상황은 청대에 보편적인 현상이었다. "이로부터 과연 많은 사람들이 그에게 아첨하러 왔다: 전답을 바치거나 점포를 바치거나 하는 자도 있었다. 그밖에 일부 몰락한 집은 부부가 아예 하인노릇을 하러 왔다. 2·3개월이 지나자 범진의 집에는 노복·하녀를 다 갖추게 되었고, 돈이나 쌀도 두말할 필요 없었다." 거인 합격, 그것은 많은 변화를 가져왔다. 가만히 앉아 있어도 백성들은 스스로 찾아왔다. 논밭을 바치고 돈을 가져오고 아예 하인노릇을 하기도 했다. 때문에 지식인들은 과거를 통한 신분 상승을 꾀할 수 밖에 없었다. 20세에 과거에 응시하여 54세에 거인에 합격한 범진은 단지 소설 속의 인물로 끝나는 것이 아니라 실존하는 많은 인물 중의 한 예에 불과한 것이다.[31]

거인은 각 성에서 향시를 통과해야 되는 것으로, 이들은 하급관직에 임명될 수 있는 자격이 있었다. 명초에는 진사 시험에 실패한 거인을 바로 부·주·현학의 교관으로 임명하였다. 거인은 명·청시대의 계층구조에 있어서 아주 중요한 사회계층이었다. 이 점은 전기傳記나 사회소설에서 잘 드러난다. 화정현의 장사의張士毅(1506~1561)는 그의 가족과, 열심히 공부하는 형의 생계를 위해서 장사를 하지 않을 수 없게 되었다. 부자가 된 후 그는 두 아들을 가르치기 위해서 그 지방의 유명한 학자를 초빙하였다. 그의 두 아들이 최초의 학위인 생원이 되었을 동안은 그의 주관적인 지위 평가에 별다른 변화가 없었다. 그 후 둘째 아들이 1558년 향시에 합격하자 그의 부인은 미칠 듯이 기뻐하며, "이제야 우리는 이 장사에서 벗어날 수 있게 되었다."고 소리쳤다.[32] 그렇게 극적인 지위의 상승은 경제적인 것이

31 擧人에 합격할 확률은 明初의 59:1에서부터 점차 어려워져서 明末에 가면 400:1을 넘어서고 청대에도 비슷하였다. 이 때문에 명·청시대에 生員層이 고정될 수밖에 없었고 가장 큰 특권 신분 그룹으로 고정되어 갔다. 進士 합격의 경우도 每試 평균 明代에는 279:1이었고 청대에는 238:1이었으니, 과거시험에 발을 들려놓은 후 進士에 합격하기까지는 고난의 길이었다. 그러나 평범한 시민들의 과거에서의 합격은 사회적 지위와 경제적 부의 획득이 단번에 이루어지는 계층상승의 유일한 길임과 동시에 지름길이었다. 역사학회 편, 『과거』, 일조각, 1981, 50~56쪽 참조.

32 王圻, 『王侍御類稿』 卷11, 「死後에 廣東布政使로 추존된 張近松의 생애」, 何柄

아니라 분명히 사회적인 것이었다. 왜냐하면 그는 오랫동안 부유했기 때문이다. 그의 아들들의 이전의 생원지위나 그 이후의 진사 및 고위 관직 어느 것도, 그 가문에서 처음 가지게 된 거인의 지위만큼 사회적 상승에서 결정적으로 중요한 의미를 갖지는 못하였던 것이다.[33] 『유림외사』의 주진이나 범진 같은 인물들처럼 백발이 성성하도록 과거시험에 매달려도 수재조차 못 되면서도, 이미 '독서인'의 반열에 들어섰기 때문에 끼니를 굶을 정도로 가난해도 계속 응시하려고만 할 뿐, 방향을 전환해 자신과 사회에 모두 유익한 다른 일을 하려고는 하지 않았다. 이처럼 중국의 지식인들은 천 년 이상 과거시험의 구덩이 속에서 발버둥치며 소모되면서, 몸은 서재를 나서지 못하고 눈은 사서오경과 과문科文을 떠나지 못했다. 전체적으로 볼 때, 중국 고대 지식인들에게 있어서 '지식'은 시험에 응시해 벼슬을 할 수 있는 것이 아니면 지식이 될 수 없는 기형적인 것이었다.[34]

청말의 소설 『얼해화孽海花』 제2회에는 다음과 같은 말이 나온다. 중국은 "지금 세계의 마왕인 영국, 러시아, 프랑스, 독일 등 강국들이 모두 눈독을 들이며 집어삼키려고 하고 있다. 우리라고 아무 배알도 없이 당하고만 있어야 하는가? 모든 잘못은 제왕들이 만세의 재앙은 생각지도 않고 일시의 안녕 만을 위해 '과거공명'이란 말을 만들어내 온 백성의 정신을 몽매하게 만들고 귀를 막고 눈을 가려, 남들이 찌르고 죽인다 해도 전혀 무감각해진 데에 있다." 이는 청말

棣著·曺永祿外譯, 앞의 책, 30쪽 재인용.

33 何柄棣著·曺永祿外譯, 앞의 책, 29~30쪽 참조.

34 金諍 지음, 김효민 옮김, 『중국 과거 문화사』, 동아시아, 2003, 28쪽 참조.

서구의 열강이 국토를 유린하려 들어도 500여 년 동안 팔고 과거에 빠져 부귀공명을 추구해온 명·청 시기의 지식인들은 이미 백성들을 선도할 능력을 상실했고, 대다수의 백성들이 신분상승을 꿈꾸며 과거시험에 함몰되었음을 지적하고 있다. 작가 증박曾樸은 청조가 외세에 침략을 당할 수밖에 없었던 근본적인 원인을 바로 문인 지식인은 물론 하층 소지식인까지도 정신을 팔려야 했던 과거제도에서 찾고 있는 듯하며, 이것은 상당한 설득력이 있다고 본다.

『해상화열전海上花列傳』의 작자 한방경韓邦慶은 공생으로 과거에 응시했으나 급제하지 못한 채 상해 주변을 떠돌며 지냈다고 알려져 있다. 『여거인女擧人』에서는 묘통이 왕아경이라는 사람을 만났는데 알고 보니 같은 해 갑오괴기인이었다. 개구리밥이 물을 만난 것처럼 두 사람은 매우 친해졌다. 두 사람은 과거장의 병폐와 국사가 나날이 그릇됨을 논하며 의기투합하게 된다. 『학구신담學究新談』에서는 청대 말엽 과거제도가 폐지될 즈음 문인들의 현실인식을 잘 보여준다. 절강 전당에 사는 하앙서는 거인에 급제하지 못해 서당 선생이 되었는데, 하루는 친구 돌공이 찾아와 지금 팔고문을 폐지하려 한다고 알려주었으나 앙서는 사실로 여기려 하지 않고서, 여전히 강력하게 학생들로 하여금 종전처럼 현시에 응시토록 한다. 학생들이 합격하지 못했기 때문에 결국은 서당 문을 닫게 되고 생활을 꾸려나갈 수 없어 시문원고를 팔려하지만 줄곧 팔리지 않는다. 『화류심정전花柳深情傳』은 소노보蕭魯甫의 작품으로 1895년 창작되었다. 작자는 갑오년 중일전쟁에서 중국이 나약함이 누적되어 스스로 떨쳐 일어나지 못하는 상황에 유감을 가졌으며 영국인 부난아傅蘭雅가 "중국이 자강하지 못하는 까닭은 다음 세 가지에 있다. 첫째는 팔고문이고, 둘째는 아편이고, 셋째는 여자의 전족이다."[35]라고 한 말에 자극을 받아 2주만에 완성한 작품이라 한다. 부친이 임종 시 은인의 꿈에 나타나 앞으로 집안을 흥하게 하려면 반드시 평생을 망치는 세 가지 일을 끊어야 한다고 경고한다. 첫째는 아편이고, 둘째는 팔고문이며, 셋째는 여인의 전족임을 말해준다. 후에 공孔선생은 병영에서 팔고문으로 군사기밀을 작성하여 승진의 기회를 놓치게 되고 조사를 받게 되자 상하이로 도망치나, 나쁜 습관을 고치지 못하고 여전히 기녀에게 팔고문으로 접대 문을 써주며 근근히 생활하다가 여의치 못하여 결국 고향으로 돌아간다. 공선생은 옥산에서 일찍이 함께 향시에 참가하였던 정지심을 우연히 만나 두 사람은 팔고문 때문에 평생을 망쳤다고 탄식하며, 결국 팔고문으로 쓴 책을 불태우게 된다. 이밖에도 『원앙침鴛鴦針』에서는 우수한 사람의 답안지를 훔쳐서 도용을 한다든지(제1권) 대리시험을 보는 사례(제3권)가 묘사되어 있고, 『평산냉연平山冷燕』 또한 뇌물과 연줄로 과거에 합격하는 일을 지적하고 있다. 『시모현형기時髦現形記』에서 거인 고시는 과거가 폐지된다는 말을 듣고 화병이 나고, 『장고연의掌故演義』에서는 강희 3년에 민간의 전족을 폐지하고 팔고문으로 관리를 선발하는 제도를 폐지하였다가 반대가 너무 거세자 강희 7년 이를 철회한 사건을 다루는 등 다양한 현상을 볼 수 있다.

이처럼 청말의 많은 소설들에서 팔고 과거문화의 현상을 반영하고 있다. 팔고 과거제도가 지식인들을 공소무학하게 만들자, 명말 이후 과거제도에 반대하는 일부 비판적인 학자들이 고서 연구에 집

---

35 江蘇省社會科學院 編, 『中國通俗小說總目提要』, 中國文聯出版公司, 1990, 1060쪽.

중할 것을 제창하며 경전의 원저에 힘을 쏟아, 고서 읽기와 관련된 문자, 성운, 훈고, 교감, 목록 등 고증의 학문이 점차 흥성하기 시작하였다. 고염무, 황종희 등의 대학자들은 과거시험과 팔고문의 폐해를 통렬히 비판하면서 경사를 연구하는 실학을 제창하였는데, 이는 건가 고증학파의 원류였다고 할 수 있다. 이후 청대의 많은 사대부들도 과거에 급제하고 나서 출세 수단이었던 팔고문을 버린 후, 학식이 공소함을 스스로 부끄럽게 여기며 고증학의 대열에 들어섬으로써 청대 고증학의 번영을 이루게 되었다. 광서 21년(1895), 강유위康有爲가 과거시험장에서 수험생과 함께 올린 '공거상서公車上書'에서는 '팔고취사'가 인재를 해친다는 점을 다음과 같이 비판하고 있다. "후대의 서적을 쓰는 것을 법으로 금하면 그 공소함이 속되게 될 수 있습니다. 과거시험의 합격자 정원이 제한 돼 있어 많은 우수한 인재가 시험장에서 늙어가고 있습니다. …문제가 어려운 까닭에 어려서부터 짜 맞춘 문제에 시달려 작법은 알지만 의미는 망각하고, 합격 정원이 적어 늙을 때까지 과거 공명을 추구하면서 부귀를 도모하고 학문은 제쳐둡니다. …이利를 좋아하면서도 부끄러워하지 않는 풍조가 만연되어 나라가 위태로운 상황에서도 쓸 만한 사람이 없습니다."[36] 그 후, 광서제에게 올린 또 다른 상소문에서도 통절한 내용으로 과거제도를 폐지할 것을 주장하고 있다. 전국의 동생들의 총계는 30년 간 약 3백만 명이 되는데, "3백만 명이란 인재는 네덜란드, 스웨덴, 덴마크, 스위스의 인구에 해당하는 숫자이니, 가장 쓸

36 중국사학회 주편, 「請廢八股試帖楷法試士改用策論折」, 『戊戌變法』 제2책, 상해 인민출판사, 1957, 金諍 지음, 김효민 옮김, 『중국 과거 문화사』, 동아시아, 2003, 317~318쪽 참조 및 재인용.

모 있고 정력적인 이들에게 과학에 종사하고 정치와 기술을 배우게 하여 나라를 위해 쓴다면 무엇을 못 하겠습니까? 그러나 3백만의 유용하고 정력적인 인재들을 모두 짜 맞춘 문제에 날마다 골머리를 썩으며 정신이 피폐하게 만드는 것은 그들을 아무런 지식도, 재능도, 쓸모도 없이 귀머거리, 장님처럼 늙어 죽게 하는 것이나 마찬가지입니다." 지금 조정의 대신들은 모두 과거 출신이어서 "단지 팔고문에 능통하고 서법이 훌륭하면 진사에 오르고 고결한 한림이 되지만, 사마천, 범중엄이 어느 시대 사람인지, 한 고조, 당 현종이 어느 시대 황제인지조차 모르는 자가 있습니다. 가령 아시아, 아프리카의 지리나 구미의 정치학을 물으면 더욱 어리벙벙해져서 어떻게 말해야 할지를 모릅니다." "공소함의 묵은 폐단을 없애고 유용한 학문에 집중시킨 후 널리 학교를 개설하여 과학을 가르치며, 학교들이 모두 세워진 후에 서서히 과거제도를 폐지해야 합니다."[37] 이러한 과거제도 개혁에 대한 그의 주장은 무술변법의 주요 내용 가운데 하나로 나타나게 된다.

그런데 소설들에서 보여주듯, 이와 같은 심각한 부작용이 있었음에도 불구하고 중국의 과거제도가 오랜 시간 동안 유지될 수 있었던 것은 중국의 사회, 문화에 기반을 두고 있기 때문이다. 과거제도는 실로 중국정치에서 특별히 드러나는 '문의 존중', 좀더 구체적으로 말하자면 '武를 억누르고 文을 진작시키려는 정신'에 의하여 관철되고 있다는 점에 근본적인 특징이 있다. 원래 문무는 수레의

37 중국사학회 주편, 「請廢八股試帖楷法試士改用策論折」, 『戊戌變法』 제2책, 상해 인민출판사, 1957, 金諍 지음, 김효민 옮김, 『중국 과거 문화사』, 동아시아, 2003, 333~335쪽 참조 및 재인용.

양 바퀴와 같은 것으로 한쪽만으로는 앞으로 나가지 못한다는 이치에 따라 당대부터 무과거武科擧라는 것도 실시되었지만 실은 이것은 사족에 지나지 않았다. 과거란 본래 文을 숭상하는 정신 위에서 성립했으므로 군인들을 관여시켜야 하는 것은 아니었다. 대체로 중국의 정치에서 문이 차지하는 위치는 무에 비하여 비교가 되지 않을 정도로 비중이 높았다.[38] 명·청 두 왕조가 암울한 전제통치를 각각 2백 수십 년 간이나 안정되게 유지할 수 있었던 데는 발전과 동시에 그 부패성이 여실히 드러났던 과거제도가 큰 몫을 하였다. 많은 소설들의 묘사에서 나타난 것처럼, 가혹하고 번다하며 엄격한 등급 구분으로 전제정치의 정신을 집중적으로 구현한 명·청대의 과거와 학교제도의 가장 주요한 기능은 바로 지식인을 노예화하고 속박하는 데에 있었다. 그리하여 사회의 가장 생기 있고 뛰어난 역량이 위축되고 타락하게 되었다. 수십 년 간 팔고문에 매달려 고생하는 동인, 그들의 머릿속에는 각종 규정과 법식 외에 더 이상의 정의감이나 시비관념이란 거의 있을 수 없었고, 게다가 시험을 통해 벼슬을 할 수 있다는 유혹의 힘은 아편처럼 그들을 정복하였던 것이다. 청조는 지식인들에 대한 과거제도의 마력을 잘 알고 있었기에, 해마다 과거시험을 개설하여 지식인들을 구슬렸다. 청대 통치자들은 팔고 과거제도를 계승해 한족 지식인들을 노예화시킴으로써 확실히 성공적으로 자신들의 일시적인 안녕을 얻을 수 있었다. 원대의 경우, 국운이 상대적으로 짧았던 원인 가운데 하나가 바로 과거제도

38 미야자키 이치사다(宮崎市定) 지음, 박근칠·이근명 옮김, 『중국의 시험지옥~과거』, 청년사, 1996, 234쪽 참조.

와 한족 문화에 대한 배척과 억압이었는데, 청조는 이 점에 대해 잘 알고 있었는지 중원을 장악한 직후부터 과거시험의 문호를 크게 열어 한족 문화를 적극적으로 흡수하였다. 청조의 각급 관료기구는 대체로 만주족과 한족을 겸용하여, 원대의 고위 관직에 몽고족과 색목인이 편중되었던 것과는 달랐다. 그러나 청조에도 만주·몽고인 귀족은 특권을 누려 일반적으로 과거시험을 통과할 필요가 없었고, 과거시험은 거의 한족 사대부들을 농락하는 데 쓰였다. 한족 가운데 벼슬에 오른 사람은 거의 대부분 과거시험의 겹겹의 관문을 천신만고 끝에 통과하여 올라온 사람들이었다. 청대에는 과거제도를 떠받들면서 심지어 의도적으로 한족들이 거의 모든 과거시험의 정원을 독점하게 하였는데, 이는 원대 과거제도가 좌우방을 나누어 한족을 차별하고 억압했던 것과는 전혀 달랐다. 이 점은 청조 통치자들이 한족 사인계층의 '관본위' 심리와 명대 전제정치가 사인계층을 길들였던 효과에 대해서 명확히 인식하고 있었음을 충분히 설명해준다. 청대 과거제도는 고대 국가의 전제적 고압과 이록利祿을 통한 유인이라는 두 측면을 가장 집중적으로 구현해냈던 것이다. 17세기 중엽, 만주족은 겨우 수십 만의 인구로 억에 달하는 한족을 정복하면서도 13세기에 강대한 몽고족이 금과 송을 정복한 것보다 훨씬 순조로웠고, 또 267년 간이나 한족을 지속적으로 지배했는데, 이 점은 한족, 특히 한족 지식인계층의 정신과 자질이 후대에 와서 크게 위축되고 하락되었음을 잘 말해준다.[39]

---

39 金諍 지음, 김효민 옮김, 『중국 과거 문화사』, 동아시아, 2003, 303쪽, 305쪽, 308~310쪽 참조.

5. 지식인의 길

이상 검토에서 드러나는 바와 같이, 명·청 시기의 많은 소설 작가들은 동시대의 과거문화에 대해 긍정적 차원이든 부정적 차원이든 일정한 묘사를 하고 있다. 과거문화를 긍정적으로 반영한 소설들은 주로 주인공이 과거제도라는 권력 기제를 통해 개인의 출세는 물론 가문을 빛내는 내용을 묘사함으로써, 과거제도가 통치계급 내부의 구성원이 끊임없이 물갈이 되도록 하여 사회의 상·하층이 평화롭고 합법적이며 지속적으로 상호 유동하게 하는 면을 시사하고 있다. 과거문화를 부정적으로 반영한 소설들은 과거제도에 대한 직접적인 비판과 아울러 과거 시험장에서 빚어지는 부정행위와 뇌물 횡행 등의 현상, 그리고 청대 지식인이 당하는 정신적 고통 등을 집중적으로 묘사하고 있다. 소설 중의 묘사를 통해서 우리는 당시 관료와 사인들의 말과 관심, 지식구조 및 삶의 내용 모두가 과거공명과 과거시험, 그리고 팔고문의 범위를 벗어나지 못했으며, 그들이 전통적인 문사의 학에 대해서는 거의 관심이 없으며 세계가 무엇인지는 더욱 몰랐음을 알 수 있다.

과거제도는 중국 봉건 사회에서 통치자들의 인재 선발 기능과 동시에 지식계층을 하수인으로 전락케 하여 안정적인 통치를 할 수 있는 제도적 장치역할을 해왔다. 이는 지식인 계층이 사회적 지위를 획득하여 지배층으로 나아가는 중요한 길이었기 때문에 당대로부터 시작된 과거제도가 중국 사회에서 천여 년 간 지속되어 오면서 사회 각 분야에 결정적인 작용을 하게 된 것이다. 그러나 통치권자의 측면에서 보면 사회질서를 유지하고 백성을 안정적으로 다스릴 수 있는 긍정적인 역할을 해왔지만, 과거를 통해 신분상승을 노렸던 지식인들은 수혜자이면서 동시에 피해자의 입장에 있었다는 사실이다. 과거를 위한 독서는 어리석은 지식인으로 전락시키는 지름길이었다. 많은 수험생이 고시를 준비한다. 여러 차례에 걸쳐 수년에 걸쳐 시험을 쳐보지만 결국 합격하는 수는 한정되어 있다. 나이도 들었고 심신도 피로하다. 합격자는 사회적·경제적 신분상승으로 출세의 가도를 달리겠지만 실패하는 사람의 정신적, 신체적 공황은 말로 표현할 수 없는 것이다. 과거제도를 통해 신분상승을 노리고 벌인 온갖 부패행위, 과거제도에 희생된 지식인의 허위에 찬 모습과 정신적 피해상황을 보면서, 오늘날 각종 제도의 모순이 적지 않은 우리 현실과 비교하게 된다.

한편, 명·청 시기의 다수의 소설 작가들은 과거에 응시했다가 낙방하여 권력의 중추세력으로 편입되지 못한 실의失意으로 소설을 통해 통치제도의 근간인 과거제도를 비판하고 있다. 작가들이 그들 사회를 유지시켜 온 과거제도를 비판한 자체는 명·청 정부에 대한 반항의 의미를 보여줌으로서 역사의식과 시대의식을 지녔다고 할 수 있겠지만, 대부분의 작가가 사회·경제적 지위를 확보하지 못한 지식인계층이었다는 사실을 간과해서는 안 될 것이다. 그들이 비록 선명성을 가지고 소설을 썼다 할지라도 모두가 과거제도의 피해자인 동시에 추종자였다는 사실이다. 곧 그들 자신을 포함한 모든 지식인 계층의 모순적 심리와 이에 대한 반성의 의미로서 과거제도를 비판한 소설들이 등장했다고 볼 수도 있는 것이다.

2. 『걸리버여행기』와 『경화연』에 나타난 사회비판과 이상향

1. 조나단 스위프트와 이여진

18세기 영국의 풍자 작가 조나단 스위프트(Jonathan Swift, 1667~1745)는 풍자작가로 널리 알려져 있으며 『걸리버여행기(Gulliver's Travels)』라는 유명한 작품을 남겼다. 19세기 청대 소설가 이여진李汝珍(1763~1830)은 『홍루몽』 이후 한동안의 공백 후 『경화연』이라는 장편대작을 내놓음으로써 그 이름을 후세에 남겼다. 『걸리버여행기』와 『경화연』은 1세기의 차이를 두고 동서양에서 창작되었으며,[1] 신구세력이 교체되고 사회동요가 심한 변혁시기를 시대배경으로 하고 있다.

---

1 스위프트는 1720년을 전후해서 문필활동을 활발히 전개했는데, 『걸리버여행기(Gulliver's Travels)』를 쓰기 시작한 것이 바로 이 때이며, 출판된 것은 1726년, 그의 나이 58세 때의 일이다. 李汝珍의 『鏡花緣』은 嘉慶 10~15년(1805~1810) 경에 쓰여지기 시작하여 嘉慶 22년인 1817년에 초고가 완성되고 이듬해 蘇州에서 간행되었다.

스위프트는 영국의 역사상 정치변화가 비교적 많은 시대에 생활하였다. 1688년의 이른 바 “명예혁명”은 자본가계급이 최후의 봉건왕조인 스튜어트 왕조를 무너뜨리긴 했지만 뿌리깊은 봉건세력을 일시에 제거하기는 어려웠다. 때문에 봉건 귀족 지주세력과 자본가계급이 타협하여 입헌군주제도를 확립하였다. 자본주의의 진행은 자본가로 하여금 사리사욕과 탐욕·부패의 길을 걷도록 했고 사회는 부패하고 통치집단은 사치와 방탕에 빠졌으며, 식민지 전쟁의 잔혹함과 포악함이 증대되었다. 이러한 사회환경은 스위프트와 같은 많은 계몽사상가 및 작가들에게 봉건세력과 자본주의의 병폐를 반대하고 선진적 계몽사상으로써 민중의 의식을 일깨우는 새로운 이상사회를 추구토록 했다.

조나단 스위프트[2]는 아일랜드 더블린에서 태어나 유복하였지만 아버지가 그의 출생 전에 사망하였고 어머니도 생후 얼마 되지 않아 본가로 돌아갔기 때문에 고아의 몸으로 유모의 손에서 자랐다. 백부의 도움으로 더블린 대학의 Trinity College를 졸업한 뒤 생모와 연고관계가 있는 당시 정계의 거물인 William Temple의 비서가 되어, 그 집에서 기식하였다. 그 때까지의 생활이 후년의 풍자작가 스위프트의 성격 형성에 크게 영향을 미쳤다. 그의 후견인이나 다름없는 Temple이 죽은 후 정치에 야심을 갖게 되었다. 당대의 당파

2 조나단 스위프트(1667~1745)의 생애에 대한 부분은 『걸리버여행기』(송낙헌 옮김, 서울대학교출판부, 1999), 『걸리버여행기』(이동진 옮김, 해누리, 2001), 『영문학 개설』(김용철 편저, 탐구당, 1990), 『영문학사』(데이비드 데이쉬즈 지음, 김용철·박희진 옮김, 종로서적, 1988), 『영국문학사논강』(유 영, 한신문화사, 1987), 『영국문학사』(이상오·이대석 역, 한신문화사, 1982), 『Gulliver's Travels』(이군철 역, 신아사, 1977) 등의 문헌을 참고하여 작성하였음을 밝혀 둔다.

투쟁은 휘그당원들과 그에게 반대하는 토리당원들 간에 처절하게 진행되었으며, 당시의 거의 모든 저명한 문인들이 이 편 또는 저 편에 가담하는 상황이었다. 1708년 휘그당의 단독내각이 성립되자 스위프트는 Bishop의 지위를 차지하기를 원했으나, 실패로 돌아가자 휘그당에 대한 불만이 싹트기 시작했다. 1710년 토리당이 정권을 잡게 되자 그는 토리당에 투신해서 당기관지 Examiner를 통해 휘그당을 맹렬히 공격하는 변절을 보여주었다. 1728년 그와 비밀결혼을 하였다는 설이 있던 그의 가장 가까운 친구인 Stella가 사망하자 고독하게 남게 되었다. 그는 그의 성인생활의 대부분을 현기증과 귀먹음과 우울증으로 고통을 당했다. 1730년대 말엽부터 정신착란 증세가 나타나, 1742년에는 발광상태에 빠졌다. 그로부터 3년 뒤인 1745년 77세의 나이로 세상을 떠났다. 당대의 정치 사회적 상황과 그의 인생 역정을 감안해 볼 때, 스위프트는 현실사회에 대한 불만을 가질 수밖에 없었고 이로 인해 이상사회를 꿈꾸게 되었으며, 바로 걸리버를 통해 작가 자신의 의지를 반영하고 있다고 가정할 수 있겠다.

이여진이 생활한 시대는 성세에서 쇠락의 길을 걷던 건륭 및 가경·도광시기여서 사회적 불안이 심화된 시기로 사회모순이 심화되고 봉건제도가 빚어낸 각종 병폐가 백성들 앞에 폭로되는 상황이었다. 동시에 명대 중엽에 시작된 자본주의 맹아는 농업 및 수공업과 상업경제의 점차적인 번영에 따라 진일보한 발전의 길로 나아갔다. 이러한 새로운 경제형태는 낙후된 봉건사회의 경제제도와 상호 모순을 발생시켰으며, 공자진龔自珍(1792~1841) 등의 진보적 사상가는 인간의 사회적·경제적 평등에 대해 논하고 상층사회를 비판하고 하층 백성들에 대한 관심을 일관되게 보여주는 상황이었다.

이여진[3]의 부친은 박식한 수재였으며 집안에는 몇 경의 보잘것없는 땅이 있었다. 이여진이 열 살이 되던 해 부친이 갑작스런 병으로 세상을 떴다. 이후 북방 지역은 재해가 계속되었고 관청의 가혹한 세금까지 겹쳐 백성들은 살길을 찾아 분분히 외지로 도망하는 상황이었다. 1782년 가을 15세의 이여진은 모친 및 동생들과 이별하고 형 이여황李汝璜을 따라 해주海州의 판포板浦(현 강소성 연운항시)로 이사하여 20여 년을 그곳에서 살았다. 이여진은 유년에 정혼해 둔 처가 병으로 사망했다는 소식을 전해 듣고 형 이여황의 중매로 허교림許喬林의 사촌 누이 허부용許芙蓉을 후처로 맞이했다. 이 무렵 이여진은 약 26세로 이미 학문에 성취가 있었다. 이여진은 1801년에 실시된 순천부順天府 향시에 응시했으나 합격하지 못했고, 당시는 황하의 둑이 터져 물을 다스릴 인재가 급히 필요한 때여서 처숙부 허계정許階亭의 추천으로 하남의 현승에 임명되었다. 2년 동안 현승을 역임한 후, 1805년 이여진은 재차 하남의 중주로 내려갔으나, 그는 과거의 출신이 아닌 데다가 연납금을 내지 않아 더 이상 임명되지 않았고 1년 후 곧 초언장草堰場으로 돌아왔다. 그는 그의 스승인 능정감凌廷堪에게 보낸 시에서 세태를 꼬집고 다시는 공명을 추구하지 않겠다는 뜻을 나타내고 있다. 소설의 내용과 기타 정황에 근거에 보면 그는 관직에서 물러난 뒤 『경화연』의 저작에 착수한

3 李汝珍(1763~1830)의 생애에 대한 부분은 「鏡花緣的引論」(胡適, 『中國章回小說考證』, 1980년 판), 「李氏音鑒序」(石文煃, 嘉慶 10년, 1805), 「鏡花緣作者李汝珍生平初探」(曹晋杰·朱步樓, 『鏡花緣研究』 第2輯, 1984), 「鏡花緣題詞」(孫吉昌, 『鏡花緣』, 上海古籍出版社, 1990) 등을 참고하였다.

것으로 보인다. 이로 보면 작가 이여진은 과거에서 뜻을 얻지 못하고 초야에 묻혀 지낸 지식인이었다. 이는 작중 인물인 당오가 과거에 수 차례 응시하지만 여전히 수재로 머무는 것을 통해 자신의 입장을 반영하고 있고, 작품 가운데에 나타난 팔고 과거제도와 과거시험장에서 뇌물이 횡행하던 당시 현실에 대한 비판에서도 과거와는 인연이 깊지 않은 작가의 생애를 엿볼 수 있다. 또한 하남에서 현승을 지내면서 황하의 범람으로 인한 백성들의 고통과 관리의 부패한 상황을 목도하고 작품에서 이를 반영하고 있고, 박학다식했음에도 불구하고 팔고문을 멀리하여 과거에서 뜻을 얻지 못했다. 또한 연납금을 내지 않아 관직에 더 이상 나아가지 못하고 형의 도움으로 해주에서 장기간 생활하였다. 이와 같은 그의 인생 역정과 당시 사회의 사상적 조류는 그로 하여금 바다와 인접해 있던 해주에서 여러 차례에 걸쳐 바다를 유랑토록 한 원인으로 보이며, 이의 경험을 작중 인물인 당오를 통해 현실에 대한 비판과 이상을 꿈꾸었다는 전제가 가능하겠다.

흥미 있는 점은 두 소설이 백 년의 시차 및 지리적 공간의 한계에도 불구하고 현실사회에 대한 비판과 이상사회를 지향하고 있다는 점에서 유사성을 보여주고 있다는 점이다. 이 때문에 이 두 작품의 내용에 대한 분석을 통해 저작의 의도를 파악, 비교해보는 것도 의의 있는 일이라 생각되며, 이를 위해서는 당대 사회배경과 특징을 고려하여 분석을 진행하여야 할 것이다. 영국과 중국, 서양과 동양에서 1세기의 차이를 두고 결코 평탄하지 못한 작가적 인생 역정을 가진 두 작가가 지향하는 바는 무엇이었을까? 본 글은 작가가 추구한 내용적 측면을 고려하여 '통치계급과 현실사회에 대한 풍자'

와 '이상사회에 대한 동경'의 두 방면을 고찰해보고자 한다.[4]

2. 통치계급과 현실사회에 대한 풍자

『걸리버여행기』와 『경화연』은 모두 유기체식遊記體式[5]과 환상적 형식을 이용하여 암담한 사회현실을 통쾌하게 폭로하였고 자본가계층과 봉건귀족계층의 부패상에 대해 풍자하고 진보적인 사회이상을

4 『鏡花緣』은 魯迅이 '才學小說'로 규정한 이래 상당한 연구자들에 의해 다양한 각도에서 분석 연구되어, 婦女小說, 理想小說, 幻想小說, 社會問題小說, 世情小說, 雜家小說, 知識小說, 諷刺小說 등의 다양한 관점이 제기되었다. 본 연구는 『鏡花緣』을 풍자소설로 보고 논의를 진행한다. 이에 대한 구체적인 논의는 졸고 『이여진의 鏡花緣 연구』(전남대학교 박사학위 논문, 1997)의 '제7장 『鏡花緣』의 소설 장르적 특징'에서 이미 다룬 바 있다.

5 遊記는 여행과정의 견문이나 이에 따른 자신의 생각을 적은 글이다. 유기에서 산수를 묘사하든 人事를 기록하든 그 내용은 결국 모두 여행자의 이목을 통해 전개되며, 이 때 산수는 여행자의 발자취의 이동에 따라, 人事는 여행자의 이목을 통해 문장으로 기록된다. 유기가 산수소품이나 필기잡록과 다른 점이 바로 여기에 있으며, 이러한 유람의 기록인 유기를 사용하여 "심리 묘사를 여행자 한 사람에게 국한시키고, 이야기 서술을 여행자의 이목에 예속시키며, 경물의 묘사를 여행자의 발걸음에 따르게 하면서, 中國 장편소설은 의식적 무의식적으로 전통적인 전지적 서사를 극복하였던"(陳平原 著, 이종민 譯, 앞의 책, 264쪽 참조) 것이고, 이로써 遊記式 소설의 가능성이 열렸던 것이다. 이런 점에서 "유기의 기록자는 반드시 자신이 관찰자임을 주목해야 한다. 만약 그가 관찰한 것이 산수가 아니라 인간 세상이며 기록한 것이 진실한 여행 체험이 아니라 상상 중의 체험이라면 바로 遊記體 小說로 쓰여질 수 있을 것이다."(陳平原 著, 이종민 譯, 앞의 책, 258쪽 참조) 遊記體式과 환상적 형식은 풍부한 상상을 통해 낯설게 하는 수단으로 동원되었고 기이한 해외세계를 풍자라는 양식을 통해 창출하였다. 독자들은 이것을 현실세계로 인식하며 작가는 대중의 저항정신에 호소하는 것이다.

표현했다. 두 작품은 비록 기이한 해외세계를 묘사하고 있으나 실제로는 당시 현실사회의 변형된 모습의 축소판이자 작자가 추구하는 이상사회의 체현이라 말할 수 있는 것이다.

『걸리버여행기』는 소인국 릴리퍼트, 거인족의 나라 브롭딩나그, 하늘을 나는 섬나라 라푸타, 준마종족 후이님의 나라 등을 통해 통치 계급 및 현실사회에 대해 풍자함과 동시에 이상사회에 대한 동경의식을 나타냈다. 이 중에서도 소인국 릴리퍼트와 하늘을 나는 섬나라 라푸타에서는 현실비판에 중점을 두었고, 거인족의 나라 브롭딩나그와 준마종족 후이님의 나라에서는 작가의 이상향을 펼치고자 하는 의도가 역력히 보인다. 『경화연』 역시 군자국·대인국·섭이국·무장국·모민국·견봉국·흑치국·소인국·장인국·백민국·숙사국·양면국·천흉국·장비국·익민국·시훼국·지가국·여아국 등등 40여 개 해외이국을 통해 통치 계급 및 현실사회에 대한 풍자는 물론 이상사회에 대한 동경을 표현하고 있다. 이 가운데 섭이국·무장국·모민국·견봉국·소인국·장인국·백민국·양면국·천흉국·장비국·익민국·시훼국·지가국·여아국 등에서는 주로 현실비판이 이루어지며 군자국·대인국·흑치국·숙사국·헌원국 등에서는 작가의 이상사회의 구도가 그려져 있다. 그럼 이를 감안하여 두 소설에 대한 세부적인 분석을 진행하도록 하겠다.

스위프트는 『걸리버여행기』 마지막 장의 서두 부분에서 걸리버의 입을 통해 소설을 쓴 의도를 명확히 말해주고 있다.

> "친절하고 훌륭한 독자들이여, 위와 같이 나는 16년 7개월에 달하는 여러 차례의 항해에 관해서 성실하게 들려주었고, 이 이야기에서는

장식적인 부분들을 삭제하고, 오로지 진실의 전달에만 모든 노력을 집중했다. 물론 다른 여행가들처럼 나도 괴상하고 불가능한 이야기들을 가지고 여러분을 깜짝 놀라게 할 수도 있었을 것이다. 그러나 나의 주된 목적은 여러분을 즐겁게 해주는 것이 아니라 사실을 사실대로 알려주는 것이기 때문에, 오히려 가장 단순한 방법과 스타일을 통해 분명한 사실관계를 전달하기로 작정했던 것이다.… 여행가의 주된 목적은 그가 설명하려는 여러 외국 땅의 좋은 실례뿐만 아니라 나쁜 실례를 통해서 사람들을 좀더 지혜롭고 선량하게 만드는 것이다.… 나의 이 빈약한 작품이 영국 독자들에게 배척되지 않기를 바라는 친구들의 기대를 고려하여, 절대로 진리를 저버리지 않고, 오히려 진리에만 매달리겠다는 것을 스스로 절대 원칙으로 삼았다."(제4부 제12장)[6]

즉 그는 오로지 진실을 전달하는 데에 모든 노력을 집중했음을 밝히고 있으며, 주된 목적은 독자들을 즐겁게 해주는 것이 아니라 사실을 사실대로 알려주는 것임을 밝히고 있다. 또한 여행가의 주된 목적이란 외국의 좋은 것뿐만 아니라 나쁜 것들을 통해서 사람들을 좀더 지혜롭고 선량하게 만드는 데에 있음을 주장하고 있다. 그래서 스위프트는 절대로 진리를 저버리지 않고, 진리에만 몰두하겠다는 것을 절대 원칙으로 삼아 소설을 써 내려 갔음을 시사해주고 있다.

이여진의 경우도 마찬가지라 하겠다. 『경화연』 제1회에서 "대개 이 책에 기록된 것은 비록 규방의 자질구레한 일이고 여인들의 한

6 이하 『걸리버여행기』의 우리말 역문은 이동진 옮김, 『걸리버여행기』(해누리, 2001)를 참고하였다.

가한 정황이지만, 대고가 말한 네 가지 항목을 갖춘 이들이 역력히 들어 있으니, 그 자질이 금옥일 뿐 아니라, 또한 빙설氷雪을 마음가짐으로 한 사람들이다. …어찌 일이 허망한 일들을 언급하고 사람은 아름답고 추악한 사람을 그렸다 해서, 일괄 그것들을 없앨 수 있겠는가?"(제1회)라고 언급하고 있다. 이는 작가의 『경화연』 창작 동기를 살필 수 있는 중요한 단서로서, 그는 이 작품이 여성에 대한 문제를 묘사할 것임을 암시하고, 그 내용이 비록 '규방의 자질구레한 일이고 여인들의 한가한 정황이고 서술함이 허황'될지라도 그것들을 없앨 수 없음을 말하고 있다. 또한 그는 제23회에서 작중인물인 당오의 입을 통해 "이 책은 비록 유희를 사건으로 하였으나 은근히 권선징악의 뜻을 담아, 사람을 풍자하는 취지에서 벗어난 게 아니다."(제23회)고 언급하고 있다. 이것은 작가가 이 작품을 단순히 자신의 지식을 자랑하기 위한 의도에서 쓴 것이 아니라, 그러한 유희적 사건을 수단으로 삼아 현실을 풍자하고 교화를 이루려는 데에 궁극적인 목적이 있음을 시사한 대목이라 하겠다. 역시 『경화연』 제11회, 제12회에서도 오씨 형제가 "시속의 폐단을 말하는 것"을 통해 현실사회에 대한 견해와 주장을 선명하게 표현했다.[7]

작가들의 이러한 암시 속에 나타나듯, 이 두 작품의 창작의도가 단순하게 이국정조를 묘사하려는 것이 아니라 강렬한 현실주의 경향을 띠게 되리라는 것을 알 수 있다. 작품에 드러난 다양한 측면의 내용을 보면 두 작자는 당시 사회의 정치·문화·교육·도덕·윤리

7 이에 대한 내용은 「『경화연』에 나타난 신화의 수용 양상」(졸고, 중국인문과학, 제23집, 2001)에서 자세히 다룬 바 있다.

등의 상층 사회의 각 방면에 대해 두루 관심을 가지고 있다. 소설 전체를 놓고 볼 때, 스위프트의『걸리버여행기』는 영국의 사회제도에 대해 비교적 날카로운 폭로와 견책을 진행하였고 비판의 붓끝이 국왕과 수상 및 당시 갈수록 치열해지는 당파투쟁 등 통치집단의 핵심을 직접 겨냥하고 있다. 스위프트는『걸리버여행기』제1부에서 걸리버가 소인국 릴리펏을 주유한 것을 묘사했다. 이곳에서는 모든 것이 우리가 살고 있는 세상의 사물과 비교할 때 12분의 1로 축소되어 있다. 보기에는 가련하고 귀여운 모양을 하고 있으나 자세히 관찰하면 이 조그만 조정에는 영국사회와 똑같은 법령제도가 있고 음모, 술책과 갈등, 모함이 가득 차 있다. 릴리펏 황제의 개인 비서실장 렐드레살이 걸리버에게 하는 말(제1부 제4장)을 통해 키가 6인치에 미치지 못하는 귀족대신들은 신뒤축의 높낮이를 위해서 당을 나누고 파를 결성해서 아귀다툼을 벌이고 계란의 크고 작은 것을 위해서 전쟁을 발동하고 다른 나라를 침략하고 있음을 지적하고 있다. 그런데 이것은 걸리버에게 조정 대신들의 숨겨진 모습에 대해서 인식할 수 있는 계기가 되도록 해준 말이었다. 원래 그들은 한 무리의 품격 낮은 뻔뻔하고 치욕스런 사기꾼이자 정객이었던 것이다. 이러한 비판의 칼날은 바로 영국 왕실과 추종하는 무리들을 우회적으로 겨냥하고 있을 뿐이다. 실로 "작자의 본 뜻은 영국의 인간사회를 풍자하고 있는 것인데「높은 굽의 당」과「낮은 굽의 당」의 대립은 각각 왕당파와 민권당의 대립을 의미하는 것이고, 이웃나라 Blefuscu 왕국은 프랑스를 연상시키고 있다."[8] 또한『걸리버여행기』

8 이군철,『Gulliver's Travels with essays in criticism』, 신아사, 1989, 22쪽.

의 제3부 가운데에서 작자는 국왕 조지 1세의 배움도 없고 재주도 없는 것을 풍자하였다. 수상 울프를 돈과 권력과 작위를 추구하는 흉악한 독수리로 조롱하였다. 작자는 전체조정을 시궁창에 비교하였고 허위적 법률을 꺾여진 갈대가 바람에 흔들리는 것으로 비유했다.

작자는 제2부 거인국에서 왕비의 권위와 상･하원의회의 정치 행태를 비판하고 있는데, 그 가운데 한 부분을 예로 들어 보겠다.

> 두둑한 돈 자루를 가진 다른 지방 출신이 천박한 투표자들을 매수하여 자기네 지주나 이웃의 가장 훌륭한 신사를 누르고 당선되지는 않는가? 하원에 들어가려면 많은 돈을 쓰고 심한 고생을 하며, 파산하는 경우도 자주 있는데다가, 의원에게는 월급이나 연금도 없다는데, 그런 의회에 들어가려고 죽기살기 식으로 달려드는 까닭은 무엇인가? 의원이 되고 싶어하는 사람들의 열정은 덕성과 공공정신이 지나치게 우러러 나온 것으로 보였기 때문에, 왕은 오히려 그것이 언제나 진심에서 우러러 나오는 것이 아닐 수도 있다고 의심하는 것 같았다. 그는 또 이 열정적인 신사들이 부패한 정부와 결탁한 채, 나약하고 사악한 군주의 비위를 맞추느라고 공공이익을 희생시키고, 그래서 자기들의 비용과 수고에 대한 보상을 노리지는 않는지 알고 싶어했다.(제2부 제6장)

위의 예문은 걸리버가 거인국 국왕에게 영국의 하원을 소개하자 궁금한 사항을 물어보는 대화의 일부이다. 이는 거인국왕의 입을 통해 하원을 풍자하고 있는 것인데, 의회에 진출한 이후의 생활이 그렇지 않은 경우와 크게 달라짐을 엿볼 수 있다. 청대에 과거에 합격하면 그의 신분의 수직 상승했던 것처럼 영국 역시 마찬가지였다.

상원과 하원은 입법에 관한 모든 사항을 국왕과 더불어 처리했기 때문에 월급이나 연금에 관계없이 각종 이권에 개입할 수 있었던 것이고 이로부터 부를 축적할 수 있었던 것이다. 매표, 매관, 매직을 일삼고 정부는 경제력 있는 지방신사계층과 유착하여 부패의 늪에 빠져 있다. 이들이 부패한 것을 스위프트는 "누구나 인정하는 현상이지만 정치적 육체적인 상원과 하원, 그리고 대도시의 의회들이 자주 걸리는 질병들이란 장황하게 떠드는 기질, 열광적으로 변하는 기질, 그 외에 다른 식으로 잘못을 저지르는 기질, 두뇌에서 생기는 많은 질병과 가슴에서는 그보다 더 많이 발생하는 질병들, 두 손, 특히 오른손의 신경과 힘줄들이 심하게 수축되면서 일어나는 격심한 경련들, 우울증, 소화불량, 현기증, 정신착란, 악취 나는 고름이 가득 찬 연주창 종양들, 입으로 치솟는 시고 쓴 거품과 찌꺼기, 개와 같은 식욕과 소화불량, 그 외에 언급할 필요가 없는 수많은 질병들인 것이다."(제3부 제6장)라고 말하고 있다.

또한 스위프트는 영국 역사 백년 간에 펼쳐진 각종 폐해를 걸리버의 입을 통해 지적하고 있다. "내가 과거 100년 동안 영국에서 일어난 역사적 사건들을 설명했을 때 그는 이만 저만 놀라지 않았다. 그리고 내가 말하는 역사란 음모·반란·살인·학살·혁명·추방 등의 집합체에 불과하고, 그런 것들은 탐욕·파벌·위선·배신·잔인함·격분·광기·증오·시기·욕정·악의 또는 야망에서 나오는 가장 저열한 짓이라고 규탄했다."(제2부 제6장) 이것은 영국 현실사회의 총체적 부패를 언급한 것으로 통쾌하고도 정곡을 찌르는 폭로와 편달이라고 말할 수 있으며, 그의 영국 사회에 대한 분노를 알아볼 수 있는 일면이라 하겠다. 제3부 7장에서 걸리버는 글룹둡드리브라는 마술사들의 섬을 여행하면서 그곳의 총독과 대화를 나누면서 로마의 원로원과 현대 의회를 나타나게 해주기를 원했다. "나는 로마의 원로원이 내가 있는 그 홀에 나타나고, 세월이 한참 지난 뒤의 의회를 다른 홀에 나타나게 해주기를 원했다. 원로원이 영웅들과 반신반인의 모임으로 보인 반면, 후대의 의회는 보따리 장수들, 소매치기들, 노상강도들, 그리고 폭력배들의 오합지졸 같았다."(제3부 제7장) 이는 바로 그가 두 의회의 모습을 대비시켜 비교 비판하기 위함인 것이다. 로마의 원로원은 인간의 경지를 넘어 신의 경지에 있는 반신반인의 모습인데 영국의회는 부패와 폭력에 얼룩진 모습이다. 위에서도 지적했듯이 결국 올바른 정신을 가진 건전한 세력이 의회에 진출한 것이 아니라 뇌물과 아첨 등을 통해서 불건전한 세력이 진출했음을 보여주는 것이다. 역시 제3부의 8장에서 지성과 학식으로 명성을 떨쳤던 고대인들에 대해 비판하고 제대로 된 인물이 등용되지 못하는 풍토를 비판하고 있다. 높은 자리에 오르기 위해 저지르는 인간들의 온갖 행태를 볼 수 있는데, 부패의 정도가 극에 달해서 아내와 딸을 성적 노리개로 제공하거나 배반과 독살을 통해 사회의 정의는 이미 사라졌음을 보여준다. 심지어 제2부 9장에서는 국왕을 만나기 위해 마루바닥을 혀로 핥아야 할 정도로 비인간적인 취급을 받은 것을 풍자하고 있다. 스위프트는 이처럼 걸리버와 여행지의 국민의 대화를 통해 절대 권력에 대한 비판과 인간의 잔인성을 폭로하고 있다.

이러한 부패한 사회에 대한 비판은 『경화연』에도 여실히 드러나 있다. 스위프트에 비하면 통치권에 대한 비판의 날카로움이 다소 무디고 비판의 시선이 비교적 완곡하다고 볼 수 있다. 먼저 영국에서 의회와 사회가 각종 부패로 얼룩진 것처럼 청조에서는 과거에 합격하여 관리로 발탁되고 부를 축적하고자 하는 지식인들의 부패와 허위가 가득 차 있다. 이여진 역시 당대사회의 부조리한 현상에 대해 풍자의 붓을 향하고 있는데, 의회의 부패와 과거제도 하의 각종 병리현상을 대비해 볼 수 있다. 구체적으로 과거제도의 억압 하에 있는 지식인의 천박하고 허위虛僞에 찬 학문을 신랄하게 풍자하고 있다. 예를 들어 제21, 22회에서 당오 등이 백민국의 서당으로 들어간 것을 묘사하고 있는데, 시렁에는 시서詩書가 가득하고 필묵이 숲을 이루고, 대청에는 "학문에 힘써 성취하라學海文林"이란 액자가 걸려 있고, 양 벽에는 "육경을 연구하여 세상을 깨우치라硏六經以訓世"라는 글이 걸려 있는 것이 보인다. 당오 일행은 이러한 분위기에 크게 놀라지만, 곧이어 팔고선生이 맹자의 "유오유, 이급인지유幼吾幼, 以及人之幼"를 "절오절, 이반인지절切吾切, 以反人之切"로 읽고, "서자, 사야序者, 射也"를 "여자, 신야予者, 身也"로 잘못 읽는 상황이 묘사된다. 때문에 이러한 분위기는 독자로 하여금 울지도 웃지도 못하게 하는 모순된 상황을 보여주는 것이다. 작자는 이러한 조롱 속에 팔고문에 의해 치러지는 과거제도의 폐단을 지적하고 있다. 청의 고염무가 일찍이 "팔고제도의 폐단은 분서와 같다"[9]고 지적한 것을 보면 그 폐해가 얼마나 심했는지 짐작할 만 하다. 또한 숙사국에 이르러서는 곳곳에 "현량방정賢良方正", "총명정직聰明正直", "경서문관經書文館" 이란 액자를 붙여 놓았으나 혐오감을 느끼게 하는 학자 티로 가득 차 있다. 허장성세와 "지호자야之乎者也"를 외어 대는

---

9 顧炎武, 『日知錄』, 「擬題」 條 등에서 팔고문에 대해 통렬한 비판을 가하고 있다.

술집 심부름꾼을 풍자하고, 하나의 의론을 폄에 있어서도 54개의 "지之"자를 활용하는 허위에 찬 썩은 선비를 묘사하고 있다.

『걸리버여행기』 역시 추악하고 부패한 사회풍조 속에 학술·사상 및 지식인들의 생활 속에 드러나는 허위적인 모습이 반영되어 있다. 『걸리버여행기』 제3부는 걸리버가 라퓨타, 발니바비, 글럽덥드립, 럭낵 등을 돌아다닌 것을 묘사했다. 작가는 당시 영국 왕립협회의 학자와 연구활동을 집중적으로 풍자하고 있다. 작가는 "그들의 유일한 결함은 그 수많은 계획 가운데 단 한 가지도 완성되지 못했다는 것이다. 그 결과, 전국이 말할 수 없이 황폐해지고 집들이 무너지며, 백성들은 옷이나 먹을 것이 없게 되었는데도, 그들은 희망과 절망에 동시에 내몰린 채 과거보다 50배 이상의 광기로 더욱 계획 연구에 몰두했다."고 지적하고 있다. 이는 너무나도 무비판적으로 연구소를 설립하였고 이로 인해 발생하는 부작용을 함께 비판하고 있는 것이다. 작가가 풍자한 범주에는 실제에서 벗어나 온갖 수단을 부려 명예를 추구하는 과학자, 남의 문장을 가져다가 자기 것인 양하고 옳고 그름이 뒤바뀐 평론가, 고증학자, 교활한 술수를 부리고 환상에 빠진 철학자, 또 역사사실을 뒤바꾸어 임의로 왜곡하는 역사 편찬가 및 인민의 우매하고 무지함을 이용하여 그 개인의 주머니를 채우는 점성학자 등등이 있다. 여기서 의사들을 풍자한 부분을 예로 들어 보겠다.

> 배가 약간 아프다고 안내인에게 말했더니, 그는 나를 위대한 외과의사가 일하는 어느 연구실로 데리고 갔다. 그는 동일한 기구의 상반되는 기능을 가지고 북통을 치료하는 것으로 유명했다. 그는 길고 가느

다란 상아 주둥이가 달린 풀무를 가지고 있었는데, 그 주둥이를 항문에 20센티미터 가량 깊이 박은 다음, 풀무로 몸 안의 바람을 빨아들이면, 내장을 마른 방광처럼 쪼그라들게 할 수 있다고 단정했다. 그러나 복통이 한층 더 지독하고 심한 경우에는 풀무에 바람을 가득 채운 상태에서 그 주둥이를 항문에 박아 넣고 환자의 몸 안으로 바람을 집어넣는다.(제3부 5장)

사실 작가의 의사에 대한 비판은 제1부 제1장에서 시작되었다. 작가는 의사인 베이트 씨를 도우면서 의술을 익혔던 걸리버를 통해 소설의 서두 부분에서 "결혼한 지 2년이 못되어서 베이트 씨가 세상을 떠나자 나의 의료사업은 기울기 시작했다. 내게는 이렇다 할 친구가 별로 없었고 다른 의사들의 사악한 치료 관행을 양심상 따를 수 없었기 때문이기도 했다."(제1부 1장)라고 의사들을 비판했다. 역시 제4부 6장에서도 과음, 과식, 성병 등 각종 질병의 원인과 처방들을 언급하면서 의사들을 우회적으로 비판하였다.

이어진 역시 『경화연』 제22회 백민국에서 당오 일행이 소모양의 기이한 약수藥獸를 만난 이야기를 통해 철면피의 의사를 풍자하고 있다. 이곳에서는 병자가 이 약수에게 증세를 이야기하면 이를 들은 약수는 야외로 나가서 약초를 물고 오고 병자가 이 약초를 즙을 내거나 달여 마시면 병세가 호전되는 것이다. 그런데 이 약수는 단지 몇 가지 약초의 맛을 알 뿐 진맥도 할 줄 모르고 의약에 관한 서적도 읽은 적이 없으면서 진료를 행하여 귀중한 인명을 놀리고 있다. 이것은 작가가 당시 사회에서 단지 몇 가지 약초에 관한 지식만으로 의료행위를 일삼는 의사를 가장한 부도덕한 사람들을 비판하고 있는 것이다.

스위프트는 걸리버와 죽은 학자들간의 대화를 통해서 영국의 권력층과 자본가 계층의 학술계가 학술을 투기로 삼고, 백성들에 대해 사기를 벌이고 이익을 도모하는 흑막을 폭로 비판하고 있다. 이여진의 『경화연』은 스위프트의 세밀한 묘사에는 미치지 못할지라도 청말의 진부하고 허위에 찬 치학의 풍토를 드러냈다. 더욱이 배움이 없이 거짓문장만을 일삼는 어리석은 선비의 용모에 대한 묘사는 웃음을 자아내게 하는 독특한 묘사 중의 하나이다. 허위의식에 갇힌 지식인을 풍자하는 것에서 나아가 관리선발제도 상에 나타난 부패상황을 『경화연』 역시 폭로하고 있다. 아래의 예문에서는 당규신의 말을 통해 청 왕조의 시험관은 청렴하고 나라를 위해 어진 사람을 등용하며 아첨한 적이 없다고 강변한다. 그러나 이것은 명확하게 사실을 위배한 명제를 사용해 청 왕조 자신의 병폐에 주의할 것을 일깨워 주고 있는 것이다. 또한 당시 관리 선발 시험에서 뇌물이 횡행하였음을 단적으로 지적해 주는 것이다.

> "우리 천조는 만방의 으뜸으로 모든 시험관들은 청렴결백하지. 더욱이 나라에서 국고를 아끼지 않고 이러한 큰 대전을 실시하는 것은 진정한 인재를 선발하고 국가를 위해 유능한 인재를 구하기 위한 것이야. 만약 연줄이나 뇌물에 의해서 한 명을 뽑으면 곧 한 사람의 진정한 인재를 매몰시키게 될 거야. 이와 같이 한다면 후세의 자손들이 어찌 흥성할 수 있겠니? 그래서 역대로 결코 연줄이나 뇌물로 출세하는 일은 없었어."(第51회)

작자는 흑치국(第51회)에서도 붉은 옷을 입은 홍홍이 시험에 나가 낙제하는 등의 일을 통해 고시에서 선발된 사람들이 저지른 못된 짓은 돈과 재물 때문이고, 참된 인재는 절반도 선발되지 못하는 진상을 폭로했다. 또 과거 시험장에서 '재물이 있는 수험생이 재물이 없는 수험생을 이긴다'는 부정 행위의 풍토를 맹렬히 비판하였다.

이상을 통해서 보면 모두가 해외 이국을 배경으로 하여 과거 제도 아래에서 나타나는 폐단에 대해 비판하고 있다. 과거에서 진사에 합격하는 것은 큰 의미를 지니고 있었다. 곧 정치적 지위는 물론이고 사회·경제적으로 신분의 수직 상승을 의미하는 것이었다. 이 때문에 과거에서 출세하기 위해 몇 십 년을 매달려 인생을 망치는 경우가 허다했다. 이러한 상황은 곧 각종의 부작용을 가져왔고 인간의 정신적 분열과 타락을 조장했다. 과거에서 진사에 합격하는 것과 상하 의원에 진출하는 것은 본인은 물론 후손에게까지 신분상승은 물론이고 경제적 이득을 가져 왔다. 물론 이 두 제도가 전적으로 같은 것은 아니지만 이를 통해 사회적 지위 상승을 꾀하는 지식인 및 자본가들의 부패와 허위의 출발점은 같은 것이다. 스위프트가 거인국왕의 입을 통해 영국의 하원을 풍자한 것 역시 이와 같은 상황을 풍자하고자 한 것이다.

이여진은 팔고과거제도에 대한 직접적인 비판과 아울러 과거 시험장에서 빚어지는 부정 행위와 뇌물 횡행 등의 현상을 집중적으로 묘사하였다. 그러나 작가의 이러한 비판은 청조가 아닌 당대를 배경으로 하였으며, 그것도 해외국을 통해 비판하였다. 이것은 시대적 상황이 가져다 준 결과일 것이다. 당시는 청 왕조가 대학살과 문자옥 등을 통하여 잔혹하게 한인을 압박하고 과거라는 인재 등용 제도로 한인을 하수인으로 전락케 했기 때문에, 이 제도와 제도에서 드러난 폐해를 공개적으로 비판할 수가 없었다. 때문에 작가는 소설의 배경을 해외 이국으로 옮겨 청대 사회를 간접적으로 비판하였던 것이다. 또한 전체 소설을 통해 이민족인 만주족 정권이 한족을 지배하는 과정에서 나타나는 탄압적 정치를 당대 무측천 정권에 빗대어 풍자를 가하였다. 만주족 청 정권에 반대한 세력은 무측천 정권에 반대하여 중종의 복위를 꾀한 세력들로 묘사되어 있다. 무측천에 반대하여 중종의 복위를 꾀하다 실패한 세력과 그들의 후손들이 해외에서 도피 생활을 하는 어려움은 소설의 곳곳에서 찾아볼 수 있다. 즉 제3, 13, 15, 21, 24, 26, 27, 56, 57, 60회 등에서 만주족의 강압적 통치로 인해 해외로 도피하여 유랑하면서, 고향으로 돌아가고자 하는 사람들의 염원이 잘 나타나 있다.

제13회에서 염금풍은 남북조의 난을 피해 군자국에서 삼대째 살고 있는데다가 남편은 죽고 형제도 없고 먹고 살 재산도 없다. 그래서 오래 전부터 고향으로 돌아갈 염원이 있었으나 수만 리 떨어진 곳에서 과부의 몸으로 어린 딸을 데리고 돌아갈 형편이 되지 않는다. 이것은 비록 남북조의 난을 설정하여 묘사하였지만, 그것의 이면에는 이민족의 지배로 인하여 이합비환離合悲歡을 겪어야만 했던 백성들의 고초를 묘사하여, 청조의 강압적 통치를 풍자하고자 했던 것이다. 만주족이 언제나 우월한 지위를 차지하는 불평등한 상황에 대해 이여진은 상당한 불만을 지닌 것으로 보인다. 그러나 전제 정권 아래에서 자신의 감정을 솔직히 드러내기 어려웠을 것이다. 때문에 상상적 여행을 빌어 이민족 통치의 불합리함에 대한 감정을 당오의 입을 통해 비판한 것이다.

이처럼 이여진은 만청 전제 정권의 부패와 이민족 차별화 정책으로 인해 압박 당하는 한인들의 고통을 호소하고 있는 것이다. 그러면 왜 만청 정권의 부패와 이민족 차별화 정책으로 인해 압박 당하는 한인들의 고통을 표현하고 강압적 통치행위를 풍자하기 위해 무측천의 황권 차지를 끌어들였을까? 이민족으로 중국을 지배하게 된 만청 정권은 중국 대륙의 2퍼센트밖에 되지 않는 소수 인구였다. 그러나 이보다 50여 배나 많은 인구와 그들보다 뛰어난 문화를 가진 한족을 통치하기 위해 강력한 정책을 펼 수밖에 없었다. 특히 청조는 한족의 반청사상을 말살시키기 위하여 회유 정책을 써서 학술을 장려하고 문인을 우대하는 한편, "문자옥"을 통해 민족 반항 및 혁명 사상을 지닌 서적은 물론 음란한 시가와 만주족에게 불리한 야사·시문 등에 이르기까지 모조리 금서로 몰아 태워 없앴다. 당시의 이러한 분위기는 소설의 배경 설정에 제약을 주었다. 게다가 작가가 이민족의 탄압을 상징적으로 처리하려는 의도를 가졌다면 더욱 타당성을 얻을 수는 있는 것이다. 그래서 작가는 청조를 직접 겨냥하지 못하고 만주족의 한인 지배를 황권을 찬탈한 무측천 정권에 비유하여 간접적으로 꾸짖고 있다고 본다. 그렇다면 민족 간의 갈등을 구체적으로 묘사한 이유는 어디에 있었는지, '민족기절民族氣節' 즉 민족의 기개와 절개를 나타내려는 것은 아니었는가 하는 의문이 제기되었다.[10] 작가의 묘사가 의도적이든 아니든 『경화연』에는 민족 의식을 일깨우는 작가의 의도가 직·간접적으로 나타나 있다고 볼 수 있겠다.

민족 간의 갈등이 아닌 국가 간의 갈등이긴 하지만 이와 유사한

10 李辰冬, 「鏡花緣的價值」(世界書局本 『경화연』, 臺北, 1955) 8쪽.

정황은 『걸리버여행기』에서도 나타난다. '라푸타'(날으는 섬)국과 라푸타의 지배를 받는 발니바비의 양국관계의 묘사를 통해서 당시 영국의 아일랜드 식민지 백성에 대한 식민 약탈과 압박을 공격했다. 라푸타의 국왕은 어느 도시가 반란을 일으키거나 무력을 휘두르는 패거리들의 지배를 받게 되는 경우, 또는 평소에 바치던 세금을 거절하는 경우, 두 가지 방법으로 그들을 굴복시킨다. 첫 번 째 방법은 온건한 방법인데, 그 도시와 일대의 토지 위에 섬을 떠있게 만들어서 햇빛과 비의 혜택을 박탈하고, 그 결과 주민들은 죽음과 질병에 시달리게 된다. 죄가 한층 무거운 경우는 커다란 돌을 소나기처럼 퍼부어 집을 박살낸다. 그런데도 여전히 버티거나 내전을 일으키면 섬을 머리 위로 곧장 떨어지게 만들어 사람과 집을 한꺼번에 모조리 없애 버린다. 발니바비의 백성들은 바로 이러한 위엄 앞에 꼼짝없이 복종하게 된다. 여기서 라푸타는 영국을, 그리고 발니바비는 아일랜드를 비유한 것이다. 이것은 영국이 아일랜드를 복종시키기 위해 법률을 제정해서 상업무역을 억압한 것을 풍자한 것이다. 발니바비의 수도 라가도에 있는 집들은 수리조차 못하고 거리의 행인들은 누더기를 입고 다닌다. 노동자는 굶주리고 농촌은 극도로 황폐한 상태다. 아일랜드의 경제상태의 참상은 바로 토지소유자인 영국의 부재지주不在地主와 영국 제품의 강매에 기인한 것인데, 그 토지의 생산물과 상품판매의 이익마저 전적으로 영국 내에서 소비되므로 더욱 악화일로를 걷고 있었던 것이다.[11] 스위프트는 『걸리버여행기』에서 급소를 찌르듯 금전숭배·사치음일이 사회죄악과 빈

11 이군철, 『Gulliver's Travels』, 신아사, 1989, 23쪽 참조.

곤의 근원임을 지적하고 있다. 귀족들의 가무·여색·개 사육·승마 등 부패하고 음탕하며 향락에 젖어버린 생활은 필연적으로 대다수의 국민이 걸식과 강탈 및 약탈 등 각종의 유사한 일로 목숨을 연명하게 될 것임을 묘사하고 있다. 이는 실제로 당시 아일랜드의 거지가 거리에 가득하고 백성이 살아갈 길이 없는 비참한 정경을 반영했으며 작가가 생활 속에서 느낀 빈곤한 많은 백성들에 대한 깊은 동정심을 표현하고자 한 것이다.

이러한 불합리한 착취 압박 현상에 대해서 이여진 역시 애통해하는 모습을 보인다. 제14회에서 무장국의 사람은 창자가 없어 음식물이 모두 곧장 통과한다. 그들은 음식을 먹기 전에 먼저 대변 볼 곳을 찾고 항상 몰래 숨어서 사람을 피해 먹고, 뱃속은 비어 있으나 외양은 충족된 모습을 보인다. 또한 뱃속을 통과한 이 대변은 잘 보관하였다가 노복의 식사용으로 준비한다. 작가는 "비록 음식을 먹었을지라도 뱃속에는 아무것도 없다는 것을 분명히 알면서도 한사코 충족된 것처럼 가장하는 것은 가소롭기 짝이 없군요. 이러한 사람은 부끄러움을 모르는 사람이지요"라고 하여 뱃속은 비어 있을지라도 오히려 충족된 모습을 나타내 보이는 무장국인의 허위를 조롱하고 있다. 또한 "그가 먹은 음식은 뱃속을 곧장 통과하기 때문에, 이름은 비록 대변일지라도 뱃속에서 머물지 않아 부패되지 않았어요. 때문에 여전히 이 대변을 잘 보호하여 노복의 식사용으로 준비하지요. 날마다 이같이 하면서도 다른 모든 일에는 매우 인색하니 어떻게 부유하지 않겠습니까!"라고 하여 자신의 대변을 노복의 식사로 줄 정도로 인색한 사람에게 비판의 시선을 던진 것이다. 곧 재물이라는 것은 아무리 많이 있어도 일시에 잃을 수 있으며, 재물을 모으기 위해서는 남의 눈을 피하기 때문에 갖가지 비리를 파생시킨다. 그래서 오로지 재물을 탐내는 자는 부끄러움을 모르며, 머리는 텅 비어 있고 외양만 충족된 모습으로 자기만족에 도취되어 있다. 게다가 자신의 노복에게는 자신들이 먹다 남은 음식을 주는 인색함을 보이기 때문에 더욱 부유해지는 것이다. 즉, 작가는 무장국인을 통해 재물에 눈이 어두운 인색한 부유층에 비판을 가하고 조롱을 아끼지 않고 있으며, 백성을 착취하는 탐욕스럽고 인색한 지주계급을 통렬하게 풍자하였다.

이여진은 봉건사회의 우매하고 잔혹한 각종 사회 질서의 모순에 대해 소설 11, 12회에서 군자국의 오지화와 오지상의 입을 통해 전체적으로 지적하고 비판을 하고 있다. 그것들은 풍수지리의 폐해, 사치낭비 풍조, 무절제한 음욕추구, 팔고과거제도, 위선적인 학풍, 사원의 폐해, 소송사건의 폐해, 소를 도살하는 행위, 음식문화의 불합리, 산고육파三姑六婆의 폐해, 계모의 자녀에 대한 학대, 전족의 폐해, 궁합·사주의 불합리성 등등의 사회 풍속을 비판하고 그 개선 대안을 제시하고 있다. 이 내용 중에서도 특히 심도 있는 묘사를 통해 비판한 항목은 봉건사회에서 압박 받고 유린당하는 여성들의 실상을 폭로한 내용이다. 예를 들면 전족·귀뚫기의 반대, 축첩의 반대, 여성에 대한 교육의 요구, 여성 고시의 실시 등을 제시하고 있다. 특히 여권 의식을 반영한 그의 주장은 소설 전체를 통하여 곳곳에 서술되어 있다.[12] 작가는 이러한 각종의 불합리한 사회 폐단에

12 이에 대해서는 「경화연의 페미니즘적 요소」(정영호, 『중국어문학론집』 제21호, 2002)에서 자세히 다룬 바 있다.

대해 비판하고 있으나 그에 대한 대안은 강제적 조치들을 취하기보다는 인간의 심성이나 윤리사상에 호소하여 스스로 자제할 것을 당부하고 있다.

구체적인 예증으로 '아첨하는 자', '비양심적인 인간', '무위도식하는 자', '거짓말쟁이', '겉과 속이 다른 자' 등에 대해 세밀한 묘사를 통해 풍자하고 있는데, 이 가운데 몇 가지를 예로 들어 보겠다. 먼저 '비양심적인 인간'에 대한 풍자 또한 눈 여겨 볼만하다. 작가는 대인국(제14회)에서 대인국의 비양심적인 관원을 풍자하고 있다. 이 관원은 머리에는 관모를 쓰고 몸에는 원령員領을 입었으며 붉은 색 양산을 쓰고 다닌다. 또 앞면의 길을 여는 많은 사람과 후면에서 보호하는 사람으로 인해 오히려 매우 위엄 있어 보인다. 대인국 사람들은 원래 구름을 타고 다니는데, 그 중 오색이 가장 화려하고 진귀하며 황색이 두 번째로 귀하다. 나머지는 구별이 없고 흑색이 가장 낮다. 그런데 발을 붉은 주단으로 가리고 다니는 관원이 있다. 이 관원은 그 색이 검은 색 같으나 검은 색이 아니고 회색과 비슷하여 모두 '불길한 색'이라 부른다. 이런 구름이 생긴 것은 바로 자신의 양심을 속이고 마음에 거리끼는 일을 한 때문으로, 비록 사람은 속을지라도 구름이 발 밑에 불길한 기운이 생기게 하여 사람들 앞에 흉측한 모습을 보이도록 한 것이다. 이는 양심을 저버리고 자신을 속이는 사람들의 행위를 풍자하고 있는 것이다. 이것은 사람의 가치는 신분이 높고 낮음에 의해 결정되는 것이 아니라 성품이 좋고 나쁨에 의해 결정되는 것임을 말한 것이다. 이처럼 재부財富의 지위가 아닌 사람의 성품으로 형량하는 관점은 봉건 사회의 전통 관념과는 모순되는 새로운 가치 관념인 것이다.

제27회 시훼국에서는 '거짓말쟁이'를 풍자했다. 당오 일행이 여행한 해외국 중 시훼국이 있다. 이곳의 사람은 입은 돼지주둥이와 같고 사용하는 언어도 서로 달라서 각처에서 모여든 사람들이 섞여 사는 나라인 것처럼 느껴진다. 이러한 당오의 의문에 다구공의 대답이 이어진다.

> "원래 이곳에는 이 나라가 없었답니다. 삼대 이후, 인심이 예전 같이 않고 거짓말하는 자가 아주 많아져 사후의 아비지옥에서도 수용할 수 없게 되었어요. 만약 그들을 좋은 사람으로 환생시킨다면 장래에 이러한 풍기가 더욱 심해질까 염려되었습니다. 그래서 저승의 관리가 보고를 올려 여태까지의 모든 거짓말 정령 중 죄업이 가벼운 자를 가리어 모두 이곳에 환생하게 했지요. 그들은 생전에 거짓말하기를 가장 좋아했기 때문에 돼지주둥이를 주었고 일생동안 술지게미를 먹도록 벌하였어요. 세상 어느 곳의 거짓말 정령을 막론하고 사후에 모두 이곳에서 환생하도록 하니 각기 언어가 다른 것입니다. 그 입이 돼지와 같은 까닭에 이웃나라에서 모두 '돼지주둥이'라 부른답니다." (제27회)

세상의 어떤 곳이라도 거짓말한 사람의 혼을 한 곳으로 환생토록 하여 돼지 입을 주고 술지게미 같은 거친 음식을 먹도록 한 것이다. 이는 당시 만연한 거짓말 풍토를 시훼국이라는 나라를 설정한 후 상징적으로 가장하여 비판을 가하고 있는 것으로 볼 수 있다.

작자가 묘사한 가장 생동적인 것은 '겉과 속이 다른 자'에 대한 묘사이다. 작가는 양면국에서 인간의 이중성에 대해 비판을 가하고 있다. 양면국인은 호연건浩然巾이라는 두건을 썼는데, 뒷면은 가리고 앞면만을 드러내고 있다. 그래서 당오가 두건을 들추어보니 뜻밖에도 추한 얼굴을 감추고 있었다. 그것은 다름 아닌 쥐의 눈에 매부리코를 가진 만면이 흉악한 인상이었던 것이다. 당오를 보더니 빗자루 모양의 눈썹을 찌푸리며 시뻘건 입을 쩍 벌리고 긴 혀를 뻗더니 독기를 뿜어내 일행을 놀라 자빠지게 한다. 곧 겉은 선한 사람이나 본질은 흉악한 '양면인'이다. 아래의 예문에서는 양면인의 과장된 외형 묘사를 통해 겉과 속이 다른 허위적인 인간의 형상을 볼 수 있는 것이다.

> 임지양이 말했다. "나는 그들 모두가 저에게 냉담하게 대했기 때문에, 뒤로 물러 나와 매부와 의논한 후, 서로 옷을 바꾸어 입고 여전히 냉담하게 대하는지 보기로 했습니다. 즉시 나는 비단적삼을 입고 매부는 무명적삼을 입고서 다시 그들을 찾아가 한담을 시작했어요. 어찌 그들이 갑자기 나에게는 겸허하고 예절바르게 대하면서 오히려 매부에게는 냉담하게 대할지 알았겠습니까?" 다구공이 말했다. "알고 보니 양면이란 것이 바로 이와 같은 것이로군요!" … 임지양이 말했다. "내가 이곳 사람과 한참 담소하고 있는 중에 매부가 갑자기 호연건을 들어 올려 그의 감추어진 모습을 간파하였습니다. 그러자 곧 본색을 드러내어 선량한 얼굴을 악랄한 얼굴로 바꾸고 긴 혀를 내밀더니, 마치 한 자루의 칼처럼 숨겼다 드러내었다 하였습니다. 그가 어두운 곳에서 살인이라도 할까 봐 두려워 자신도 모르게 다리에 맥이 빠졌습니다. 마침 그가 몇 사람의 머리를 두드리는 것을 보고 그 사이에 겨우 도망쳐 왔답니다."(제25회)

비단적삼을 입은 사람에게는 예의 바르게 대하고 무명적삼을 입은 사람에게는 냉담하게 대하는 겉과 속이 다른 사람을 묘사하고 있다. 이것은 자기보다 신분이 높고 부유한 사람에게는 잘 대한 반면 신분이 낮고 가난한 사람에게는 냉담하고 무례하게 짓밟는 봉건사회의 허위적이고 교활한 인간의 형상을 풍자하고 있는 것이다. 이는 작가가 세인들의 명리를 중시하는 인성을 각성시키기 위한 것으로 창작과정 중에 '경빈중부輕貧重富'하는 자들에 대해 강렬한 반감을 나타내고 있는 부분이기도 하다.[13]

이상에서 보면 전반적으로 두 작가는 상·하원과 과거제도에 나타나는 전반적인 문제점, 영국·아일랜드의 국가 간 갈등과 한족과 만주족의 민족 간의 갈등, 사회의 제반문제와 인간의 잔인한 심성 등에 대해 폭로 비판하고 있음을 알 수 있다. 이를 토대로 보면, 스위프트의 비판은 구체성을 띤 개별적인 내용을 다루고 있는 반면 이여진은 커다란 줄기에서 만족 정권과 인간의 심성을 터치하고 있다. 스위프트의 『걸리버여행기』가 날카로운 검과 같이 통치계급의 심장을 향하고 있다면 이여진의 『경화연』은 커다란 폭풍처럼 통치계급이 생존해 나가는 각종의 어둡고 더러운 사회의 구석진 곳, 그리고 사람이 사람을 핍박하고 압박하는 불평등의 현상을 쓸어버렸다고 말할 수 있다. 이러한 관점에서 보면 두 작가의 비판폭로의 붓끝이 지향하고 있는 초점은 하나인 것이다.[14]

---

13 蘇淑芬, 『鏡花緣硏究』, 碩士學位論文, 東吳大學 中國文學研究所, 1978, 73쪽.

14 王捷, 「鏡花緣·格列佛游記比較簡論」, 『徐州師院學報』 第4期, 1984, 45쪽 참조.

3. 이상사회에 대한 동경

사회현실을 폭로 비판한 두 작가는 또한 서로 다른 정도의 층차를 두고 부패한 사회를 변혁시키는 해결책으로 그들의 사회이상을 제시하였고, 이러한 이상사회에 대해 동경과 그리움을 나타냈다. 소설 중에서 그들은 긍정과 찬양의 입장에 서서 해외의 이상국가, 즉 거인족의 나라 브롭딩나그와 준마종족 후이님의 나라, 군자국·대인국·흑치국·숙사국·헌원국을 묘사했다. 이를 통해 그들의 민주주의적이고 진보적인 사상과 사회를 개혁하려는 주장을 표현하고자 했다.

풍자소설 작가는 자기가 생존하는 현실 사회에 대해 대단히 깊은 관심을 가지고 있기 때문에 각종 불합리하고 부도덕한 속세의 인사를 목도하게 된다. 그러나 현실 속에서는 해결하고 개혁할 방법이 없는 까닭에 현실의 불만에 대한 반작용으로 일어나는 자신의 희망 사항을 작품 속의 이상세계로 서술하기 마련이다. 이러한 이상 세계는 현실 사회에 존재할 수는 없지만, 현실을 배경으로 삼고 있으며, 현실의 규율에 지배를 받는다. 왜냐하면 풍자 작가가 작품 가운데에 이상 세계를 설정하는 것은 바로 현실 사회를 풍자하기 위해서 설계한 것이기 때문이다. 따라서 중국 풍자소설 속의 이상 세계는 대단히 농후한 현실 색채를 띠게 된다.[15]

유럽사회는 르네상스 이후, 17세기 후반 지적혁명[16]을 거치면서

15 吳淳邦, 「淸代 長篇 諷刺小說의 理想世界」, 『中國小說論叢』 第4輯, 1996, 498쪽.

16 知的革命은 17세기 후반부터 시작되었고 18세기에는 보편화되었으며, 인간에게

18세기에는 이성의 시대로 접어들었다. 스위프트는 이성주의자였다. 때문에 그가 『걸리버여행기』에서 제시한 사회 이상의 핵심은 이성이며, 이상국가를 설정한 스위프트의 사상적 기초이다. 영국은 1688년 이후 귀족과 자본가 계급의 협의 하에 형성된 입헌군주제를 실시했다. 그러나 사실상 자본가 계급이 귀족세력을 대신해서 통치 지위를 차지하는 데에 불과했다. 입헌군주제가 실시되면서 자본가 계급이 펼치는 초기 정책에 대해 스위프트도 환호하고 옹호하는 입장이었다. 왜냐하면 그것은 비교적 낙후된 봉건제도에 비해 진보적이었기 때문이다. 그러나 한편으로는 계몽사상가로서의 스위프트는 현실을 직시하고 이 사회에 여전히 존재하고 있는 많은 질곡과 폐단을 예민하게 관찰할 수밖에 없었다. 그들이 실시하는 제도는 "완전한 이상"에는 아직 먼 상태였다. 그래서 그는 이성으로 사회를 치료하고 개선하고자 했으며 인간의 보편적 정서를 뛰어넘는 완전한 이상을 주장했다. 따라서 자본가 계급 정권에서 합리화를 따르게 했다. 이 때문에 스위프트는 그의 고사와 의론의 목적이 영국의 야후들의 사회를 좋게 변화시키려는 데 있음을 소설 속에서 말하고 있는 것이다. 스위프트가 제시한 이상사회는 현실사회의 제반 불합리한 것들을 보수하고 개량하는 성질을 더욱 많이 지니고 있음을 볼 수 있다.

자신감과 대담성을 주고 탐구심을 자극하였다. 이것의 특징은 대자연과 인간사회의 모든 현상은 자연법이라는 영원불변의 법칙에 의해 지배된다는 생각, 인간 이성의 힘을 믿고 이성에 의해 우주의 모든 문제점들을 해결할 수 있다고 확신하는 합리주의, 인간의 진보와 완성에 대한 낙관주의, 인간 개인의 기본적인 자연권을 존중하는 인도주의 등으로 설명할 수 있으며, 당시 사회와 정치를 공격하고 비판하는 경향으로 나타났다. 車河淳, 『서양사총론』, 탐구당, 1986.

스위프트와 이여진은 모두 이상국가에 대한 묘사를 통해 그들 각자의 사회이상을 구현해냈다. 『걸리버여행기』 제2부 거인족의 나라 브롭딩나그와 제4부 준마종족의 후이님의 나라 기행은 모두 작자의 이상사회를 상징하고 있다. 스위프트는 거인국에서 "국왕은 그 나라의 최고 학자 못지 않게 학식이 많고, 철학에 조예가 깊을 뿐만 아니라, 특히 수학에 관한 지식이 풍부했는데, 나를 자세히 관찰했고"(제2부 3장), "그들보다 지능이 훨씬 우수한 왕은 학자들에게 물러가라고 한 다음"(제2부 3장), "이해력이 탁월한 군주인 국왕"(제2부 6장) 등과 같은 표현을 써가면서 그가 생각하는 이상적 군주상을 제시하고 있다. 다시 말해 스위프트가 생각하는 군주는 이성과 상식이 있는 인자함을 갖추고 있는 이성주의 철학가였다.

후이님의 나라에서도 이상적 인류 즉 총명한 말-후이님을 묘사했다. 걸리버의 입을 통해 "이 짐승들의 모든 행동과 태도는 대단히 예의바르고, 이성적이며, 또한 대단히 정확하고 지혜로웠기 때문에"(제4부 1장)라고 표현하고, "인간의 부패를 반대하는 입장에 있는 저 탁월한 네발짐승, 즉 후이님들의 수많은 미덕이 내 눈을 뜨게 해주었고, 이해력을 놀랍게 증진시켜준 결과, 인간의 행동과 욕망들을 전혀 다른 각도에서 바라보고, 동료 인간의 명예란 내세울 가치가 없다고 생각하기 시작했음을 진심으로 고백하지 않을 수 없다."(제4부 7장)라고 표현하여 후이님은 대단히 예의가 바르고 이성적이며 미덕을 갖춘 인간 족속들의 이상향임을 강조하고 있다.

> "후이님들 사이에서는 우정과 호의가 가장 중요한 두 가지 덕행이고, 이것들은 특정 대상들에게 국한된 것이 아니라, 동족 전체에 대해서

보편적으로 적용하는 것이었다. 왜냐하면 가장 먼 곳에서 온 나그네도 가장 가까운 이웃과 동등하게 대접을 받고, 그가 어디를 가든지 자기 집에 있는 것처럼 대우를 받기 때문이다. 그들은 최고 수준의 예절을 지키고 예의를 차리지만, 예식이라는 것은 전혀 모른다. 그들은 자기가 낳은 망아지들을 편애하지 않고, 망아지들을 교육하는 데 기울이는 정성은 전적으로 이성의 명령에서 파생된 것이다. 나는 나의 주인이 자기 망아지에게 기울이는 것과 똑같은 사랑을 이웃집의 망아지에게도 기울이는 것을 보았다. 그들은 종족 전체를 사랑하라고 대자연이 가르치고, 오로지 이성만이 덕성의 단계가 한층 높은 후이님들을 다른 후이님들과 구별시켜준다고 믿는다."(제4부 7장)

이들 고상한 후이님들은 대자연으로부터 덕행에 대한 보편적 성향을 부여받아 이성을 연마하고 전적으로 이성의 지배를 받는 것을 좌우명으로 삼는다. 그들의 이성을 사랑하는 통치는 공평무사하고 우의가 있으며 인자했다. 후이님의 나라에는 거짓이 없고 사치가 없으며 민풍은 순박하고 상서래는 공평하며 남녀에게 농등한 권리가 있어 화기애애하고 즐거움이 끝이 없는 모습을 보여준다. 그들은 유익한 주제가 아니면 대화하지 않는 것은 물론이고 대화에는 가장 함축성이 많은, 최소한의 어휘를 동원해서 표현한다. 그들은 형식을 무시하고, 격의 없이 대화하면서도 최대한의 예의를 지킨다. 발언하는 자는 자신은 물론이고 듣는 동료들도 즐겁도록 말을 한다. 남의 말을 가로막는 일이나 지루한 장광설을 늘어놓거나 열띤 논쟁을 벌이거나 감정의 대립을 야기시키는 일이 전혀 없다.

다음 예문은 『걸리버여행기』의 제4부에서 걸리버가 후이님 나라에 가서 야후를 경험하고 느끼는 대목이다. 이들 총명하고 미덕이 있는 후이님은 국가를 질서정연하게 다스린다. 후이님을 대신해서 차를 끌고 물건을 옮기고 각종 힘든 일을 하는 것은 야후라 하는 짐승인데, 걸리버가 후에 자세히 관찰해보니 야후는 완전한 사람모습을 지니고 있음을 발견했다. 그가 말하길 만약에 그 자신이 의관을 벗어버리고 신발과 양말을 신지 않으면 야후와 어떤 다른 점이 없다. 이른 바 야후는 실제로는 모습이 변한 사람이다.

> 나는 야후들이 모든 동물 가운데 교육이 가장 불가능한 족속이라는 사실을 깨달았다. 그들의 능력은 짐을 끌거나 운반하는 것 이상까지는 절대로 이르지 못한다. 그러나 나는 이 결함이 주로 그들의 사악하고 완고한 성질에서 나온 것이라고 생각한다. 왜냐하면 그들은 교활하고, 악의를 품고 배신을 잘하고, 복수심에 불타기 때문이다. 그들은 힘이 세고 체격이 튼튼하긴 하지만, 비겁한 정신을 가지고 있었기 때문에 오만하고 치사하고 잔인하다. 붉은 털이 난 야후들은 암컷이든 수컷이든 모두 다른 야후들보다 더 힘이 세고 더 활동적인 반면, 더 음탕하고 나쁜 짓을 더 많이 저질렀다.…어느 날 나는 보호자인 밤색 말과 함께 외출을 했는데, 날씨가 너무나도 무더웠기 때문에 근처에 있는 강물에서 목욕을 하도록 허락해달라고 요청했다. 그가 좋다고 말해서 나는 즉시 발가벗고 나서 조심조심 강물 속으로 들어갔다. 그때 마침 둑 뒤에 서 있던 암컷 야후 한 마리가 내 행동을 모두 지켜보고는, 밤색 말과 내가 추측한 바와 같이, 불같은 욕정에 사로잡힌 나머지 전속력으로 달려 내려와 강물에 뛰어들고는 내가 목욕하던 곳에서 4.5미터 이내로 접근했다.…암컷 야후는 가장 역겨운 태도로 나를 껴안았고, 나는 있는 힘을 다해서 고래고래 소리를 질렀다.…이 고상한 후이님들이 대자연으로부터 모든 덕행에 대한 보편적 성향을 부여받았고, 이성적 동물에게는 사악한 것에 대한 개념이

나 관념이 없는 만큼, 그들의 장엄한 좌우명은 이성을 연마하고, 전적으로 그 이성의 지배를 받는다는 것이다.(제4부 8장)

이 때문에 작자가 후이님국을 묘사한 것은 사실인 즉 말을 사람으로 하고 사람을 말로 여기며 "후이님"을 통치자로 "야후"를 통치받고 노역을 하는 지위에 놓았다. 후이님에게는 탐욕, 질투, 속임수, 거짓말 같은 것이 전혀 없다. 말하는 모든 것이 사실이고 진실이며 모든 행동이 이성적이다. 그들에게도 감정이 있지만 그것은 사랑과 우정 같은 좋은 감정이다. 그들의 애정은 배우자나 자식에 집중되는 편애가 아니라 모든 후이님에 대한 박애이며 온화한 것이다. 야후는 후이님과 정반대로 면상이 매우 흉측하고 추악하지만 전체의 생김새는 인간과 비슷하고, 그 성질은 인간의 모든 고약한 기질을 다 합쳐 놓은 것이다. 미덕이란 티끌만치도 없고 온통 탐욕과 음탕과 질투와 증오의 덩어리다.[17] 걸리버는 이 나라에서 3년 동안 생활하는 동안 그들의 습관이 몸에 배여 야후를 증오하게 되며, 심지어는 영국에 돌아와서 아내와 포옹을 했을 때 무서워 질겁을 할 정도였다. 야후는 바로 인간이 갖고 있는 야수적인 요소를 구체화한 것이다.

걸리버는 후이님의 나라에서 사기나 압제에 대해 경계하지 않고도 살아갈 수 있었다. 그곳에는 자신의 몸을 망치는 내과의사들도, 그의 자산을 몽땅 털어먹는 변호사들도 없다. 말과 행동을 감시하

17 조나단 스위프트·송낙헌 옮김, 「『걸리버여행기』 해설」, 서울대학교 출판부, 1999, 367~368쪽 참조

는 밀고자들도, 매수되어 그에게 불리한 무고를 조작하는 자들도 없다. 비웃는 자, 비난하는 자, 등 뒤에서 헐뜯는 자, 소매치기, 노상강도, 야간에 침입하는 도둑, 변호사, 포주, 어릿광대, 사기 도박꾼, 정치가, 재담꾼, 심술쟁이, 지루한 말쟁이, 토론가, 강탈하는 자, 살인자, 무장강도, 예술의 대가, 정당과 파벌의 지도자나 추종자 따위가 전혀 없다. 때문에 그는 후이님의 나라에서 행복한 삶을 살아갈 수 있었던 것이다. 이는 스위프트가 자신이 생활한 영국과 유럽의 사회가 온갖 병폐로 가득 차 있음을 역설적으로 말하면서 그러한 이상사회를 꿈꾸고 있음을 피력한 것이다. 다시 말해 이것은 갖가지 모습의 사회 세태를 반영한 것이다.

스위프트의 이상 중에는 과거시대 영국사회에 대한 그리움이 배여 있다고 본다면 이여진의 『경화연』 중에 제시한 이상인 즉 비록 분명하고 명확하진 않지만 더욱 강렬하게 미래사회에 대한 추구와 전망을 가지고 있다. 이여진의 이상핵심은 평등을 주장한 것이다. 특별히 남녀간의 평등이다. 그는 부녀를 압박하는 귀뚫기·전족·축첩 등의 야만적 봉건제도에 대해 분노의 항의를 했을 뿐만 아니라 일 백여 부녀의 활동을 묘사했다. 이것은 좁게는 가정, 넓게는 사회에까지 광범위한 활동으로 묘사되었고 그 중에 고시·여성학문·학술·사교·유희·무공 등의 분야에서 많은 여성이 다투어 재능을 보여주는 성대한 연회인 것처럼 보인다. 이것은 참신한 사회이상을 반영한 것이라 말할 수 있다.[18] 소설이 묘사한 여성고시는 특별히 주목할 가치가 있다. 당시에 여성이 과거고시에 참가한다는 것은

18 王捷, 「鏡花緣·格列佛游記比較簡論」, 『徐州師院學報』 第4期, 1984, 47쪽 참조.

깜짝 놀랄 만한 일이다. 이뿐만 아니라 당민이 당소산에게 "지금 태후가 황제에 등극했지만 조정에는 여성관리가 없는데, 조카는 왜 과거에 응시하여 관리가 되려고 하지 않지?"(제7회)라고 말한 것은 작자가 고시와 정치참여를 서로 연계시킨 것이라 볼 수 있다. 이처럼 소설 중에서 여성고시를 거듭 묘사한 것은 중대한 의의를 나타냈으며 곧 봉건사회에서 압박 받는 여성으로 하여금 정치지위와 권리를 획득하게 하였다는 의미가 있다. 특히 여아국의 경우 여자가 권력을 잡았고 그녀들이 국가를 관리하고 정치사무를 처리하며 생산노력에 종사하고 학술문화를 연구하여 그 지혜와 재능이 남자와 다름이 없다. 이것들은 모두 작자가 여자는 반드시 남자와 동등한 권리를 획득해야한다고 여기고 있음을 보여주는 것이다.

또한 이여진은 유기체와 의론을 유기적으로 결합하여 군자국, 대인국, 흑치국 등에서 그가 지향하는 이상 세계를 집중적으로 묘사하고 있다. 군자국에서는 경작자는 논두렁을 서로 양보하고 행인은 서로 길을 비켜 주며, 빈부귀천을 막론하고 말과 행동이 공경스럽고 예의가 있다. 시장에서 사는 사람은 높은 가격을 주고 사고자 하며 순서대로 차례를 기다리고, 파는 사람은 싼값을 받고자 힘쓰며 손님을 기다린다. 작가는 제11회에서 한 예졸이 물건을 사는 장면, 한 군인이 물건을 사는 장면, 한 농민이 물건을 사는 장면 등을 통해 순박하고 평화로운 군자국의 풍속을 보여주고 있다. 이들 장면에서는 누구나 재물을 사양하고 다투지 않는데, 확연히 현실 사회에서는 찾아볼 수 없는 이상적인 모습이다. 이들 매매 광경을 보고 당오 일행은 '양보를 좋아하고 다툼을 싫어하는好讓不爭'의 민풍으로 여기게 된다. 다음의 장면은 매매 광경 중 한 장면이다.

판매인은 은을 받아 들고 자세히 보더니 저울로 달아 본 후 황급히 앞으로 나가 말했다. "형 씨, 잠깐만요. 은의 저울질이 틀렸습니다. 이곳에서는 줄곧 매매할 때 큰 시장에서 쓰는 중등의 은을 사용하는데, 지금 노형께선 상등의 은을 나에게 주었으니 마땅히 은을 공제해 가야 합니다. 방금 내가 저울질을 하였는데 은의 질은 공제되지 않았고 또 너무 많이 주었습니다. 이러한 무게와 순도는 작은 일이고 형 씨의 부유한 집은 본디 이곳에 있지 않습니다. 그러나 나는 그것을 받을 이유가 없습니다. 거래의 예에 따라 공제해 가십시오." 농민이 말했다. "약간의 순도는 작은 일인데 하필 미미한 것으로 양에 비교하십니까? 남는 것이 있다면 훗날 물건을 사러 왔을 때 다시 제하고 주면 마찬가지 아닙니까?" …서로 오랫동안 사양하더니 농민은 하는 수 없이 두 가지의 물건을 더 가져 가며 은을 저당 잡히고 갔다. 판매인은 말끝마다 '은은 많고 물건은 적으니 너무 불공평하다'고 말했다. 그러나 농민은 이미 멀리 가 버려 어쩔 도리가 없었다. 홀연히 한 거지가 지나가는 것이 보였다. 판매인은 혼잣말로 중얼거렸다. "이 거지는 아마도 남을 이롭게 한 사람의 후신일 것이다. 그래서 금생에 이러한 보응이 있는 것이지." 말하면서 남은 은을 저울질하여 모두 거지에게 주고 갔다.(제11회)

위의 예문에서 물건을 파는 상인이나 사는 사람의 입장은 모두 자신에게 유리하게 팔고 사는 것이 인간의 속성이지만, 여기에서는 오히려 정반대로 서로가 사양하는 입장을 취하고 있다. 게다가 상인은 두고 간 은을 형량하여 남은 것을 거지에게 주는 넓은 마음을 소유하고 있고, 농민 역시 약간의 물건을 더 가져갔을 뿐이다. 이처럼 작가는 현실 사회와는 대조적인 이상 국가를 묘사함으로써 모리에 급급해하는 세속의 교역을 은연중에 비판하고 있다. 이것은 모두가 작가의 상상력에서 나온 것으로 그가 추구하는 이상적인 사회상을 그려낸 것이다. 또한 위의 예문은 군자국의 풍속을 집약하여 설명해 주고 있다. 즉 '양보를 좋아하고 다툼을 싫어하는' 백성들, 빈부귀천을 막론하고 말과 행동이 공손하고 예의가 있는 백성들의 성격을 묘사하고 있다. 그런데 이것은 그들 스스로가 여기는 것이 아니라 주변국가에서 보고 이름지어 준 것이다. 여기서 간과할 수 없는 것이 있는데 군자국 사람의 옷차림과 말씨가 천조天朝와 같다는 것이다. 이것과 함께 작품의 곳곳에서 그가 비판하는 문제의 해결 방법이 군자에 귀결된다는 점이다. 그렇다면 작가가 추구하는 이상 세계는 무엇인지 보다 분명해진다. 그것은 바로 유가의 이념이 철저히 실현된 한족 중심의 사회였다고 볼 수 있다.

군자국은 재상 또한 부귀공명의 추구에서 벗어난 겸허하고 온화한 성품을 지니고 있다. 국왕은 격식이 없고 대소사에 있어서는 친히 재상의 집을 방문 상의하고, 뇌물을 주는 등의 불량한 기풍을 엄금하고 있다. 아래의 예문은 당오 일행이 재상 오지화와 오지상을 따라 그들의 집을 방문하는데, 집에 대한 묘사를 통해 재상의 품성을 말한 것이다.

> 얼마 가지 않아 문 앞에 이르렀다. 두 쪽 사립문과 울타리가 보이는데, 울타리에는 많은 등나무와 담쟁이가 얽어 있었다. 문 앞에는 연못이 하나 있었고 연못 안에는 마름과 연꽃이 가득했다. 사립문을 들어서자 넓은 대청으로 안내되어 네 사람은 다시 예를 행하고 자리에 앉았다. 대청에는 국왕이 하사한 작은 액자가 걸려 있고 '위천별숙渭川別墅'이라 쓰여 있었다. 다시 대청 밖을 바라보니 사면에 푸른 대나무가 넓은 대청을 빙 둘러 있어 청아함을 느끼게 했다.(제11회)

어디로 보나 백성들을 수탈하여 살찌운 재상들의 집 같지가 않으며 한적하고 넉넉한 시골집의 풍경을 그려내고 있다. 천조의 관리들은 출타할 때에 많은 시종을 거느리고 의장 행렬이 요란하였으며, 백성들을 비키게 하여 일종의 침범할 수 없는 위엄을 드러냈다. 그러나 군자국의 재상 오씨 형제는 외출할 때에 앞뒤에 따르는 노복도 없이 겸허한 태도로 예의를 다하며, 쉽게 가까이 접할 수 있었으며 전혀 관리의 위세를 부리지 않았다. 그들은 당오 일행과 인사를 나눈 뒤 곧 바로 집으로 초대하여 대화를 나누자고 초청하였다. 이러한 그들의 태도는 실제로 "민주정치 제도 아래에서 백성들의 공복과 다를 바가 없었다."[19] 작가는 당시 관리들이 공명을 추구하고 재물을 모으는 모습을 보고 식상한 나머지 군자국의 재상을 이상적인 관리상으로 제시한 것이라 할 수 있다. 당오 일행이 군자국의 해안에서 만난 청구국[20]의 한 어옹의 말을 통해 군자국 사람들의 됨됨이를 말한다. "본디 이곳의 백성을 알고 있었는데 모두가 정직한 군자들이지요. 불의에 공격하거나 몰래 악랄한 수단을 써서 고기를 잡지 않기 때문에 줄곧 고기가 풍부하게 생산되고 있답니다. 그래서 소인은 늘 이곳에 와서 고기를 잡습니다."(제13회)는 어부를 통해 군자국을 찬미하고 육지뿐 아니라 해양에서 생활하는 어부의 생활상까지도 이상적인 상황으로 묘사하고 있다.

---

19 吳淳邦, 앞의 논문, 500쪽 참조.

20 『경화연』에는 靑丘國에 대한 직접적인 묘사는 보이지 않는다. 그러나 예문에서 "약점을 공격하거나 악랄한 수단을 써서 고기를 잡지 않기 때문에 언제나 고기가 풍부하게 생산되고 있다."는 노인의 말을 통해, 군자국과는 반대의 상황임을 엿볼 수 있다.

제14회의 대인국에서도 당오 일행이 시장에 도착해 보니 일체의 광경은 군자국과 비슷했다. 또한 매 사람이 타는 구름이 화려하고, 그 형태가 각양 각색이었다. 작가가 추구하는 이상 세계는 군자국과 대인국에 집중 표현되어 있다. "가슴속이 공명정대하다면 발 아래는 오색 구름이 나타나고, 정당하지 못한 일들을 감추고 있다면 발 아래는 검은 구름이 생기게 되는 거지요. …대개의 백성들은 검은 구름을 타는 것을 수치로 여겨 악한 일을 만나면 모두가 몸을 숨기고 뒤로 물러나며, 선한 일을 만나면 적극적으로 다투어 먼저 하려 합니다. 소인의 습성이 조금도 없기 때문에 이웃 나라들이 '대인국'이라 부른답니다." 이는 인간의 심성인 선과 악을 끌어내어 공명 정대하게 선행을 행한 사람은 오색구름을, 공명하지 못한 악행을 저지른 사람은 검은 구름을 타고 다니게 하여, 백성이 스스로 적극적으로 선을 실천하도록 유도하고 있음을 보여준다. 또한 여기에서 언급한 대인과 소인은 『논어』에 보이는 소인과 군자의 개념으로 해석할 수 있다.[21] 즉, 이것은 유가 이념에 바탕을 둔 이상적인 사회인 것이다. 더 나아가 세간의 도덕에 밝지 못한 사람들의 발밑에 검은 구름이 나타나지 않을 때는 그들의 머리 위에 발밑의 구름에 비

21 『경화연』에 나오는 해외 국가 중에서 가장 이상적인 국가는 바로 군자국과 大人國이다. 이 두 국가는 풍속이 아름다울 뿐만 아니라 사람의 성품도 정의롭고 선행을 추구한다. 이것은 바로 공자의 추구하는 君子의 성품이라 말할 수 있다. 예문을 보더라도 검은 구름과 오색 구름은 인간의 심성을 나타낸다. 신분의 高下와 富의 多少에 관계없이 선행을 추구하고 공명정대하게 행동하면 오색구름을 타고다닐 수 있다. 君子와 小人은 바로 『論語』 「學而」에 "君子, 食無求飽, 居無求安, 敏於事而愼於言, 就有道而正焉, 可謂好學也已."와 「里仁」에 "君子懷德, 小人懷土, 君子懷刑, 小人懷惠.", "君子喩於義, 小人喩於利." 등의 의미와 맥을 같이하는 것이라 볼 수 있다.

해 더욱 해로운 검은 기운이 나타나게 한다. 그러나 이 기운은 일반인은 볼 수 없으나 하늘이 명확히 보고 분별하여, 선한 사람은 선한 길을 가도록 하고 악한 사람은 악한 길을 가게 한다는 공평한 사회를 역설하고 있는 것이다. 작가는 공평한 사회를 건설할 수 있는 길이란 인간의 심성 즉, 선에 있음을 강조한 것이며 인성에 호소하고 있는 것이다. 때문에 이여진이 『경화연』 중에 제시한 사회에 대한 이상은 실현가능성이 희박해 보이지만 당시 역사 상황에서 볼 때, 적극적이고 진보적 성격을 띠고 있으며 사회를 개혁하고 현실을 변혁시키려는 역사의 흐름에 도움이 된 것은 분명하다. 봉건사회가 점차 종말로 나아가던 시기에 자본주의 경제 요소 및 그것의 의식형태의 영향은 날로 증가하였다. 그것이 봉건왕조를 뒤집을 만큼의 상황에 이르지 못했다하더라도 그것은 필경 새로운 역사조류를 대표했고 막을 수 없었다. 이여진은 역사의 흐름에 순응하였고 진보적 민주사상을 받아들여 소설 중에 자신이 처한 현존사회를 개혁하려는 의견을 펼쳐냈다.

『경화연』 작가는 군자국, 대인국, 흑치국의 묘사를 통해 작가가 의도하는 이상 세계를 펼쳐 보였다. 즉, 군자국의 '양보를 좋아하고 다툼을 싫어하는' 민풍 및 겸허한 재상들과 격식이 없는 국왕, 대인국의 선한 사람들, 흑치국의 학문존중사상 등을 집중 부각시켰다. 작가 이여진은 이러한 문명의 사회풍속·화애하는 사회제도·겸허한 관리 등을 그가 지향하는 이상 세계의 조건으로 제시한 것이다. 그런데 작가가 설정한 이상세계는 결코 현실을 초월해서 존재하는 것은 아니었다. 비록 이상적인 형상을 집중적으로 부각시켰지만 모두 현실과 결부되어 밀접한 관계에 있다. 작가는 단지 "현실의 불만스러운 상황을 상반되는 가설의 필법을 빌어 형상화시켰고, 게다가 작자가 바라는 이상적인 성격을 특정세계에 집중시킴으로써 작자의 풍자 기준을 한층 명확하게 부각시켜 놓았다."[22] 스위프트는 『걸리버여행기』 제2부 거인족의 나라 브롭딩나그에서 이성과 상식이 있는 인자함을 갖추고 있는 이성주의 철학가로서의 군주, 제4부 준마 종족의 후이님의 나라 기행을 통해서 예의가 바르고 이성적이며 미덕을 갖춘 인간 족속들의 이상향을 묘사해냈다. 그는 후이님들이 대자연으로부터 모든 덕행에 대한 보편적 성향을 부여받았고, 이성적 동물에게는 사악한 것에 대한 개념이나 관념이 없는 만큼, 그들의 장엄한 좌우명은 이성을 연마하고, 전적으로 그 이성의 지배를 받는다는 보았다. 이여진이 공평한 사회를 건설할 수 있는 길을 인간의 심성 즉, 선에 있음을 강조하고 인성에 호소하고 있는 것처럼, 스위프트 역시 이상사회로 나아가는 기본은 자연에 기초한 이성에 있다고 보고 있다. 이상향은 "현실적으로 실현될 수 있는 이상적 사회를 그리는 경우도 있고 비현실적이어서 실현이 불가능한 인공적 사회를 몽상하는 경우도 있고 인간들이 학대를 받는 불행한 이상향을 그리는 경우도 있어 그 성격이 각양각색이다."[23] 스위프트의 이상향은 제2부 거인족의 나라 브롭딩나그에서는 실현가능성이 엿보인다. 예를 들면 거인국왕이 "내가 단언하지만, 이 생물들이 나름대로 관직과 작위들을 가지고 있고, 작은 새 둥지와 여우 굴을 만들고는 집과 도시라고 부른다. 그들은 옷을 해 입고 마차를 마련한다.

22 吳淳邦, 「淸代 長篇 諷刺小說의 理想世界」, 『中國小說論叢』 第4輯, 1996, 501쪽.
23 박종태, 「Swift's 걸리버 여행기의 이상향」, 『대구보전논문집』, 1988, 653쪽.

그들은 사랑을 하고, 싸우고 논쟁하고, 속이고, 배반한다."(제2부 제3장)라고 조국에 대해 이야기하자 화가 난 걸리버의 얼굴이 여러 차례 붉으락푸르락 했다. 왜냐하면 "그것은 예술과 군사력의 여왕, 프랑스에 대한 채찍, 유럽의 중재자, 덕과 경건함과 명예와 진리의 본거지, 온 세상의 자랑이자 선망의 대상인 우리의 고귀한 조국을 그가 너무나 심하게 경멸했기 때문이다."(제2부 제3장) 바로 여왕은 예술과 군사력을 갖춘 여왕이며 프랑스를 견제하고 유럽에서 중재자 역할을 하고 있는 명예와 진리의 본거지요 온 세상의 자랑이자 선망의 대상인 우리의 고귀한 조국은 걸리버의 조국, 즉 스위프트의 조국이기 때문이다. 거인국에서 꿈꾸는 "걸리버가 쓴 가장 완전한 이상향은 영국이었고 그의 사랑하는 고향이었다."[24] 그러나 인간을 경멸의 대상으로 놓고 보는 제4부 준마종족의 후이님의 나라는 그 존재성이 너무 희박해 보인다. 초자연적인 순결을 지닌 완벽한 존재의 준마종족은 인간의 가능성과는 아주 먼 모형에 불과한 것이 아닐까?

"『걸리버여행기』는 대체로 복합적인 의도의 한 걸작이다. 어린이는 이야기와 서술의 매력으로 읽고, 유식한 사업가는 당시 정치생활의 비유로 또 웃음거리 항해문학 염세걸작으로 또 인간 이성의 악용에 대한 뜻 있는 이의 오묘한 성찰로서 읽을 만하다. 또 보기에 가식 없는 솔직성과 단순한 양식, 인간에 대한 교묘한 반성, 궁중과 가정 서재의 부패 행위가 독자를 끈다. 이것은 인간성취의 최고 이상을 지니고 그 성취에 절망한 사람만이 쓸 수 있다고 보인다."[25]

---

24 박종태, 「Swift's 걸리버 여행기의 이상향」, 『대구보전논문집』, 1988, 642쪽.

『경화연』 역시 호적이 '부녀소설'로, 루쉰이 '재학소설才學小說'로 규정한 이래 상당한 연구자들에 의해 다양한 각도에서 분석되어 이상理想소설, 환상幻想소설, 사회문제소설, 세정世情소설, 잡가雜家소설, 지식知識소설, 풍자소설 등의 다양한 관점이 제기되었다. 해외이국을 묘사한 환상적인 내용은 어린이들에게 인기가 있고, 지식인들에게는 다양한 학술적 유희적 내용이 관심을 끈다. 또한 통치계층과 상층사회에 대한 날카로운 비판과 폭로는 서민 대중의 마음을 후련하게 하며, 진보적 여성 관련 내용은 여성독자의 눈을 이끈다.

4. 동서양 작가의 이상향

이상에서 '통치계급과 현실사회에 대한 풍자'에서 비교분석을 진행한 결과, 『걸리버여행기』와 『경화연』은 통치계급 및 그들의 추종세력과 각종 불합리한 사회현상에 대해 폭로 비판하는 내용이 많은 부분에서 일치하고 있음을 알 수 있다. 두 작가는 통치계층의 허위적인 모습들을 벗겨냈다. 번영과 발전이라는 외적 그늘에 가려진 사회의 악성 종기와 같은 각종 폐단과 추악한 행위들을 명확하게 드러나도록 폭로함으로써 사람들에게 사회를 정확히 이해하고 현존 질서에 대해 반감을 불러일으키는 작용을 했다. 그러나 그들이 비판하는 각도에는 일정한 차이점이 발견된다. 『걸리버여행기』는 영국 및 전체 유럽 사회에 대해 비판의 칼날을 지향하고 있고,

25 유영, 『영국문학사논강』, 한신문화사, 1987, 233쪽.

『경화연』은 청조의 제반문제에 대해 묘사하였다. 그 비판의 심도 면에서 『걸리버여행기』는 세부적이고 심층적이며 날카롭다. 『경화연』은 사회 각계 각층과 각종의 비리들을 폭넓게 비판하고 폭로하고 있지만 직접적이지 못하다. 바로 이점에서 『걸리버여행기』와 차이점을 발견할 수 있다.

'이상사회에 대한 동경'에서 이여진의 정신세계는 봉건사회의 틀을 벗어나 새로운 사회를 지향하였다. 이여진의 선진사회에 대한 욕구는 특히 여성에 관련된 내용에서 사회를 변혁시켜야한다는 역사적 시각이 돋보인다. 이러한 견해는 그가 처한 건륭·가경 시기가 봉건 사회의 말로를 걷고 있을 때여서 새로운 사회로의 대체가 필연적이었던 데서 비롯되었다고 본다. 그가 제시한 남녀 평등 사회에 대한 이상은 동시대의 사람들의 의식을 일깨우는 작용을 하였을 것이다. 반면 스위프트가 처한 사회는 자본가계급 사회가 발전하는 추세에 있었다. 제도의 개선과는 달리 사회는 부패가 만연하여 인간의 의식은 진보된 단계로 진입하지 못했다. 그래서 스위프트는 이성에 호소하여 현존사회의 각종 폐단을 치료하고 완벽한 사회로의 개선을 추구한 것이지만 이는 종이무기에 불과한 것이다. 이여진의 사회비판과 이상사회에 대한 동경이 인간의 심성과 윤리에 호소하는 입장에서 발전하였다고 본다면, 당시 봉건 유교사회의 윤리적 측면을 벗어나지 못하였다는 한계를 지니고 있다. 스위프트가 현존사회의 보다 나은 단계로의 발전을 이성의 힘에 의지한 것 역시 확실한 대안이라 할 수 없다.

그런데 현실사회를 비판 풍자하고 이의 대안을 찾으려고 했던 노력들은 문학작품과 작가 생애의 관계를 고려해 볼 때, 인간의 기본적인 욕구에서 출발하였다고 볼 수 있다. 이여진과 스위프트 역시 제도의 틀 속에서 신분상승을 노렸지만, 그들이 원하는 만큼의 욕망을 충족시키지는 못했다. 그들의 청장년 인생 역정 또한 그다지 유복하거나 성공적이지 못했다. 이로 인해 두 작가는 삶 속에서 일정 정도의 정신적 고통을 동반하고 있을 수밖에 없었다고 보여진다. 이것이 현실사회에 대한 불만의 표출과 비판, 그리고 이상사회에 대한 지향을 주제로 하는 문학작품을 가져온 결과가 아니겠는가?

Ⅱ.

청말민초의 시대인식과 신문명 탐색

3. 근대 중국의 세계인식과 자기모색*

: 세계, 진화, 문명, 민족 개념을 중심으로

1. 문제의식

20세기 초 중국이 망국 망종의 위기를 극복하기 위해 근대 국민국가를 건설해야 한다고 역설하던 량치차오는 정치소설인 『신중국미래기』(1902)에서 60년 후 중국이 입헌공화국으로 발전하여 세계의 중심 대국이 된다는 '중국몽'을 펼친 바 있다. G2로 부상한 오늘날의 시점에서 보면 량치차오의 중국몽이 시간의 차이는 있지만 예언처럼 들어맞고 있다는 사실에 놀라울 따름이다. 이 소설은 공자 탄생 후 2513년째인 서기 1962년에 유신 50주년 대축제를 거행하는 장면에서 시작한다. 마침 세계평화회의가 중국에서 개최되어 각국의 대표들이 머물러 있을 뿐 아니라 우방국에서 군함을 보내어 축하 인사를 하고 영국 국왕과 왕비, 일본 국왕과 왕비, 러시아 대통령과 영부인, 필리핀 대통령과 영부인, 헝가리 대통령과 영부인은 친히 와서 축하를 보내고 있다. 또한 상하이에서는 박람회가 개최

* Ⅱ부는 이종민 교수가 집필한 것이다.

되어 공산품 전시회와 아울러 학문 종교에 관한 국제학술행사가 열려 전 세계의 수많은 석학들과 대학생들이 참여하고 있다. 그 가운데 가장 인기 있는 행사는 공자 후손인 쿵훙다오의 '중국근육십년사' 강연이며, 영국 미국 독일 프랑스 러시아 일본 필리핀 인도 등에서 온 외국인도 이 강연을 들으러 왔는데, 이들은 중국이 유신을 실시한 이후 각종 학술이 급속히 발달하여 각국에서 파견한 유학생 출신들이어서 모두 중국어를 알아들을 수 있었다.

이 소설이 예언하고 있는 상황은 최근 중국에서 벌어지고 있는 일들을 묘사한 것이라 해도 이상하지 않을 정도다. 그러나 이 소설을 쓴 1902년의 중국은 청일전쟁에 패배한 이후 끊임없이 제국주의 침략의 위기에 시달리고 량치차오 개인적으로는 무술변법이 실패한 후 일본으로 망명을 떠난 암울한 시기였다. 이러한 위기의 현실에도 불구하고 량치차오는 중국의 미래를 낙관하고 있었다. 소설에서 량치차오는 10년 후인 1912년에 유신(입헌국가)의 단계에 들어선 이래 예비시기, 분치시기, 통일시기, 국부축적시기, 대외경쟁시기, 도약시기를 거쳐 1962년 현재 세계 대국으로 발전하여 유신 50주년을 맞이하게 된 것이라고 묘사한다. 실제 역사에서 볼 때 현실 중국이 세계대국으로 승인된 것은 1962년에서 50년이 더 지난 뒤의 일이고 1902년의 시점에서 보면 한 세기 이상의 시간이 필요했다. 량치차오의 중국몽은 시간의 격차가 있기는 하지만 꿈이 이루어졌다고 할 것이다.[1]

1 梁啓超,『新中國未來記』, 廣西師範出版社, 2008, 제1회 楔子와 제2회 孔覺民演說近世史黃毅伯組織憲政黨 참고.

그러나 현실 중국이 세계대국으로 발전하는 과정은 량치차오의 상상과는 완전히 다른 방식이었다. 량치차오는 점진적인 정치개혁을 통해 입헌공화국으로 발전하는 길을 상상했지만 현실 중국은 신해혁명을 통해 중화민국을 건설했고 사회주의 혁명을 통해 중화인민공화국을 건설했으며, 세계대국이 되는 과정도 입헌공화국 건설을 위한 정치개혁이 아니라 개혁개방을 통한 경제발전이 주요 동력으로 작용하였다. 즉 개혁이 아니라 혁명을 통해 주권국가를 건설했고 정치발전이 아니라 경제발전을 통해 세계대국으로 부흥한 것이었다.

20세기의 고난을 거쳐 세계대국으로 부흥한 중국은 현재 또 다른 중국몽을 꿈꾸고 있다. 그 지도자는 시진핑으로 "중화민족의 위대한 부흥이라는 중국몽을 실현한다는 것은 바로 국가의 부강, 민족의 부흥, 인민의 행복을 완성하는 것"[2]이라고 말한다. 시진핑의 중국몽에서 주목할 만한 점은 인민의 행복을 국가의 부강, 민족의 부흥과 같은 반열에 놓고 있다는 것이다. 그동안 중국은 국가와 민족이 중심이 되어 양적인 경제발전을 통해 대국으로 성장할 수 있었지만, 그 대가로 사회적 불평등이 심화되고 인간의 존엄성이 존중받지 못하고 생태계가 파괴되는 등 인민의 삶의 질이 하락하는 문제에 직면하고 있다. '부자 중국, 가난한 중국인'이 상징하듯이 국가의 성장이 인민의 행복으로 나아가지 않는다면 "중화민족의 위대한 부흥"은 그야말로 백일몽에 불과해질 것이다. 이점이 바로 시진

2 시진핑의 중국몽에 대해서는 「第十二屆全國人大第一次會議上的講話」, 新華網, 2013.3.17 참고.

핑의 중국몽에서 인민의 행복이 부각되는 이유이다. 시진핑은 국가주도의 경제발전을 넘어 문명방식을 통해 인민 개개인의 꿈과 행복이 실현되는 중화민족의 위대한 부흥의 꿈을 꾸고 있는 것이다.

이러한 21세기 중국몽은 당연히 시진핑의 임기 내에 이루어지기는 힘들 것이다. 그렇지만 이것이 사회적 불평등을 무마하기 위한 정치적 수사에 불과하다고 생각할 필요는 없다. 왜냐하면 2020년까지 중등생활을 향유하는 전면적 샤오캉사회를 만들고 신중국 성립 100주년인 2049년까지 '중국식 사회주의 복지사회'를 건설하기 위한 비전과 정책을 준비하고 있기 때문이다.[3] 량치차오가 『신중국미래기』에서 60년 이후의 중국을 예언했듯이 시진핑은 30년 이후의 미래 중국을 꿈꾸고 있는 것이다.

이러한 흐름 속에서 중국지식계에는 경제적 부강을 넘어 세계의 공감을 받을 수 있는 보편적 가치와 제도를 어떻게 정립할 것인가에 관한 '문명' 담론이 부상하고 있다. 이러한 점은 소위 자유주의 계열과 좌파 계열의 사상가들에게 공히 나타나고 있는 현상이다. 그들은 21세기 '문명'을 전통 및 근현대 중국의 사상자원을 통해 새롭게 모색하기도 하고, 동아시아를 포함한 전지구적 국제관계를 천하이론 및 조공체제를 참조하여 재구성하려고 한다. 이러한 시각들이 새로운 '문명'으로 공감을 받기 위해선 중국에 대한 경계의 시선을 극복하고 국제적 신뢰를 얻는 과정을 거쳐야하기 때문에, 상당

3 중국의 사회복지 전략과 목표에 대해서는 쩡꽁청, 『중국 사회보장 개혁과 발전전략』(김병철 역, 한국보건사회연구원, 2010) 제3장 전략 목표와 절차 그리고 조치 및 김병철, 「중국 사회보장제도의 개혁과 발전전략」, 『국제노동브리프』 2011년 9월호 참고.

정도 시간이 소요될 것으로 보인다. 그래서 현재의 '문명' 담론 속에는 인류보편성을 담지하기 위해 중국 내부에서 먼저 초국가적 실천을 수행해야 하는 곤혹스러움이 내재되어 있다고 할 것이다.

현재 중국지식계의 '문명' 담론 속에 내재한 시각과 고민은 공교롭게도 근대 중국지식계의 세계적응 및 자기모색의 담론과 겹쳐지는 부분이 많다. 중화제국에서 민족국가로 전환하는 근대의 조건과 민족국가에서 문명대국으로의 전환을 준비하는 현재의 조건 차이가 존재하지만, 천하와 세계·진화와 윤리·시대와 문명 그리고 정치적 주체로서 중화민족의 개념을 통해 중국 문제를 사유하는 방식은 동질적이라고 할 것이다. 어떻게 보면 근대 중국지식계의 담론이 중화제국에 대한 반성을 통해 모색하려고 했던 목표가 현재 중국이 걸어가는 과정 속에서 실현되고 있는 것은 아닐까. 이러한 문제의식 속에서 본고는 근대 중국[4]의 담론 속에 내재한 논리구조를 살펴보고, 이것이 한 세기 너머의 오늘날의 담론 속에서 재사유되고 있는 맥락은 무엇인지 검토해보려고 한다.

2. 천하와 세계

19세기 들어 서구 제국주의 국가와의 전쟁에서 연이은 패배를 하고 청일전쟁에서 전통적 중화질서의 주변국가로 여기던 일본에게

4 본 논문의 연구대상이 되는 근대 중국은 청일전쟁에서 5·4운동 이전 시기이며, 5·4운동 전후 형성된 사회주의를 포함한 제 사상 및 그 실천과정에 대해서는 후속 논문을 통해 발표할 것이다.

충격적인 패배를 하는 과정에서, 중국인은 자신의 민족성이 우매하고, 나약하며, 비겁하다는 등의 모욕적이면서도 상투적인 수식어를 얻게 되었다. 그리고 중국에 정치적 위기가 발생하여 개혁의 출로를 모색할 때마다 중국인 앞에 이러한 수식어가 그림자처럼 따라다니게 되는데, 그 이면에는 중국을 낙후하고 허약하게 만든 원인이 군사력이나 과학기술, 제도와 같은 외부적 요인을 넘어 중국인 내부의 어떠한 결함에서 근원한다는 생각이 내재되어 있기 때문이다. 즉 새로운 중국을 건설하기 위해선 무엇보다 새로운 중국인을 양성하는 일이 급선무라는 것이다.

중국 지식계에서 이러한 사유방식이 형성되기 시작한 것은 청일전쟁에서 패배한 이후 독일이 산동 반도를 점령하고 러시아가 동북 3성에 대한 지배력을 확대하는 등 중국에 대한 서구 열강의 이권 경쟁이 더욱 격렬해져 민족 존립의 위기가 심화되면서부터다. 물론 청일전쟁 이전에 벌어진 서구 제국주의 국가와의 전쟁에서도 중국의 민족성 문제가 노출된 사례들이 지속적으로 존재해왔다.[5] 하지만 같은 아시아의 황인종이면서 국가와 인구의 크기, 자원과 경제력 등에서 월등한 조건을 갖춘 중국이 일본에게 패배하여 세계 열강의 비웃음거리가 되고 '동아병부東亞病夫'[6]란 불명예를 얻게 되면

5 중국인을 바라보는 근대 서양인의 비하적 시선과 그 문명사적 의미에 대해서는 차태근 「타자의 시선과 근대 중국」(『중국 근대의 풍경』, 그린비, 2008), 54~58쪽, 이종민 「중국인을 바라보는 근대 서양인의 시각: 아더 스미스의 『중국인의 성격(Chinese Charactreistics)』을 중심으로, 중국어문학 제57집, 2011.6 참고.

6 1895년 옌푸는 「原强」에서 '병부'라는 말을 처음 사용하여 중국의 처지를 다음과 같이 비평하였다. "국가라는 것은 바로 인간의 신체에 비유할 수 있다. 오늘날, 육신의 안락을 탐하면 쇠약해지고 노고를 거듭하면 강해진다는 말이 당연

서, 전쟁에서의 패배 원인이 중국 민족성의 결함에 있다는 자각이 일어나게 된 것이다.

이러한 자각과 반성 속에서 캉여우웨이, 량치차오, 탄스퉁 등은 제도개혁을 위한 변법운동을 통해 당면한 중국의 위기를 극복하려고 하였다. 이들은 서구와 일본이 부강하게 된 원인이 공공정신을 지닌 국민들이 권력의 중심에 서서 근대적 국민국가를 건설한 데에 있다고 인식하였다. 이와 달리 중국인은 유아독존적인 천하 관념에 지배되어 다른 민족과의 경쟁 속에서 국가와 국민이 어떻게 형성되는지 몰랐던 것이다. 이 문제에 대해 량치차오는 다음과 같은 시각으로 비판하고 있다.

중국은 예로부터 통일이 되어 있었고 주변을 둘러싸고 있는 것은 모두 문화와 정체가 없는 작은 부족들이어서 중국인들은 그들을 평등한 나라로 간주하지 않았다. 그래서 중국은 수천 년 동안 국가간의 경쟁 없이 홀로 지속되어 세계가 중국만의 천하인 것으로 인식했다. 이러한 천하 관념으로 인해 중국인은 교만하고 거만해져 다른 나라와 왕래 교통하는 것을 원치 않았고, 겁이 많고 유약해져 다른 나라와 경쟁하려고 하지 않았다. 이점이 그리스시대 이래 여러 국가들이 경쟁하는 가운데 저마다의 존립을 추구하여 언제나

한 이치로 되어 있다. 그러나 만일 병부에게 날마다 한도를 지나치게 초과하는 일을 하게 해서 강해지기를 구한다면, 그 병부의 죽음을 앞당길 뿐이다. 지금 중국은 아직 그런 병부와 같은 상황이다." 그리고 '동아병부'라는 말은 상하이에서 출판된 영문 신문 「North-China Daily News」 1896년 10월 17일자에 영국인이 발표한 글에 나오는 말로써 량치차오가 이를 번역하여 사용한 것인데, 당시 중국 문인들도 종종 이 말을 통해 중국인의 신체적 정신적 허약함을 비유하였다.

'우리나라'라는 생각을 하면서 사랑하는 마음을 지니게 된 서구인과 차이가 나는 이유였다.

또 중국인들은 역대 왕조와 국가의 차이를 구별하지 못하고 동일한 것으로 생각하였다. 중국에서는 역대로 수많은 왕조가 교체되었지만 통일된 국가 명칭조차 없는데 이는 국가가 한 성씨의 사적 소유물로 여겨 그 왕조의 이름만을 남기게 되었기 때문이다. 국가라는 것은 전체 국민의 공유물이며 왕조라는 것은 한 성씨의 사유물임에도 불구하고 중국인들은 이러한 차이를 이해하지 못하여 국가의 주인이 아니라 한 왕조의 사유물로 전락하고 말았다. 그래서 왕조는 국민을 속박하여 자유를 주지 않고 채찍질을 하는데도 오히려 국민은 왕조를 숭배하고 옹호하는 습성이 형성되었던 것이다. 이런 습성으로 인해 다른 민족이나 종족이 중국을 침략하여 영토를 빼앗아도 중국인들은 그들을 새로운 왕조로 섬기며 그것이 국가라고 여길 수 있었다. 수천 년 동안 국민을 수탈해온 전제왕조民賊가 국가를 가로채고도 부끄러워함이 없이 오히려 대의를 끌어대어 그 정당성을 조작하고 국민을 노예의 처지로 만들게 되어, 이에 국민은 노예근성에 젖어 노예행동을 함에 따라 나라를 사랑하는 마음이 사라지게 된 것이다.

중국인은 근대국가와 국민의 관념 없이 전통적인 천하 관념 속에서 한 왕조의 사유물로 살아오는 과정에서 민족성의 결함이 생기게 되었다. 노예근성에 젖어 자치능력과 독립심이 없어졌으며, 우매하여 국가를 부강하게 할 수 있는 지혜가 없으며, 이기적이어서 자기만을 위하고 서로 단결할 줄 모르며, 위선적이어서 거짓된 행동을 해도 스스로 깨닫지 못하며, 겁이 많고 나약하여 생존경쟁의 현실에 안일하게 대하고 영토가 쪼개져도 부끄러워함이 없으며, 무신경하여 위로부터의 압력이 가해져야 비로소 움직이는 등의 결함이 형성된 것이다. 이것은 단시일 내에 형성된 것이 아니라 수천 년을 지나오면서 해마다 조금씩 물들어 누가 시킨 사람도 없는데 모두 그렇게 되었고, 전 중국인에게 퍼져나가 머릿속이 모두 똑같이 되어버린 것이다.[7]

량치차오의 시각처럼 천하 관념과 연계지어 중국인의 결함을 비판하고 그 대안으로 국민국가 건설의 과제를 제기하는 것은 당시 개혁적 지식인들의 일반적인 사유방식이라고 할 수 있다. 하지만 이러한 시각 속에는 천하 관념을 형성한 정치경제체제 및 그 역사적 기능에 대한 구체적 분석이 생략된 채 문화적인 비판만을 하고 있어서, 천하 관념의 해체가 지니는 시대적 의미가 제대로 조명되지 못하고 있다. 그래서 천하 관념 비판을 통한 국민국가 건설 논리 속에 내재하는 의미를 근대 중국의 맥락 속에서 해석하는 일이 필요하다고 생각된다.

주지하듯이 천하는 천명을 받은 천자가 다스리는 화이 또는 중국과 사이를 포괄하는 공간을 지칭하는 것이다. 이는 구체적인 현실 공간이라기보다는 중국의 예치 및 조공책봉관계가 구현되는 유동적 영역으로, 중국과 중국의 문명 통치를 받는 주변국가로 구성된 상상적 공간이라고 할 수 있다.[8] 이러한 천하를 중국이 아니라

---

7 梁啓超, 「中國積弱溯源論」(1901), 『梁啓超文選』上, 中國廣播電視出版社, 1992, 64~70쪽.

8 이점에 대해서는 이성규 「중화사상과 민족주의」(『철학』 37, 1992) 2. 중국, 천하, 화(하)·이 개념의 다층성 참고.

이민족 국가인 몽고와 만주가 지배하는 시기도 있었지만 두 나라 역시 중국의 주변국가로서 천하에 소속되어 있고 화이론의 변용을 통해 정치적 안정을 이룩했다는 점에서, 천하 혹은 중화제국은 근대 이전까지 장기간 지속될 수 있었다. 그런데 근대에 조우한 서구 국가는 기존의 이민족 국가와는 차원이 다른 존재였다. 그들은 천하에 포함되지 않는, 더 정확히 말하면 중국인이 인지하지 못한 영토에 거주하던 실체이며, 더군다나 천하를 지탱하던 자기우월적인 중화문명을 낙후하고 야만적인 것으로 밀어내버린 근대 문명을 지니고 있었다. 과거 군사력의 열세로 인해 중원의 자리를 내준 적은 있지만, 중화문명의 우월성으로 인해 이민족 국가를 오히려 중국국가로 변모시켰다고 정당화하던 중국인으로서는 사상 초유의 위기적 시간을 경험하게 된 것이다.

근대 중국인들은 천하의 바깥에 서구국가가 지배하는 공간인 '세계'가 있다는 사실을 발견하였다. 세계는 황제 1인이 사적으로 국가를 지배하고 백성들은 노예상태에 빠져 있는 천하와 달리, 지덕체를 겸비하고 공적인 의식을 지닌 주체들이 국민국가를 건설하고 끊임없는 경쟁을 통해 새로운 문명을 창조하는 진보적 공간이었다. 서구 국민국가 및 그 문명적 가치를 승인하는 과정에서 천하는 세계의 주변에 존재하는 야만의 공간으로 비하되기 시작하였다. 이로 인해 근대 중국의 위기는 세계가 천하에 침입하여 빚어진 현상이었지만, 그 출로는 세계의 축출이 아니라 오히려 세계의 질서를 수용하여 천하를 개혁하는 일이 되었다. 세계는 천하를 포섭하여 그 영토를 확장할 수 있었지만 천하는 더 이상 자신의 판도를 유지할 수 있는 세계관이 될 수 없었기 때문이다. 이제 중국은 천하의 울타리를 벗어나 세계의 영토에 진입하는 것이 당면한 위기 극복의 길이 되었고, 중국 지식인들은 그것을 천하(중화제국)에서 국민국가로 전환하는 일이라고 인식하였다.

그런데 이 문제와 관련하여 주목해야 할 점이 있다. 국민국가 건설의 문제를 천하에서 벗어나 새롭게 진입한 세계의 정세時勢 변화 속에서 임기응변적으로 사유한다는 것이다. 즉 천하의 중심에서 국민국가의 한 성원으로 그 위상이 격하됨에 따라 중국인의 사유공간이 일국 안으로 축소되는 것은 아니며, 오히려 세계 속에서 중국의 위치를 새롭게 인식하면서 나아가야 할 바를 정립한다立國於世界는 것이다. 이로 인해 근대 중국들인은 동시대 세계 정세에 민감하게 반응하며 현실에 뒤처지지 않기 위해 적극적이고 실제적인 태도를 취하게 된다. 이러한 사유 변화를 잘 반영하고 있는 것이 바로 세계와 국가의 관계를 중심으로 중국의 현실 문제를 인식하는 점이다.

> 손님이 임공에게 "그대는 춘추시대에 의로운 전쟁이 없었다는 맹자의 주장과 침략 전쟁을 비판한 묵자의 학문을 따르는 자가 아니었던가? 지금의 말은 어찌 그와 같지 않은가?" 라고 비난하였다. 임공은 다음과 같이 대답하였다. "세계주의가 있고 국가주의가 있다. 의로운 전쟁이 없다고 하고 침략 전쟁을 비판하는 것은 세계주의이다. 상무와 적개심이란 국가주의이다. 세계주의는 이상에 속하고 국가주의는 사실에 속한다. 세계주의는 미래에 속하고 국가주의는 현재에 속한다. 지금 중국은 하루를 기약할 수 없을 정도로 위태로워 우리들이 미래를 논하고 이상을 말할 때가 아니다. 그래서 내가 이전에 나라 망치는 일을 한가로이 논한 죄를 지었다고 해도 변명할 수 없다. 오늘 나의 사상이 퇴보했다고 하더라도 역시 변명할 수 없다. 삼가 손

님에게 사죄한다. 그렇지만 중국인의 국가주의는 세계주의라고 할 수 있다. 오늘날 세계의 일 가운데 중국의 강약흥망보다 더 큰 것이 없기 때문이다. 천하 만국의 대정치가들이 가슴속에 품고 있는 가장 큰 문제는 바로 중국의 문제이다. 그래서 중국 문제는 바로 세계의 문제이며, 중국인이 국가주의를 말하는 것은 바로 세계주의에 다름 아니다. 그렇다면 나의 지금의 사상은 결코 퇴보가 아니다. 삼가 손님에게 사죄한다.[9]

이글에서 량치차오는 국가 간의 경쟁보다 대동 세계의 실현을 추구하던 이전과 달리 국가 간 경쟁체제와 중국의 부국강병을 강조하는 입장 변화에 대해 추궁을 받는다. 이에 대해 량치차오는 중국의 장래가 하루를 기약할 수 없이 위태로운 국제 정세 속에서 세계주의는 이상과 미래에 속하고 국가주의는 사실과 현실에 속한다고 주장한다. 여기서 량치차오가 말하는 세계주의는 국가·민족 간의 경계와 경쟁체제를 타파하고 인류 전체가 평화롭게 공존하는 사회를 추구하는 것을, 국가주의는 냉혹한 국가 간의 경쟁체제가 지배하는 국제 정세 속에서 부강한 국민국가를 건설하는 것을 의미한다. 세계주의는 논리적으로 볼 때 사해일가의 대동사상이나 천하사상과 상통하는 면이 있을 뿐만 아니라, 근대 중국인들이 '세계'로의 진입을 갈망하며 새로운 시대에 대한 '각성'을 무엇보다 중시한다는 점에서 그들의 사상에 내재된 공통된 특성이라고 할 수 있다. 그러나 세계주의는 이상과 미래에 속하기 때문에 근대 중국의 현실과 사실

9 梁啓超, 「答客難」(1899), 『飮冰室合集』 제1책, 中華書局, 1936, 39쪽. 이 글을 포함한 량치차오의 『自由書』 한글 번역은 한림대 한림과학원 HK연구원 『음빙실자유서』 강독모임 번역본(미간) 참고.

속에서 그것을 실현할 방안을 찾아야 한다. 량치차오는 그것을 국가주의라고 인식하는데, 그의 사유 속에서 국가주의는 세계주의와 대립되는 개념이 아니라는 점을 주목할 필요가 있다. 국가주의 역시 중국 내부가 아니라 세계의 추세를 따르는 것이며, 국가주의를 추구하는 것이 바로 세계주의를 실현하는 현재적 방안이 되기 때문이다.

위의 글에서는 국가주의와 세계주의 사이의 관계가 모호하게 통합되어 있지만, 세계가 민족제국주의 시대로 나아간다고 인식하는 시기에서는 국가가 개인, 조정, 다른 민족, 세계보다 우선하는 최상의 경쟁 단위가 되어야 한다고 명료하게 주장한다.

> 민족주의는 19세기 말에 이르러(최근 20~30년) 민족제국주의(national imperialism)로 한 걸음 더 나아가고 있다. 민족제국주의란 무엇인가? 그 국민의 실력이 안으로 충만해서 밖으로 넘칠 수밖에 없게 되어, 다른 지역으로 권력을 점점 넓혀가는 것을 귀착점으로 삼는 것이다. 처음 시작은 병력이 될 수도 있고 상업이나 공업 혹은 교회가 될 수도 있지만, 한결같이 정책을 써서 그 지역을 지휘하고 제어한다.…… 오늘날 열강의 민족제국주의에 대항하여 그 재난에서 인민을 구제하려 한다면, 오직 우리의 민족주의를 실행하는 한 가지 방책만이 있을 뿐이다.[10]

량치차오는 이러한 민족제국주의 시대에서는 종교가들이 선전하는 천국이나, 박애주의, 세계주의, 대동사상 등은 현실을 고려하

10 梁啓超, 「論新民爲今日中國第一急務」(1902), 『新民說』, 遼寧人民出版社, 1994, 5~6쪽.

지 않은 몽상일 뿐이라고 인식한다. 세계를 지배하는 서구 열강들이 다른 지역으로 자신의 권력을 확장하려는 상황 하에서 세계의 주변부 혹은 세계 밖에 존재하는 중국이 세계주의를 추구하는 것은 그들의 식민정책에 무방비로 대응하는 것에 불과하기 때문이다. 열강들이 냉혹한 생존경쟁을 벌이는 세계 속에서 국가는 중국과 중국인을 보호하고 결속시키는 최상의 경쟁 단위가 되고, 그러한 국가를 부강한 국가 나아가 민족제국의 수준으로 발전시키는 것이 이 세계의 문명추세에 따르는 길이 되는 셈이다. 여기서 량치차오의 사유 속에서 세계와 세계주의가 구별되고 있다는 점을 주목할 필요가 있다. 즉 근대문명을 이룩한 국가들이 거주하는 공간으로서 세계와, 그 세계를 주도하는 현재의 문명이 인류사회의 평화를 추구하는 세계주의와 일치하지 않는다는 점을 인지하고 있다는 것이다. 이러한 간극에 대한 인지를 통해 량치차오는 생존경쟁의 현실과 인류평화의 이상 가운데 현실을 선택한 것이다. 량치차오에게 현재의 세계는 국가주의 세계를 의미하며, 세계주의는 세계 속에서 아직 실현 매개를 찾지 못한 채 이상의 영역 속에 내재한 상태라고 할 수 있다. 근대 중국의 개혁에 있어 중요한 것은 세계의 현재 추세를 따른 것이며, 세계주의는 이러한 조건 하에서 실현될 수 있는 방안(국가)과 결합될 때 비로소 의미를 지닐 수 있을 뿐이다.[11]

---

11 신해혁명 후 량치차오는 「중국입국대방침」에서 '세계적 국가'를 건설하자는 표제를 내세우며, "오늘날 세계는 어떠한 추세에 있는가", "우리나라는 세계에서 현재 어떠한 위치에 있는가"를 물은 후 "그에 순응하여 생존경쟁에서의 승리를 도모해야 한다"고 주장한다. 여기서 량치차오가 말한 '세계적 국가'는 대체로 세계의 생존경쟁에서 승리할 수 있는 국가를 지칭하는데 『신민설』에서 언급한 국가와 일맥상통한다고 할 수 있다.

세계와 세계주의 사이의 간극은 세계로의 진입을 갈망하는 근대 중국인들이 의식적 무의식적으로 인지한 곤혹스런 문제라고 할 수 있다. 량치차오는 다만 이것을 불가피한 현실로 승인하며 세계의 논리에 따른 것에 불과하다. 량치차오의 이러한 영향을 받아 부국강병의 현실 논리金鐵主義를 한층 강조한 양두楊度는 중국이 처한 세계의 상황이 세계주의에서 더욱 멀어지고 있다고 진단한다.

> 오늘날 (국가의) 문명은 있지만 세계의 문명은 없다. 오늘날 세계 각국은 국내의 문제에 대해서는 모두 문명적으로 대하지만, 국외의 문제에 대해서는 야만적으로 대한다. 국내의 문제에 대해서는 이성으로 말하지만, 국외의 문제에 대해서는 힘으로 바라본다. 자신의 국가에 대해서는 문명국가라고 말하지만, 세계에 대해서는 야만세계라고 말한다.[12]

양두는 오늘날의 추세가, 각국이 자국에 대해서는 문명국가 건설을 추구하면서도 다른 국가에 대해서는 야만적인 힘의 논리로 대하는 이중성을 띠고 있다고 인식한다. 즉 각국이 모두 문명국가를 지향하고 있지만, 그러한 국가들이 모인 세계는 문명세계가 아니라 오히려 약육강식이 지배하는 야만세계라는 것이다. 이는 각국이 국가를 최상의 경쟁 단위로 간주하고 국가 밖의 세계는 문명이 아닌 우승열패의 야만세계로 바라보기 때문이다. 양두는 중국이 바로 이러한 야만세계 속에 위치하고 있다는 점과 각국이 인류사회보다는 자국의 문명국가 건설을 우선하는 추세를 부각시키며 '세계적 국가

12 楊度, 「金鐵主義說」(1907), 『楊度集』, 湖南人民出版社, 1986, 218쪽.

주의'를 추구하는 것이 중국의 과제라고 주장한다.

양두의 '세계적 국가주의' 속에 국가 간의 평화로운 공존을 위한 세계주의가 자리할 여지가 축소된 것과 달리, 덩스鄧實는 이러한 야만세계 속에 세계주의가 새롭게 출현하고 있다는 점을 주목하고 있다. 20세기 유럽에 "빛나고 위대한 새로운 주의가 홀연히 나타났는데 바로 사회주의(세계주의)이다." 이 주의는 "사상이 제일 고상한 프랑스인 생시몽에게서 처음 주창되었고, 점차 영국, 독일, 오스트리아, 이태리에서 줄기를 형성하다가, 러시아에서 결집하여 잠재되어 있다. 그 목적은 오늘날의 자본가와 노동자 계급을 타파하고, 모든 사회가 공동자본·공동경영의 사회로 변하여, 모든 것이 평등한 세계를 조성하는 데 있다." 덩스는 세계를 야만스럽게 만드는 힘의 논리가 바로 자본주의라고 비판하며, 이러한 자본주의를 타파하고 평등한 세계를 추구하는 사회주의를 통해 세계주의가 실현될 수 있을 것이라는 희망을 걸고 있다. 이는 자본주의 극복을 통해 무정부주의 사회를 모색하는 장타이옌, 류스페이 등과 공통된 문제의식이다. 하지만 그 역시 세계 정세로 볼 때 세계주의는 유토피아에 불과하기 때문에 이것이 국가주의를 대체할 수 있을지에 대해서는 불투명하다고 여기며, "오늘의 세계는 국가주의 세계"라는 점을 승인한다.[13]

그런데 제1차 세계대전 전후 세계 문명이 급변하면서, 국가주의는 타락한 19세기 문명으로 비판되고 이상의 영역에 머물러 있던 세계주의가 20세기의 새로운 문명으로 부상하게 된다. 세계가 국가

13 羅志田, 「理想與現實: 淸季民初世界主義與民族主義的關聯互動」(許紀霖 編, 『現代中國思想的核心觀念』, 上海人民出版社, 2011) 340쪽.

간의 경쟁에서 벗어나 인류사회의 평화를 추구해나감에 따라, 세계주의는 더 이상 몽상이 아니라 현실 속에서 추구해야 할 가치로 승인된 것이다. 량치차오는 이러한 세계 정세의 변화를 감지하며 국가가 생존경쟁의 최상의 단위가 아니라, '천하'가 '모든 국가가 따르는 더욱 높은 단체'라고 간주하고, 국가를 세계주의 실현을 위한 매개로 그 역할을 조정한다.

> 인생 최대의 목적은 인류 전체를 위해 공헌하는 것이다. 왜 그런가? 인류 전체는 자아의 극한인데, 자아를 발전시키려면 반드시 이 길을 향해 전진해야 하기 때문이다. 그렇다면 왜 국가가 있어야 하는가? 국가가 있어야 국가 내부의 사람들의 문화적 힘을 쉽게 결집, 지속, 증가시켜 인류 전체에 가입하여 그것의 발진을 돕기에 좋기 때문이다. 그래서 국가의 건설은 인류 전체의 진화 수단이며, 시나 향촌 같은 자치조직은 국가의 성립 수단이다. 이렇게 볼 때, 한 개인이 자신의 국가를 부강하게 만들면 그만인 것이 아니라, 자신의 국가가 인류 전체에 공헌하게 해야 한다. 그렇지 않으면, 그 국가는 쓸모없이 만든 것인 셈이다.[14]

여기서 량치차오가 말하는 국가는 부강국가를 목표로 하는 민족제국시대의 국가가 아니다. 량치차오는 국가를 자아와 인류를 매개하는 문화적 고리로 생각한다. 세계의 기본 단위는 자아(개인)이며 인류는 자아의 확장된 형태(극한)인데, 국가가 그 사이에서 원활한 소통을 가능케 하는 통로로 작용한다. 이러한 논리 속에서 국가는

14 梁啓超, 「歐洲游影錄」(1920), 『梁啓超文選』, 中國廣播電視出版社, 1992, 35쪽.

정치적 단위라기보다는 인간의 자발적 약속에 의해 구성된 사회적 단위에 가깝다. 그래서 자아, 향촌, 시, 국가, 인류 사이의 관계는 상위 단계에 편입되는 과정이 아니라 자아가 확장된 범위에 따른 구분이라고 할 수 있다. 이것은 개인과 개인, 개인과 사회, 개인과 국가, 개인과 인류가 자유로이 소통할 수 있는 관계이다. 이러한 개인은 이기적 욕망에 따르는 존재가 아니라 인류 전체를 위해 공헌하는 공적인 주체이다. 이러한 맥락에서 볼 때 량치차오에게 인류사회는 인격적이고 공적인 인간이 결속된 도덕사회이며, 국가는 사회의 구성원들을 효과적으로 결속시켜 세계주의의 실현을 촉진하는 매개라고 할 수 있다.[15] 이 지점에서 량치차오는 가치로서의 천하관념을 다시 불러내고 있다. 중국의 통치력이 미치는 현실적 판도로서의 천하 개념은 부정되었지만, 인류사회의 평화를 추구하는 가치로서의 천하 개념은 그의 사유 속에서 계승되고 있었던 것이다. 세계대전 후 량치차오에게 국가는 근대중국을 건설하는 궁극적인 목적이 아니라, 새롭게 진입한 세계 속에서 인류사회의 평화로운 상태를 추구해나가는 특정 단계 혹은 과정으로 사유된다고 할 수 있다.

이 시기에 이르러 세계－국가－세계주의의 관계를 실천적으로 모색하려는 중국 지식인들의 논쟁이 벌어지기 시작한다. 특히 세계주의는 국가를 정점으로 하는 서구사상에서 결핍되어 있는 부분이기 때문에 두야취안은 천하의 '정의공도'를 추구하는 전통문명 속에서 사상적 자원을 탐색하기 위한 논쟁(동서문화논전)을 벌여나가고, 리다자오·천두슈 등은 사회주의를 통해 세계의 불평등한 계급관계

15 이종민, 『근대 중국의 문학적 사유 읽기』, 소명출판, 2004, 176~177쪽.

를 타파하고 그 실천주체를 모색하기 위한 논쟁(사회주의논전)을 진행하게 된다. 그들은 정치적 입장에 따라 상이한 실천 방안을 제기하고 있지만, 중국 일국이 아니라 세계 정세 속에서 중국 문제를 사유하고 그것이 세계 문명 진보와 어떠한 연계성이 있는지 고민하고 있다는 점에서 동질성을 지니고 있었다.

3. 진화와 윤리

근대 중국이 새롭게 진입하려는 세계는 예의와 조화가 중심이 되는 이상사회가 아니라 냉혹한 생존경쟁에서 승리한 자만이 삶의 자격이 주어지는 정글 같은 세상이었다. 이는 전통적으로 이해하던 선 혹은 윤리와 상반되는 가치를 추구하는 세상으로, 이러한 간극 자체가 중국 지식인들을 곤혹스럽게 만들었다. 즉 생존경쟁은 자신들의 신념이었던, 인간의 내면수양을 통해 대립과 갈등을 지양하고 조화롭게 상호 공존하는 세상을 추구하는 일과 사뭇 달랐다는 것이다. 하지만 세계는 생존경쟁, 우승열패, 자연도태, 적자생존 등의 원리에 대해 이 세상을 선으로 인도하는 공리[公理]라 여기며, 이러한 공리가 생물계에서 실현되는 방식을 체계화한 이론을 진화론이라고 하고, 그것을 인간사회에 적용한 이론을 사회진화론이라고 불렀다.[16]

16 사회진화론의 중국 수용 과정과 대략적 이론에 대해서는 요시자와 세이치로, 『내셔널리즘으로 본 근대 중국 애국주의의 형성』(정지호 옮김, 논형, 2006) 54~60쪽 참고.

사회진화론은 제 사물들 사이의 평화로운 공존보다는 힘의 우열에 따라 강자가 약자를 지배하고 통합해나가는 과정을 문명의 진보라고 간주하였다. 이러한 시각을 통해 중국인들은 생존경쟁 능력과 국가의 힘이 약한 자신들이 세계 속에서 생존할 수 있는 자리가 없으며, 이로 인해 작금의 망국, 망종의 위기에 직면하게 된 것이라고 이해하였다. 사회진화론은 중국인들에게 망국 망종에 대한 위기의식을 심어주었지만 다른 한편으로 끊임없는 변화를 통해 근대세계에 적응할 경우 생존경쟁에서 승리할 수 있다는 희망적인 논리이기도 했다. 중국인들이 단시간 내에 사회진화론에 매료될 수 있었던 것도 그 속에서 우승열패의 공포를 넘어 생존의 희망을 발견할 수 있었기 때문이다. 그들은 세계의 생존경쟁에서 승리할 수 있는 능력을 구비하고 이러한 생존경쟁을 수행할 수 있는 주체를 양성하는 일이 중국이 세계에 진입하여 문명국으로서 자신의 정체성을 확립(회복)하는 길이라고 인식하였다. 그 현실적 방안으로 널리 수용된 것이 바로 민족국가 건설을 통해 부국강병을 실현하는 일이었다.

사회진화론은 근대 중국의 새로운 세계관이 될 정도로 광범한 영향을 끼쳤지만, 민족적 위기를 극복해야 하는 중국인의 입장에서 볼 때 우승열패의 원리는 매우 곤혹스런 문제였다. 강자가 약자를 지배하는 현실을 정당화하는 이 원리는 냉혹한 생존경쟁의 실상을 잘 반영하고 있지만, 제국주의 세력의 침략을 받고 있는 중국의 입장에서는 그들의 중국 침략을 합리화하는 논리로 기능할 수 있었기 때문이다. 그리고 진화 방향이 서구 근대사회를 따라가는 단선적인 길로 승인되어 그 길에 내재한 부정적인 현상을 성찰할 여지가 줄어듦에 따라, 결국 중국사회에 강권 경쟁의 부작용이 나타날 수밖에 없었다. 20세기 들어 의화단 사건, 거아운동, 미국상품불매운동 등을 벌이며 제국주의 세력의 실체를 자각하게 되면서, 우승열패가 문명 진보의 원리인지 아니면 강권을 정당화하는 논리인지에 대한 회의가 일어나기 시작했다. 그리고 청 정부의 신정이 선포되면서 다양한 집단들의 사회개혁운동이 활발해지는데, 이를 통해 중국사회가 문명 진보와 질서 확립으로 나아가기보다는 각종 집단들이 사적인 이해관계와 권력 추구를 우선시하여 사회 전체가 오히려 혼란에 빠지는 현상이 벌어지기 시작했다.

우승열패의 원리가 지배하는 근대세계의 실체와 중국 내부에서 그 원리를 추종한 집단들의 추악한 실상이 드러나면서 새로운 세계관으로 수용하던 사회진화론에 대해 비판적으로 바라보는 시각들이 모색되었다. 물론 사회진화론을 중국에 소개하며 영향력을 행사한 옌푸, 량치차오도 진화론에 내재한 이러한 곤혹을 인지하지 못했던 것은 아니다. 옌푸는 생존경쟁이 이 세계의 불가피한 현실임을 인정하며 강자에 대한 도덕적 비판을 가하기보다는 약자가 생존경쟁 능력을 강화하여 민족의 자강보존 하는 일을 우선적인 과제로 인식하였다. 량치차오는 세계의 현실이 국가가 단위가 되어 생존경쟁을 벌이는 민족 제국주의 시대에 진입한 점을 승인하며 중국도 민족 결속을 통해 강대한 국가를 건설하는 일을 당면과제로 간주하였다. 캉여우웨이의 경우도 국가와 민족의 경계를 초월한 대동 세계를 추구하고 있지만, 대동 세계로 나아가는 길이 개별 국가와 민족의 평화로운 공존이 아니라 약소국과 약소민족이 강대국과 강대민족 속으로 동화 통합되어가는 방식을 전제함으로써 우승열패의 원리를 불가피한 현실로 수용했다고 할 수 있다.

그러나 사회진화론이 점차 권력을 정당화하는 논리로 변질되어 감에 따라, 우승열패에 내재한 단선적인 힘의 질서 및 냉혹한 생존경쟁을 진화의 유일한 동력으로 여기는 관점을 비판하며, 중국에서의 진화의 의미를 새롭게 고뇌하는 이들이 나타나게 되었다. 그런데 여기서 주목해야 할 점은 이들이 헉슬리의 『진화와 윤리』의 시각을 통해 진화의 의미를 새롭게 모색하고 있다는 것이다. 주지하듯이 헉슬리의 『진화와 윤리』는 『천연론』의 저본이다. 그러나 옌푸가 생존경쟁을 강조하는 스펜서의 시각으로 『천연론』을 '의역達恉' 하고, 또 량치차오에 의해 사회진화론이 우승열패를 정당화하는 논리로 대중화됨에 따라, 중국 지식인들에게 헉슬리의 『진화와 윤리』는 자강보종을 위한 저작으로 인식되었다. 즉 인간사회의 지속적인 진화를 위해 생존경쟁을 억제하는 공동체 윤리의 개입이 필요하다는 『진화와 윤리』의 본의와 달리, 『천연론』이 생존경쟁의 필요성을 적극 강조하고 중국 독자들도 역자의 의도대로 『천연론』을 독해하게 되면서, 자연스레 헉슬리를 생존경쟁의 원리를 설파하는 사상가로 이해하게 되었다는 것이다.

옌푸의 이러한 진화론 속에서 헉슬리의 윤리 개념은 그 의미가 부각되지 못하고, 아울러 일본을 통해 소개된 국가주의적 사회진화론의 영향 속에서 생존경쟁과 우승열패를 핵심으로 하는 사회진화론이 중국에서 득세한다.[17] 그러나 근대중국의 건설과정에서 사회

17 그렇다고 20세기 중국에 우승열패의 사회진화론이 득세한 책임을 옌푸에게 돌릴 수는 없다. 당시 중국사회에서는 적자생존의 국제 현실을 인식하고 국가적 민족적 경쟁능력을 제고할 수 있는 방법을 찾는 일이 무엇보다 중요한 시대적 과제였기 때문이다. 다만 헉슬리가 말년에 이르러 비로소 사회 진화의 의미를

진화론이 약육강식의 패권 질서를 정당화하는 이데올로기로 기능하고, 또 제1차 세계대전을 통해 사회진화론을 정당화하던 서구 근대 문명의 폭력성이 드러나면서, 우승열패의 경쟁윤리를 비판하고 공동체 윤리를 강조하는 사상들이 출현하게 된다. 즉 국내외적으로 우승열패의 부정적인 현상이 드러나면서 비로소 『천연론』에 내장되어 있는 헉슬리의 목소리를 떠올리게 되고 인간사회의 진화에서 윤리의 의미에 대한 그의 고민을 발견하게 된 것이다. 자연상태와 문명사회에서의 진화 방식을 구별하고, 문명사회에서의 진화는 격렬한 생존경쟁을 억제하여 주어진 환경에 가장 잘 적응하는 사람들이 아니라 윤리적으로 가장 훌륭한 사람들을 생존하게 하는 것이라는 헉슬리의 '역설'이, 우승열패의 사회진화론을 반성하는 거울로 작용했던 것이다.[18]

헉슬리의 이러한 목소리를 먼저 발견한 이가 바로 장타이옌이다. 장타이옌 역시 처음에는 옌푸처럼 스펜서의 시각에 매료되어 그의 저작을 번역 소개하는 일에 몰두하였지만, 그 후 우승열패의 사회진화론의 허상을 간파하면서 불교 유식학을 바탕으로 '구분진화론具分進化論'이라는 관점을 새롭게 제기하였다. 구분진화론에서 구는 공통의 의미이고 분은 상이함을 나타내는 것으로, 우주의 진

반성적으로 사유할 수 있었던 것처럼, 21세기의 입장에서 20세기 사회진화론을 반성해볼 때 옌푸의 천연론이 진화능력에 경사되어 헉슬리적인 윤리의 의미에 관해 제대로 주목하지 못했다는 점은 부인하기 힘들 것이다. 중국사회에서 옌푸의 사상이 지니고 있는 근대적 의미에 대해서는 양일모, 『옌푸: 중국의 근대성과 서양사상』(태학사, 2008) 참고.

18 이 점에 대해서는 이종민 「20세기 중국의 사회진화론 재정립을 위하여: 헉슬리의 「진화와 윤리」를 중심으로」(『중국현대문학』 62, 2012) 참고.

화는 생존경쟁을 통해 선의 방향으로만 진화하는 것이 아니라 그 반대인 악의 방향도 함께 진화한다는 논리이다. 이는 생존경쟁을 통해 선으로만 진화할 것이라는 사회진화론의 기대와 달리 우승열패의 비인간적인 폐단이 함께 공존하는 현실을 목도하며 그 원인이 사회진화론 자체에 내재한 위기에서 비롯된 것이라는 점을 통찰한 시각이라고 할 수 있다. 장타이옌은 이러한 인식의 근거를 "세계는 날로 진보하고 생활은 점점 복잡해지지만 일체 유정 중생은 옷 입고 법 먹고 잠 잘 때 그들의 욕구를 충족시킬 만한 방법이 부족하면 서로 다투고 죽이는 일이 그치지 않을 것"이라는 헉슬리의 말에서 구하고 있으며, 이를 통해 "도덕면에서는 선도 진화하고 악도 진화한다. 생활면에서는 쾌락도 진화하고 고통도 진화한다"는 선악 양방향의 진화에 관한 이론을 주장한다.

이러한 장타이옌의 구분진화론은 선악이 모두 우주 진화의 필연적 산물로 이해하는 헉슬리의 시각과 연계되어 있다. 진화를 단선적이고 불가역적인 것이 아니라 선악의 양방향에서 진행되는 것으로 인식하는 것은, 생존경쟁이 더 이상 인간사회의 진보를 보장하는 공리가 아니라는 점을 의미한다. 이는 생존경쟁이 문명진보를 위한 선한 마음이 아니라 승리를 선호하는 인간의 본성인 호승심에서 연원하는 것이기 때문이다. 장타이옌은 이러한 인간의 호승심이 승리를 획득하기 위한 집착에서 발생하며 순수하게 악성에 속한다고 비판한다.

> 지금 인간의 성격에 진선미를 선호하는 마음 이외에 승리를 선호하는 호승심이 있음을 살피겠다. 호승심에는 두 가지가 있다. 첫째, 목

적이 있는 호승심이다. 둘째, 무목적의 호승심이다. 오욕과 재산, 권위, 명예를 추구하여 경쟁하는 사람은 그 승리 추구가 승리를 한계로 삼지 않고 사업이나 사물의 완성을 추구한다. 이것이 목적이 있는 호승심이다. 만약 오욕과 재산, 권위, 명예를 추구하여 경쟁하는 것이 아니라면, 닭이나 귀뚜라미처럼 천성이 싸우길 좋아하는 경우가 있는데, 인간도 그러한 감정을 가지고 있다.…… 명예를 추구할 필요도 없이 단지를 승리를 획득하고자 할 뿐이다. 이것이 무목적의 호승심이다. 이 호승심은 집착으로부터 발생한다. 아만심이라 명명한 이것은 순수하게 악성이다.[19]

헉슬리는 사회진화론이 미화한 생존경쟁의 바탕은 인간의 욕망임을 지적하고, 장타이옌은 이 욕망이 인간의 호승심에서 발생한다고 인식한다. 인간의 욕망과 호승심은 공히 악의 진화를 촉진하는 본성이며, 냉혹한 생존경쟁으로 인한 폐해는 바로 이러한 인간의 악성에서 연원하는 것이다. 자연상태에서의 진화 과정에서 이러한 인간의 본성은 생존경쟁의 유리한 요인으로 작용하지만, 자연상태에서 벗어난 인간사회의 진화 과정에서는 오히려 인간사회 내부의 과도한 경쟁을 유발하여 공동체 질서를 파괴할 수 있다. 그래서 이를 방지하기 위해선 생존경쟁과 그것을 유발하는 인간의 본성을 제약하는 윤리 개념이 필수적으로 요청된다. 그것이 헉슬리에게 공동체 윤리였다면 장타이옌에게는 '무無'의 철학[20]이었다. 인간사회는 이러한 윤리를

19 章太炎, 「俱分進化論」(1906), 『章太炎語萃』, 華夏出版社, 1993, 110쪽.

20 자아에 대한 실체론적 고집이나 존재자에 대한 실체론적 고집을 극복하기 위한 무아 윤리 혹은 무의 철학에 대해서는 김영진 『불교와 무의 근대: 장타이옌의 불교와 중국근대혁명』, 그린비, 2012, 7장 순수경험과 무아주체 참고.

통해서만이 지속적인 진화를 이룰 수 있다고 인식한 것이다.

구분진화론은 당시 성행하던 서구중심적인 우승열패의 사회진화론을 성찰할 수 있는 새로운 가능성을 열어주었다. 먼저 서구와 중국을 문명의 우열관계 혹은 진화의 선후관계가 아니라 각기 선악이 공존하는 불완전한 사회로 인식할 수 있었다. 즉 서구 근대문명이 절대적 선이 아니라 생존경쟁 과정에서 강권, 빈부격차, 전쟁 등의 악의 진화도 유발하기 때문에 맹목적인 서구 따라잡기에서 벗어날 수 있었고, 또 중국문명 역시 낙후하고 야만적인 악의 진화만이 아니라 긍정적인 선의 진화도 동시에 병행해온 것이기 때문에 그 속에서 진보적인 요소를 발견할 수 있는 가능성이 생긴 것이다. 이러한 논리 속에서 중서는 위계적 관계가 아니라 서로 장단점을 지니는 보완적 관계로 변하게 된다. 다음으로 자연계의 생존경쟁을 인간사회에 적용한 사회진화론에서 벗어나, 인간사회의 진화는 자연계와 달리 생존경쟁을 억제하는 윤리 개념이 요청된다는 점을 인식할 수 있었다. 이것은 옌푸, 량치차오 등이 중국의 현재 모습을 야만(자연)상태로 규정하며 생존경쟁 능력 강화가 진화의 급선무라고 인식하는 것과 달리, 중국을 야만상태가 아닌 문명사회로 끌어올려 이에 부합하는 진화의 방식을 모색하는 논리라고 할 수 있다. 이를 통해 야만상태의 진화 방식인 우승열패의 강권논리를 정당화하는 사회진화론을 비판하고, 인간사회의 진화를 위해선 정신적 도덕적 가치가 중요하다는 사실을 발견하게 된 것이다.

그러나 구분진화론이 진화에 대한 새로운 사유의 길을 열어주긴 했지만 그것은 주로 생존경쟁의 폐해 및 윤리적 차원에서 생존경쟁을 제약할 필요성을 제기하는 수준이었다. 구분진화론 속에는 생존경쟁의 윤리적 제약은 어떠한 제도를 통해 진화를 촉진할 수 있는지 그리고 인간사회에서의 진화의 주체는 누구인지 등에 관한 문제가 곤혹스럽게 남아 있었다. 또 헉슬리가 '진화와 윤리'를 발표할 당시 독자들에게 진화를 부정하고 윤리를 강조한다고 오해를 받은 것과 마찬가지로, 생존경쟁에 대한 윤리적 제약이 진화를 부정하는 논리로 비쳐질 여지가 있었다. 당시 진화와 윤리 사이의 이러한 간극과 인간사회의 진화 방식에 대한 문제를 해결하는데 지대한 영향을 끼친 논리가 바로 크로포트킨의 『상호부조론』이었다. 『상호부조론』은 무정부주의 사상에 생물학적 사회학적 토대를 제공한 저작이다. 크로포트킨은 생물학, 동물학 자료 및 인류사회에 대한 실증적 분석을 통해 인간 사회든 동물 사회든 간에 상호부조 없이는 사회생활을 영위할 수 없고, 모든 사회제도의 이면에서 상호부조를 발견할 수 있으며, 나아가 상호부조 정신은 인류 사회의 끊임없는 진화와 발전을 촉진하는 동력으로 생존경쟁과 함께 '진화의 한 요소'가 된다고 주장하였다. 크로포트킨의 『상호부조론』은 프랑스와 일본의 유학생을 통해 번역 소개되었는데, 생존경쟁 일변도의 사회진화론과 달리 인류의 상호부조와 노동을 통해 생존을 추구하면서 윤리적이고 도덕적인 사회로 진화해나가는 방법에 대해 사유할 수 있는 논리를 제공해 주었다.[21] 아울러 생존경쟁만이 아니라 상호부조를 통해서도 진화를 촉진할 수 있다는 논리는 근대 중국인들에게 그동안 곤혹스럽게 다가왔던 문제 즉 개인 및 집단 간의 생존경쟁

21 근대 중국에서의 크로포트킨 상호부조론 수용 과정에 대해서는 조세현 『동아시아 아나키즘, 그 반역의 역사』, 책세상, 2001, 제2장 참고.

을 부추기면서도 사회 전체의 결속을 이루어야 하는 이율배반 그리고 구분진화론에 내재한 진화와 윤리 사이의 간극을 해소할 수 있는 관점으로 다가왔다.

크로포트킨의 상호부조 개념을 헉슬리의 '진화와 윤리'의 시각과 결합하여 새로운 맥락의 사회진화론을 주창한 이가 바로 순원이다.

> 인류는 처음에 금수와 다름이 없었으나 수 만년의 진화를 거쳐 비로소 인간으로 성장할 수 있었다. 인류의 진화는 이러한 기원을 지니고 있다. 인류 시기의 진화는 생물의 진화와 다르다. 생물이 생존경쟁을 원칙으로 하지만 인류는 상호부조를 원칙으로 한다. 사회국가는 상호부조의 틀(體)이며 도덕인의는 상호부조의 내용(用)이다. 인류가 이 원칙에 순응하면 번창하고 그렇지 않으면 멸망하게 된다.[22]

위의 글에서 순원은 인간이 생물계에서 야만상태로 생존할 때는 다른 생물과 마찬가지로 생존경쟁의 원칙을 따르지만, 오랜 시간의 진화를 통해 생존경쟁에서 승리하여 인류사회를 이룩한 이후에는 생존경쟁이 아닌 상호부조의 원칙을 통해 사회국가를 건설하는 것이 인류가 번창하는 길이라는 점을 제기한다. 여기서 자연계에서의 진화와 인간사회의 진화를 구별하는 것은 헉슬리의 시각이며, 인간사회의 진화 원리를 상호부조의 원리로 이해하는 것은 크로포트킨의 시각인데, 순원은 이 두 가지 시각을 수용하여 우승열패의 사회진화론에서 벗어난 새로운 논리를 구성하고 있다. 즉 자연계의 생

22 순원, 『건국방략』(홍태식·이용범 역, 『삼민주의 건국방략』, 삼성출판사, 1990) 302쪽.

존경쟁을 인간사회에 적용하는 것에서 벗어나 자연계와 다른 인간사회 고유의 진화 방식을 제기하고, 인간사회의 진화 원리를 생존경쟁이 아니라 상호부조로 인식하는 것이다. 이러한 시각은 신해혁명 이후 상호부조와 인간의 절대자유를 중시하는 무정부주의가 확산되고 우승열패의 사회진화론이 지배하는 현실에 저항하는 목소리가 높아지면서 지식계의 폭넓은 공감을 받게 된다. 이러한 목소리 가운데 주목할 만한 관점이 두야취안의 '정신구국론'이다.

두야취안은 사회진화론에 대한 가설적인 탐구를 넘어 작금의 현실로 눈을 돌려 중국사회가 혼란에 빠진 원인에 대해 성찰한다. 그는 중국이 잘못된 사회진화의 학설을 수용하여 위기에 처한 것이라고 비판하는데, 서구의 학설 가운데 지극히 위험한 유물주의를 사회진화의 길로 오독하여, 실업을 진흥하고 군사력을 강화하는 금철주의金鐵主義가 중국사회를 지배하게 됨에 따라 망국의 위험에 빠지게 되었다고 인식한다. 신해혁명 이전부터 성행한 금철주의는 물질만능과 군사력을 정당화하는 우승열패의 사회진화론으로서 그 폐해로 인해 중국사회의 문명이 타락하는 위기에 빠지게 되었다는 것이다.

> 심하구나! 학설이 사람을 죽이는 것이 총 대포보다 심하고 전염병보다 참혹하다. 19세기 후반에 서구 세계에 풍미한 것은 지극히 위험한 유물주의였다. 이 주의가 동아시아로 건너와 우리나라에 수입되어 우리 국민이 그것을 수용하였다. 처음에는 부강론이었다가 연이어 천연론이 되어 일시에 중상류 인사들 사이에 전파되었다. 이목을 현혹하고 폐부에 침투하여 우리 국민의 사상이 위독한 병폐에 빠지게 되어, 결국 몇 명의 생명을 잃고 얼마간의 재산의 손실을 입게 되었는데도, 생존경쟁의 소용돌이에 던져져 빠져나오지 못하고, 혼란이

> 일어나 아직 그치지 않고 있다. 근 십 수 년 동안 서구의 사회사조는 급격히 바뀌어 그 모습이 완전히 새롭게 변하였다. 유물론이 붕괴되어 유심론이 부흥하고, 물질주의가 정신주의로 바뀌었다. 그러나 우리 국민은 여전히 유물주의의 늪에서 방황하고 있는 듯하다. 다윈, 스펜서의 찌꺼기를 따르고, 잔혹하고 무정한 우주 속에 서성이며, 물질세력을 만능이라고 인식하고, 약육강식을 공리로 간주하는 일이, 날로 극심해지니 탄식하지 않을 수 있겠는가?[23]

두야취안은 중국사회의 진화를 위해 수용한 서구학설이 실은 19세기 서구사회를 극심한 생존경쟁과 혼란에 빠지게 만든 '유물론'이었으며, 이것이 중국에서는 부강론과 천연론의 이름으로 확산되어 물질과 약육강식을 공리로 간주하는 풍조가 형성되었다고 비판한다. 이로 인해 중국인들은 저마다 물질적 이익과 생존경쟁의 승리만을 추구하고 있으며, 또 이를 바로잡아야 할 도덕은 경쟁의 가면이 되고 교육은 경쟁의 연습장이 되어, 사회가 붕괴되고 국가가 멸망하는 '물질망국'의 위기에 처하게 된 것이다. 이러한 사회적 조건 속에서는 진정한 의미의 공화국가와 입헌정치를 이룰 수 없으며, 사회진화를 실현할 수 있는 길이 차단되어 있다. 두야취안은 서구사회에서 이러한 유물론의 폐해를 극복하기 위해 인간의 정신과 자유의 가치를 중시하는 유심론으로 전환하고 있다는 점을 제시하며, 중국사회도 현재의 위기를 벗어나기 위해선 유물론이 아닌 유심론[24]을 사회진화의 이론으로 수용해야 한다고 주장한다.

23 杜亞泉, 「精神救國論」(1913), 『杜亞泉文存』, 上海教育出版社, 2003, 33~34쪽.

24 두야취안이 사용하는 유물론은 맑스주의의 유물론을 의미하는 것이 아니라 물질적 이익과 생존경쟁을 우선하는 학설을, 유심론은 인간의 정신적 도덕적 가

두야취안은 이를 위해 당시 서구에서 유물론적 사회진화론을 비판하고 유심론적인 사회진화론을 모색하고 있는 다양한 시각들을 소개한다. 두야취안 역시 유심론적인 사회진화론 탐색의 출발점을 헉슬리에게서 구한다. 다윈과 스펜서의 진화론은 윤리를 멸시하는 것은 아니지만 기본적으로 유물론의 뿌리를 지닌 이론인데, 헉슬리가 생존경쟁 억제설을 통해 도덕적 진화율이 지배하는 인간사회와 생물계의 차이를 밝혔다는 점을 제시한다. 그리고 윌리스의 유기계 진화의 3대 시기 즉 무기계에서 유기계로 진입하고, 식물계에서 동물계로 진입하고, 인류의 고귀한 제 기능이 드러나는 진화 과정은 자연도태설로 설명되지 않는 정신세계 속에서 진행된다는 시각을 소개한다. 이 두 가지는 인간사회가 생물계에서 벗어나 있고, 정신세계가 물질세계를 초월하여 존재한다는 정신세계가 있다는 점을 강조하여, 다윈의 유물론과 다른 심물心物 이원론의 시각을 모색하는 이론이다.

이러한 시각을 바탕으로 헨리는 자기의 생명을 위해 노력하는 생물계와 타인의 생명을 위해 노력하는 인간사회의 생존방식을 구분하여, 인간사회는 경쟁이 아닌 동정과 협조로 표출되는 사랑에 의해 창조되는 영역임을 주장한다. 이 사랑은 생리학과 단절된 순수한 윤리학의 영역이 아니라 자손의 양육과정에서 형성된 생리학적 현상이 윤리학의 영역인 사랑으로 계승된 것이며, 인류의 진화는 이러한 사랑의 윤리적 활동에 의해 완성된다. 헨리의 사랑의 진화론이

치를 중시하는 학설을 지칭하는데, 두야취안의 맥락에서 볼 때 인간의 해방과 평등을 추구하는 사회주의는 유심론에 속한다.

부모자식 간의 감정에 바탕을 두고 있다는 점에서 크로포트킨의 상호부조론과 상통한다고 할 수 있다. 그리고 벤자민 키드는 인간사회는 개인의 이익만족을 위한 이성과 개인의 이익을 희생하고 사회의 이익을 도모하는 사회적 감정의 끊임없는 충돌 과정이며, 인간사회의 진화는 이러한 이기적인 이성을 억제하고 이타적인 사회적 감정을 확장하는 과정에서 이루어지는 것이라고 인식한다. 벤자민 키드의 사회진화론에서 주목할 점은 서구사회에서의 종교는 이성을 제재하여 생존경쟁을 도모하기 위해 출현한 것이며, 그래서 종교는 진화와 대립되는 것이 아니라 상호 제휴하고 있다는 관점이다.

두야취안은 이들의 이론이 기본적으로 윤리학의 관점에서 생물학의 원리를 보완하는 심물 이원론이며, 심리학의 원리에서 사회진화론을 정립한 발드윈이 진화론 역사의 신기원을 열었다고 인식한다. 심물이원론은 인간사회의 진화를 생물계와 구별되는 윤리적 과정으로 이해하지만 결국 그 목적이 윤리적 방식을 통해 생존환경에 더욱 잘 적응하여 진화를 이루려는 생물학의 범주 안에 제한된 것이다. 그러나 발드윈은 인간의 심리적 활동(노력)을 통해 생존환경 자체를 바꿀 수 있으며 그 진화의 목적도 생존이 아니라 인간 정신心意의 자유로운 실현에 있다고 주장함으로써, 생물학(유물론)적 진화론에서 탈피한 심리학(유심론)적 진화론의 세계를 새롭게 열어 놓은 것이다. 즉 환경 적응에서 환경의 변화로, 생물학적 생존에서 인간 정신의 자유로운 실현으로 관심이 전환됨에 따라, 사회진화론은 생물학의 원리가 아니라 환경을 변화시키는 주체로서 인간의 정신적 활동과 사회 진보의 원리에 더욱 주목하게 된 것이다. 두야취안은 이러한 사회학 원리 연구에 혁혁한 공헌을 한 사람으로 워드를 주목하며, 사회의 진보가 내재력의 차이, 신생명, 의지行意力의 세 가지 요인에 의해 결정되는데 특히 인간의 주체성 개념과 밀접하게 연계된 의지를 제일 중요한 요인으로 이해한다. "문명은 인간이 성취한 공적의 총칭으로 정신적 공적이 물질적 공적보다 더욱 고귀하다. 불후의 공적은 정신적 공적에 속하며, 이 정신적 공헌의 본질은 물질적 조건을 바꾸어 인간의 이익에 적합하게 만드는 것에서 벗어나지 않는다. 사회의 진보는 바로 이러한 의지에서 발생한다."[25]

이점이 바로 서구 사회진화론의 전환과정을 소개한 두야취안의 의도라고 할 수 있다. 즉 작금의 중국사회가 위기에서 벗어나기 위해선 유물적 진화론에 얽매인 물질망국의 함정에서 벗어나, 이기적 생존경쟁의 정글이 아닌 인간 정신의 자유로운 실현을 위한 문명사회로 나아가야 함을 제기한 것이다. 두야취안은 그러한 사회진화론을 '정신구국론'이라고 인식하였다.

제1차 세계대전 후 세계문명의 추세가 국가 간 경쟁체제에서 세계주의로 전환됨에 따라 상호부조와 윤리를 중시하는 사회진화론이 더욱 공감을 받게 된다. 그러나 중국 내외의 현실은 여전히 제국주의 세력과 군벌이 강권적으로 지배하는 상황이 지속되고 있었다. 이러한 상황 속에서 20세기 문명의 대안으로 사회주의가 부상하고 맑스주의가 중국에 새롭게 수용되면서, 사회진화론은 정치경제학의 범주와 결합하여 사회진화의 주체로서 인민, 불평등한 사회관계의 타파, 인류해방, 혁명 등의 문제를 실천적으로 사유하는 새로운 국면으로 들어서게 된다.

---

25 杜亞泉, 「精神救國論」, 47쪽.

4. 시대와 문명

근대 중국이 수용한 사회진화론의 세계는 과학기술, 군사력, 정치제도 등의 개별적 영역을 넘어 문명 전체의 우열에 의해 생존이 결정되는 그런 공간이었다. 중국은 수천 년 동안 경쟁상대가 없을 만큼 압도적으로 우월한 문명을 지니고 있었지만, 사회진화론의 세계에서 선진 '문명(civilization)'은 서구 근대문명을 지칭하였고 중화문명은 전제국가의 야만적이고 낙후된 문명으로 인식되었다. 이러한 위계적 관계로 인해 중화문명은 '문명'으로 승인받기 위해 서구 근대문명을 따라잡아야 하는 곤혹스런 운명에 직면하게 되었다.

근대 세계의 문명관은 인종의 우열에 대한 평가(인종주의)와 연계되어 있었다. 량치차오는 세계 인종을 흑인종, 홍인종, 갈색인종, 황인종, 백인종의 오색 인종으로 나누고, 오색인종 가운데 백인종이, 백인종 가운데 튜튼족이, 또 튜튼족 가운데는 앵글로색슨족이 가장 진화한 민족이라고 인식하였다. 20세기 전환기에 세계 제국주의의 정점에 서있던 영국이나, 신대륙의 새로운 제국주의로 등장한 미국이 모두 앵글로색슨족이었기 때문이다. 앵글로색슨족은 생존경쟁에서 강자가 되기 위해 경쟁적이고 진취적인 성격, 정치능력, 자립심, 권리의식 등의 특성을 형성하여 이를 통해 세계 문명의 선두에 설 수 있었다. 이러한 특성들이 당대 제국주의의 최강자 영국 민족의 특징이며 그것이 바로 영국을 생존경쟁에서 승승장구하게 하고 세계에서 가장 넓은 식민지를 보유하게 만든 원인이었다. 이러한 인식 속에서 량치차오는 영국인들이 주도적으로 만든 19세기 서구문명과 자유주의적 가치의 수용을 통해 중국이 근대문명으로 전환할

수 있는 길을 모색한 것이다.[26]

표면적으로 볼 때 량치차오의 이러한 문명관에는 서구 근대문명과 중화문명을 신구 문명으로 우열화시키거나 중화문명을 비하하는 오리엔탈리즘적 측면을 지니고 있었다. 이는 량치차오가 우승열패의 사회진화론이 불가피한 현실 논리라고 승인하며 서구 근대문명 수용을 급선무로 인식한 점과 연계되어 있다. 하지만 그의 서구 근대문명 따라잡기가 신문화운동 시기의 반전통주의나 전반서화론처럼 중화문명에 대한 근본적 부정 혹은 단절을 통해 재창조로 나아간 것은 아니었다.

> 신민이란 우리 백성들이 옛것을 다 버리고 남을 좇으라고 하는 뜻이 아니다. '신新'의 뜻은 두 가지이다. 하나는 본래 가지고 있던 것을 북돋아서 새롭게 하는 것이다. 하나는 원래 없던 것을 채용하는 것이다. 두 가지 신의 뜻에서 하나라도 빠질 경우에는 효과가 없다. 선철先哲이 세운 가르침은, 가지고 있는 것을 북돋는 것과 기질을 변하시키는 두 가지에서 벗어나지 않는다. 이는 내가 말한, 원래 가지고 있던 것을 북돋는 것과 원래 없던 것을 채용하는 것과 같은 이야기이다. 한 사람의 경우도 이렇고 여러 백성들도 마찬가지이다.[27]

> 한 나라가 세계에 존립할 수 있으려면 반드시 그 국민 고유의 특질이 있어야 한다. 위로는 도덕과 법률에서부터 밑으로는 풍속, 습관, 문학, 미술에 이르기까지 모두 일종의 독립된 정신을 가지고 있다. 조상이 전한 것을 자손이 이어받은 연후에 사회가 결속되고 나라가

26 이 점에 대해서는 梁啓超, 『新民說』, 10~15쪽 참고.

27 梁啓超, 『新民說』, 7쪽.

성립한다. 이것이 실로 민족주의의 근저이고 원천이다. 우리 동포는 아시아 대륙에 수천 년 동안 나라를 건설할 수 있었으며, 다른 사회와 확연히 다른 웅대하고 고상하며 완미한 고유의 특질을 지니고 있었다. 우리는 이것을 보존하여 잃어버려서는 안 된다.[28]

한 나라가 생존경쟁이 지배하는 세계에 존립하기 위해선 다른 나라와 구별되는 고유의 특질(문명)을 가지고 있어야 하는데, 중국이 수천 년 동안 아시아 대륙에 군림할 수 있었던 것은 훌륭한 고유문명을 지니고 있었기에 가능한 일이었다. 설령 현재 중국이 낙후한 상태에 처해 있다 하더라도 중국의 존재 근거인 고유문명을 보존하고 있어야, 차후 서구문명의 수용을 통해 낙후된 고유문명을 새롭게新 전환시킬 수 있는 가능성이 남아있는 것이다. 끊임없이 생존경쟁이 벌어지는 세계에서 중국문명이 근대문명으로 일신될 경우 중국은 낙후한 국가에서 벗어나 문명국가로서 세계에 존립할 수 있는 자리를 차지하게 된다. 량치차오는 중국문명과 서구문명이 접목되는 과정을 20세기의 '문명결혼'이라고 부르며 "서방 미인은 반드시 우리 집을 위하여 훌륭한 아기를 낳고 잘 키워서 우리 종가를 드높일 것"[29]이라고 인식하였다. 량치차오에게 있어 중국의 서구 근대문명 따라잡기는 단순한 모방이나 이식이 아니라 문명결혼의 방식을 통해 20세기의 새로운 문명을 창조하는 일이었다. 그것이 비록 수사적 차원의 자기 위안에 불과하더라도 중화문명의 부활을 통

28 梁啓超, 『新民說』, 8쪽.

29 梁啓超, 「중국 학술사상 변천의 대세」(한무희 역, 『飮氷室文集』, 삼성출판사, 1977), 159쪽.

해 세계의 문명 진보에 동참하려는 의지가 내재되어 있다고 할 것이다.

그런데 이러한 서구 근대문명 따라잡기는 신해혁명 이후 중대한 변화가 일어나기 시작한다. 신해혁명을 통해 아시아 최초의 공화국을 건설한 중국은 기대했던 문명 진보가 실현되지 않고 위안스카이의 칭제, 장쉰의 복벽으로 인한 전제국가로의 퇴보, 지방자치의 과열과 군벌의 난립으로 인한 중국의 분열로 공화정이 붕괴될 위기에 봉착하게 되었다. 그리고 1914년 제1차 세계대전이 발발하여 서구 민족국가들 사이에 참혹한 전쟁이 벌어지고 전쟁 당사자들의 이해관계가 얽혀 중국이 다시 강대국들의 영토 각축장으로 전락하게 되었다. 이러한 국내외적인 위기 상황에 직면하면서 작금의 사태를 조성한 원인이 서구 근대문명 자체에 심각한 위기가 내재되어 있기 때문이라는 비판이 제기되었다. 중화문명을 근대문명으로 전환시켜 줄 원동력이라고 신뢰하던 19세기 서구문명이 오히려 '권리경쟁'의 가속화로 인해 개인, 사회, 국가 간의 분쟁과 전쟁을 일으켜 세계가 더욱 혼란에 빠지게 만든 원인으로 간주된 것이다. 이러한 권리경쟁이 세계적 차원에서 충돌한 현상이 제1차 세계대전이며, 중국 국내에서 벌어진 사건이 군벌 간의 남북전쟁인 셈이다.

그동안 근대문명으로 신봉되던 19세기 서구문명은 극복되어야 할 강권적強權的 문명으로 비판되고, 20세기는 권리경쟁보다 '정의공도正義公道'가 중심이 되는 새로운 문명의 세계로 전환해야 한다는 담론이 출현하였다. 즉 20세기 문명은 19세기 문명을 주도하던 적자생존에서 상호부조로, 민족국가에서 국경을 타파한 인류사회로, 황족 귀족 지주 자본가 지배에서 노동자가 주도하는 사회주의 세계로 나아가야 한다는 것이다. 19세기 문명과의 '고별'은 제1차 세계대전을 반성하는 과정에서 나온 문제의식으로, 세계적으로 보편적인 사고였다. 중국의 언론과 지식인들은 1910년대 이후 사상과 지식의 차원에서 해외의 지식 및 언론과의 동시대적 연동성을 한층 중시하였는데, 이러한 상호 연동성은 제1차 세계대전의 발발로 더욱 강화되었다. 그들은 19세기 문명에 대한 성찰 속에서 세계대전의 의미를 분석하였으며 전후 건설해야 할 새로운 세계를 문명사적 전환의 문제와 연계시켜 사고하였다.[30]

19세기 서구문명의 반성과 새로운 문명의 모색 과정에서 부상하기 시작한 쟁점이 중국문명에 대한 재평가와 사회주의의 문제였다. 그동안 서구 근대문명에 의해 일신되어야 할 대상으로 취급되던 중국문명은 서구 근대문명에 내재된 강권強權을 반성하는 과정에서 '정의공도正義公道'를 구현할 사상적 자원으로의 그 가능성이 새롭게 주목받게 되었다. 이 시기에 전개된 '동서문화논전'은 서구 근대문명에 대한 반성과 중국문명에 대한 재인식 그리고 두 문명의 접목을 통해 20세기의 새로운 문명을 모색하는 작업이었으며, 그 과정에서 대안담론으로 새롭게 논의되던 쟁점이 사회주의의 문제였다.

동서문화논전의 맞수인 『동방잡지』와 『신청년』은 상호간의 입장 차이에도 불구하고 이러한 문제의식을 공통적으로 지니고 있었다. 그들의 입장 차이는 진보/보수, 민주/전제의 근본적 차이라기보다는 중국문명에 대한 평가와 사회주의에 대한 시각 차이에서 비롯

30 이 점에 대해서는 차태근, 「5·4운동 시기 문명 전환론과 사회주의」, 『중국현대문학』 53, 2010 참고.

된 것이었다. 『동방잡지』의 편집자인 두야취안의 시각을 중심으로 이 문제에 대해 살펴보자.

> 세계대전이 종결된 지금은 실로 구문명은 사멸하고 신문명이 생성되는 시기이다. 구문명은 권리경쟁을 기초로 하는 현대문명이고, 신문명은 정의공도를 기초로 하는 도래할 문명이다. 그러나 이는 유럽에서 얘기할 때 그러한 것이며, 중국에서 얘기한다면 신문명이 사멸하고 구문명이 부활한다는 말로 바뀌어야 할 것이다. 현재 중국은 권리경쟁을 신문명으로 여기고, 정의공도를 구문명으로 간주하고 있다. 중국의 근 20여 년 간의 분란은 실로 권리경쟁이 그 화근인데 모두가 소위 신문명의 세례를 받은 것이다. 이는 유럽의 국가간 분쟁의 화근과 동일한 것이다.[31]

유럽의 세계대전은 모두 권리경쟁을 중심으로 하는 현대문명이 화근이 된 것인데, 전후 유럽에서 이것은 사멸해가는 구문명이 되고 정의공도가 중심이 되는 신문명이 생성되고 있다. 그런데 두야취안은 중국의 내분 역시 유럽의 세계대전과 화근이 동일하지만 정의공도는 중국에서 신문명이 아니라 구문명에 속하다고 인식한다. 이 때문에 구문명이 신문명으로 전환되는 유럽과는 반대로 권리경쟁의 신문명이 사멸하고 정의공도의 구문명이 부활하는 것이라고 주장한다. 두야취안은 이러한 신구문명 개념을 바탕으로 유럽에서 생성되는 정의공도의 신문명과 중국에서 부활하는 정의공도의 구문명이 조화를 이루어 20세기의 신문명을 모색해야 한다고 인식한다.

---

31 杜亞泉, 「大戰終結後國人覺悟如何」(1919), 208쪽.

그리고 이러한 세계의 신문명에 적응하기 위하여, 중국은 내분의 화근인 권리경쟁을 폐지하여 국내의 평화를 유지하는 일이 급선무이며, 다음으로 정치상의 사회주의 즉 사회정책(민생)을 장려하여 하층인민의 고통을 감소시킴으로써, 정신적 물질적 차원에서 모두 정의공도를 구현하는 신문명을 건설해야 한다고 주장한다.

두야취안이 이러한 시각을 지니게 된 것은 신해혁명 이후 서구의 공화정이 형식적 차원에서만 수용되어 의회 및 지방정권이 제 집단들의 권리경쟁의 각축장으로 변질됨에 따라, 서구의 근대문명이라 하더라도 중국의 실정과 문화적 특성에 부합하지 않는 것은 중국의 사회 진보에 실효성이 없다는 판단에서 비롯된 것이다. 즉 신해혁명 이후 전제국가로 복귀하려는 시도나 과열된 지방자치, 군벌 간의 전쟁, 개인과 집단 간의 재산 분쟁 등 모든 것이 서구의 권리경쟁이 중국에 잘못 수용되어 발생한 결과라는 것이다. 이러한 판단 속에서 두야취안은 서구의 권리경쟁을 지양할 수 있는 정의공도를 중국의 문명적 자원 속에서 찾고, 권력경쟁의 현실적 양태인 분열과 대립 상황을 극복하기 위해 중국의 정치 통합 및 그에 적합한 제도를 모색하려고 한 것이다. 두야취안이 중국 고유문명을 중시한 것은 정의공도를 실현하고 정치적으로 중국이 통합될 수 있는 존재근거가 바로 고유문명이라고 이해했기 때문이다.

두야취안의 이러한 관점은 서양문명과 중국 고유문명에 성질의 차이가 있으며 이것은 "서양사회와 우리 사회의 차이에서 기인한다. 두 사회의 차이는 사회 성립의 역사가 다른데서 연유한다."는 문명론에 입각한 것이다. 중서문명은 상이한 사회역사적 조건 속에서 발생한 것이기 때문에 한 문명이 다른 문명을 그대로 따라가거나 모방해서는 안되며, 자기 고유의 사회 역사적 조건 속에서 문명의 변화를 모색할 수 있을 따름이다. 이런 맥락에서 두야취안은 역사적으로 중국을 지속 가능하게 하는 문명적 요인에 관심을 가지며, 혁명에 의한 단절보다는 고유문명의 지속성 속에서 과거와 현재가 접속하고 현재가 미래로 접속하는 점진적 변화接續主義를 추구하게 된다. 이것은 중서문명이 모두 병폐를 드러낸 위기적 상황에서 중국의 존재근거를 확립하고 그 위에서 상대의 장점을 수용하여 자신을 변화시키기 위한 논리인 셈이다.

이는 천두슈가 전제국가로 회귀하려는 수구주의라고 두야취안을 비판한 것과는 맥락이 다르며, 량치차오가 말한 국민 고유의 특질과 상통하는 관점이라고 할 수 있다. 그러나 당시 중국 정치의 혼란이 공화정을 부정하고 전제국가로 회귀하거나 공교孔教를 정립하려는 퇴행적 시도와 맞물려 있는 상황에서, 두야취안의 문명론이 공화정의 혼란에 대한 비판을 통해 중앙집권국가를 추구하고 중국 고유문명을 부활하려는 점은 보수 정치와 연계되어 있다고 의심받을 여지가 있다고 해야 할 것이다.[32]

천두슈가 두야취안을 수구주의로 비판한 것은 중국 정치의 위기가 권리경쟁의 잘못된 수용보다는 공화정을 실현할 수 있는 중국 내부의 주체적 기반(문화)이 정립되지 않은 데서 비롯된다고 인식하기 때문이다. 즉 중국의 각종 내분은 이러한 기반이 결핍된 상태에

32 두야취안의 관점에 대한 천두슈의 비판에 대해서는 陳獨秀, 「質問東方雜志記者: 東方雜志與復辟文제」(1918), 陳崧 編 『五四前後東西文化問題論戰文選』, 中國社會科學出版社, 1989) 참고.

서 봉건적 수구적 문화 및 그 세력들이 공화정을 전복하고 전제국가로의 회귀하려는 반발에 불과하다는 것이다. 천두슈는 이러한 판단 속에서 중국 봉건문화와의 근본적 단절을 통해 새로운 문화적 토대를 건립하는 일이 급선무라고 인식한다. 중국문명은 서구 근대문명과 근본적으로 양립할 수 없는 낡은 문화체계일 뿐이어서 중서문명은 어떠한 차원에서든 소통할 가능성 자체가 없기 때문이다. 천두슈가 단절하려는 중국 봉건문화 속에는 두야취안이 정의공도의 고유문명이라고 인식한 민본주의와 대일통주의까지 포함하고 있다. 그래서 천두슈는 중서문명을 두야취안의 관점처럼 가치로 조화될 수 있는 개념이 아니며, 진보/낙후 혹은 신/구로 차별화되어 상호소통이 불가한 개념으로 이해하는 것이다.

중서문명 조화의 측면에서 볼 때 두야취안과 상통하는 관점을 지닌 이는 리다자오이다. 리다자오는 "동서문명 조화의 대업은 반드시 두 문명 자체가 철저한 각오를 하여 서로 다른 문명의 장점으로 자신의 단점을 보완해야 세계 신문명이 비로소 광채를 발하여 완성될 날이 있을 것"[33]이라고 인식한다. 리다자오와 두야취안은 문명 조화를 통해 신문명을 모색하고 또 신문명의 문제를 사회주의와 연계시켜 사유한다는 점에서 문제의식이 동일하다고 할 수 있다. 그렇지만 리다자오가 사회주의를 통해 신기원의 세계가 이룩될 것이라는 낙관적 기대를 하며 마르크스주의자로 전환하는 것과 달리, 두야취안은 중국사회의 실정 속에서 사회주의 실현 가능성을 회의

---

33 李大釗, 「東西文明根本之異點」(陳崧 編 『五四前後東西文化問題論戰文選』, 中國社會科學出版社, 1989) 37쪽.

하며 급진적 혁명노선을 경계하게 된다.

두야취안은 서구 사회주의를 정치상에서 중국의 민생주의와 연계시키며 국민의 생활과 재산을 풍요롭게 하는 사회정책으로 이해한다. 서구의 사회정책은 빈부격차의 해소를 위해 세계대전 이전부터 시행되어 온 노동자 보험제도, 공장보호법률, 식료품 정부 관리, 일용품 가격제한 등의 제도로, 부자와 강자가 빈자와 약자의 생활을 침해하지 않도록 사회적으로 보호하는 복지제도를 의미한다. 두야취안은 서구의 사회정책이 명칭은 다르지만 중국의 仁政의 범주에 포함되는 지극히 공평한 정책으로, 현명한 정부가 반드시 모범으로 삼아야 할 것이라고 인식한다. 그러나 두야취안은 전후 세계평화와 사회주의의 흐름 속에서 사회정책이 국경을 넘어 세계적으로 확산되지 않고, 오히려 서구국가의 경제식민정책으로 인해 군사전쟁보다 더 가혹한 경제 전쟁이 가속화되고 있다는 점을 간파한다. 즉 세계대전 종결 이후 서구국가는 공상업을 확장하여 전시의 손실을 회복하기 위해 아시아대륙에서의 경제침략을 더욱 극렬하게 지속하는데, 결국 빈자를 보호하는 사회정책은 서구사회 내부에서만 진행하고 그 경제적 재원을 식민정책을 통해 마련하는 이중적인 행태를 벌인다는 것이다. 그리고 유럽의 사회당은 한 두 정파가 경제침략을 반대하기는 하지만 대다수가 자본공유화와 이익분배를 통해 자국의 노동자 생활 향상만을 추구할 뿐 약소국을 보호하는 정책을 추진하지 않는다. 이러한 경제전쟁은 중국 내부에도 영향을 끼쳐 경쟁에서 승리한 소수의 자본가와 패배한 대다수의 무산자 사이의 빈부격차가 극심해지고 있다. 이 때문에 중국정부는 사회적 약자를 보호하는 사회정책을 시행하고 아울러 경제자주권을 확립하여 국부가 외부세력에 침탈되는 일을 방지해야 하는 것이다.

두야취안은 사회주의에 대한 낙관적 기대 속에서 벌어지는 중국 내외의 냉혹한 생존경쟁의 실태를 간파하면서, 중국의 국정을 고려하지 않고 사회주의를 억지로 이식하려는 과격주의 세력을 경계한다. 공화정을 여과없이 수용하여 정체의 혼란이 벌어진 것처럼 서구사회와의 차이를 인식하지 않고 사회주의를 무분별하게 수용할 경우 마찬가지의 분쟁이 일어날 수 있다는 것이다. 서구의 사회운동은 광대한 노동자 세력과 그 조직, 학식과 도덕을 겸비한 정치지도자, 개혁정책을 통해 자의적 파괴가 아니라 점진적으로 진행되어 온 것이다. 그런데 중국은 사회운동 주체인 하층인민 가운데 농업, 공업 분야에서 일하는 자가 소수이고 태반은 직업이 없어 일할 수 없거나 일하고 싶지 않아하고, 농공업 노동자 단체가 협소할 뿐 아니라 개혁사상도 지니고 있지 않다. 또 직업이 없는 자들로 결성된 단체는 비밀결사의 성격에서 벗어나지 않아 사회를 변화시킬 학문 도덕을 구비하지 못하고 있다. 이러한 사회적 조건의 차이로 인해 중국의 운동은 사회에 대한 불만과 약탈, 방화, 물질욕망의 충동으로 이어져 정의공도를 실현하는 서구의 사회주의와 달리 사회의 혼란을 가중시키게 되는 것이다. 이런 맥락에서 두야취안은 국내적으로 진정한 의미의 사회주의를 중국에 실행하여 사회적 혼란을 방지하고, 대외적으로 세계개혁의 대세 및 그 진상을 잘 파악하여 맹신하지 않도록 경계한 것이다.

동서문화논전을 통해 중국 실정에 부합하는 새로운 문명과 점진적 개혁방법을 모색한 두야취안과 달리, 리다자오 천두슈는 문명담론을 넘어 중국사회를 변혁할 수 있는 이념과 주체를 모색하는 과정에서 사회주의와 인민(평민)을 수용하게 된다. 그러나 이러한 입장 차이에도 불구하고 그들은 20세기 문명전환이라는 문제의식에서 출발하여 사회주의를 새로운 대안문명으로 사유하는 공통점을 지니고 있었다. 당시 지식인들은 사회주의를 19세기의 강권문명을 극복할 수 있는 새로운 문명으로 공감하고 있었으며, 5·4운동 이후 문제와 주의 논쟁, 사회주의 논전 등을 통해 사회주의에 대한 입장 차이가 명료히 드러나게 된다. 하지만 그들 모두 자신의 진보담론을 실천할 주체를 현실 속에서 어떻게 발견할 것인지의 문제에 곤혹스러워 하였다.

5. 민족과 국가

만청의 중국인들은 수차례의 제국주의 침탈을 겪으면서 이것이 국지적 분쟁을 넘어 근대 세계의 국가간 경쟁체제에 의해 빚어진 민족적 차원의 위기라는 사실을 발견하였다. 물론 청나라는 외래민족인 만주족의 정복에 의해 만들어진 나라로 한족은 이민족 지배의 고통을 장기간 겪고 있었지만 기본적으로 한족 왕조의 통치방식을 계승하여 문화적 일체감을 유지할 수 있었다. 그래서 만주족 통치의 실효성과 정당성을 부정하는 배만혁명파가 등장하기 전까지는 만주족에 대한 저항보다는 근대세계의 생존경쟁에서 현재의 중국과 중국인이 생존할 수 있는 길에 대해 우선적으로 모색하고 있었다.

근대 중국지식인들은 근대세계의 생존경쟁이 사회집단인 '군群'의 단위로 진행되며 그 군이 생존하기 위해서 하나의 유기체로서의 결속과 통합이 이루어져야 한다고 인식하였다. 이는 수신修身을 하는 자아가 중심이 되어 가정, 국가, 천하로 자신의 존재의미를 확장해나가는 전통적 사유가, 서구라는 거대한 타자의 출현으로 자아가 아니라 자아의 공적 통합체로서 군이 단위가 되어 생존을 모색해나가는 방식으로 변화됨을 의미하는 것이나. 서양의 백인종뿐 아니라 동일한 황인종인 일본의 침략을 받으며 생존 주체로서 군의 개념이 널리 수용되는 과정에서 중국인들은 중국인, 중국 민족은 누구인지 또 어떠한 집단적 정체성을 지니고 있는지 문제를 사유하게 되었다.

중국 민족의 구성 문제는 한족과 만주족의 관계를 어떻게 바라볼 것인가에 따라 입장이 달라지는데, 이 문제는 청조 초기부터 '화이지변華夷之辨'과 '대일통大一統' 논쟁을 통해 지속적으로 제기되어온 것이다.[34] 화이지변은 본래 문명적으로 우월한 중화와 야만적인 이적夷狄을 구별하여 문명의 유무로 이민족에 대한 한족 지배를 정당화하는 논리였다. 그런데 청나라의 경우처럼 이민족이 중화를 지배하는 비정상적인 상황 하에서 화이지변은 현재의 통치가 '이단에 의한 지배'임을 드러내어 이민족을 몰아내고 '정통'인 한족의 중화를 회복해야 한다는 저항의 논리로 작용하였다. 이것은 한족의 입장에서 화이지변을 활용하는 방식인데, 중화를 점령한 이민족도 지배의 정당성을 확립하는 논리로 이것을 활용할 수 있었다. 만주 왕조는 덕조를 상실한 명나라를 대신하여 중화문명을 구현하고 추락

34 이 문제에 대해서는 요코야마 히로아키, 『중화민족의 탄생: 중국의 이민족 지배 논리』(이용빈 옮김, 한울아카데미, 2012년), 제1장 화이지변과 대일통: 배외와 융화의 중화사상 참고.

해가는 중화세계를 구제했다는 논리를 통해 그 지배의 정통성을 강조하였다. 즉 문명 수준이 높은 한족이 야만적인 이로 전락하고 만주족이 덕조를 상실해가는 중원을 구원한 화로 승격되었던 것이다. 화이지변은 한족의 입장을 정당화하기 위해 고안된 논리였지만 그 기준이 민족이 아니라 문명의 유무로 판단될 경우, 한족뿐만 아니라 이민족도 지배의 정당성을 주장하는 양날의 칼로 작용할 수 있었던 것이다.

대일통은 본래 주나라 시대에 각지에 할거하던 제후세력들을 주나라 황실 아래 하나로 통일시키고자 한 중화 내부의 통치이념이었으나, 이후에는 야만스런 이민족까지 중화세계의 판도에 편입시켜 덕을 갖춘 황제에 의해 '왕도 통치'를 하는 제국질서의 원리로 확대된 것이다. 대일통은 한족의 제국 통치를 정복이 아니라 '천하일가'인 대동세계에 귀순하여 대가족의 성원이 되는 일로 정당화하는 논리인데, 청나라 역시 자신의 중화제국 통치를 무력의 힘이 아니라 몰락한 한족을 대신하여 대일통 세계를 건설하는 것으로 정당화할 수 있었다. 대일통의 정통성을 계승하여 사해일가의 중화제국을 이룩한 상황에서는 민족의 구별보다 문명세계 구성원으로서의 일체감이 더욱 중요하게 작용했기 때문이다.

화이지변은 한족이 우월한 문명의 주체임을, 대일통은 중화문명을 외부세계로 확장해나가는 정당성을 구축하는 논리였지만, 청나라는 이것을 몰락한 한족을 대신하여 중화문명과 중화제국을 지배하는 주체로서 자신을 정당화하는 논리로 활용할 수 있었다. 이러한 맥락에서 볼 때 화이지변과 대일통은 한족이 독점하는 논리라기보다는 문명의 우월성과 정치적 헤게모니를 지닌 민족이라면 누구라도 자신의 정당성을 주장할 수 있는 가변적인 논리라고 해야 할 것이다. 물론 이것은 문명과 권력을 장악한 세력이 주변 세계에 대한 정복과 지배를 정당화할 뿐이며, 피정복 민족의 입장이 반영되지 않는 강자의 논리라는 점도 부인할 수 없다. 이로 인해 근대중국의 민족 문제는 정치적 입장에 따라 첨예한 갈등을 빚기도 하고 시세의 변화에 따라 입장이 달라지는 모호함을 드러내게 된다.

배만혁명 운동은 20세기 들어 의화단 사건으로 인한 8개국 연합군의 베이징 침입, 러시아군의 동삼성 점령 등 청 왕조의 무기력함이 드러나면서 본격적으로 일어나기 시작하였다. 배만혁명의 슬로건은 '구제달로, 회복중화驅除韃虜, 恢復中華'인데, 만주족을 경멸하는 호칭인 오랑캐 타타르(달로)라는 용어를 사용하여 청조의 축출과 중화의 회복을 주장하였다. 이는 청조라는 왕조의 교체를 넘어 오랑캐 이민족의 지배를 극복하고 한족에 의한 중화 회복을 선명하게 부각시키는 화이지변의 논리라고 할 수 있다. 그들은 이를 통해 야만족인 만주족의 중화지배가 이단이라는 점, 만주족의 한족 대량 학살에 대한 민족적 복수, 만주족의 권력 독점과 한족 배척 등을 강조하며 만주족의 중화 지배의 부당성을 선전하고, 만주족을 축출한 후 한족 중심의 민족국가 건설을 주창하였다. 배만혁명파의 논리를 이해할 때 주목해야 할 점이 있는데, 전통적인 화이지변과 아울러 서구의 사회진화론과 민족국가론이 결합되어 있다는 것이다. 즉 문명/야만의 대립을 통해 문명 인종에 의한 지배를 정당화하는 사회진화론과 1민족이 1국가를 구성한다는 민족주의가 배만혁명의 논리적 근거가 되어, 문명 인종인 한족이 중심이 되어 단일민족국가를 건설하는 것이 문명 진보를 실현하는 일로 이해되었던 것이다. 당시 동아시아에는 1민족이 1국가를 형성해야 국가의 안정적 발전에 가장 유리하며 국가윤리에도 합치한다는 독일의 민족론이 광범위하게 유포되어 있었다.[35] 이러한 서구 민족주의가 "우리 민족族類이 아니면 그 마음은 반드시 다르다"左傳는 중국의 화이지변의 논리와 결합하여 한족 국가가 가장 이상적인 국가형태라고 인식한 것이다. 이러한 논리를 뒷받침하기 위하여 왕징웨이는 민족을 동일한 혈통, 언어문자, 거주지, 습관, 종교 정신체질의 6대 특질을 갖춘 지속적인 인류단체라고 정의하며 한족과 만주족은 완전히 다른 민족이라고 주장하였다.[36]

또 하나 주목할 점은 혁명파 가운데 차이위안페이나 순원, 무정부주의를 수용한 이후의 장타이옌, 류스페이 등은 만주족 전체의 무조건적인 축출이 아니라 강권통치를 하는 만주족 황족과 관료의 타도를 배만의 함의로 이해하고 있다는 것이다. 혁명파가 주창하는 배만이 종족이나 민족의 차원이 아니라 정권 차원의 논리임을 가장 분명하게 밝힌 사람은 차이위안페이이다. 그는 만주족이 이미 상당 정도 동화되어 한족과 별 차이가 없어졌음에도 불구하고 배만론이 나온 까닭은 그들이 정권과 군권을 독점하고 한인을 착취하면서 놀고먹기 때문이며, "근래 만주에 대한 복수론이 분분한 것은 모두 정략지쟁政略之爭이지 종족지쟁種族之爭이 아니다."[37]고 주장하였다. 혁

35 박상수 외, 『동아시아 근대 '네이션' 개념의 수용과 변용』, 고구려연구재단, 2005, 95~97쪽.

36 汪精衛, 「民族的國民」(1905), 『辛亥革命前十年間時論選集』 2권 상책, 北京三聯書店, 1978, 83쪽.

37 蔡元培, 「釋仇滿」(1903), 『辛亥革命前十年間時論選集』 1권 하책, 北京三聯書店,

명파의 영수인 순원 역시 "우리의 민족주의는 다른 민족의 사람들을 만났을 때 그들을 배척하는 것이 아니라 다른 민족이 와서 우리 민족의 정권을 빼앗는 것을 불허하는 것이다.…… 만주인이 우리를 해치지 않으면 그들을 적대시할 이유가 결코 없다."[38]고 인식하였다. 혁명파 가운데 배만의 성향이 가장 강했넌 장타이옌도 무정부주의를 수용한 이후에는 "그동안 줄곧 내가 배만을 외친 것은 우리 국가를 회복하고 우리 국가주권을 빼앗기 위함이므로 만약 적을 물리쳐 이 목표를 달성하고 만주족滿洲之汗이 완평宛平으로 몰러나 한족黄龍之府에 순종 한다면 일본이나 태국과 동일시할 것이며 그 종족이 순화하여 귀순하면 받아들일 것이다. 그러나 주권을 회복하기 전에는 이렇게 할 수 없다."[39]는 인식의 변화를 보이고 있다. 류스페이 역시 "만주족을 배척해야 하는 이유는 그들이 이족이기 때문이 아니라 그들이 중국을 침략하여 중국의 특권을 장악하고 있기 때문이다."[40] 라고 하며 무정부주의적 시각에서 배만의 의미를 설명하고 있다. 이와 같이 혁명파가 지니고 있던 배만의 의미를 종족지쟁種族之爭이 아니라 정략지쟁政略之爭으로 파악할 경우, 신해혁명 이후 혁명파가 오족공화를 수용한 것은 입헌파와의 논쟁과정에서 입장을 수정한 것이 아니라 주권을 회복한 이후 만주족의 순화귀순을

1978, 678쪽.

38 孫文, 「在東京民報創刊周年慶祝大會的演說」(1906), 『孫中山全集』 1권, 中華書局, 1986년, 324~325쪽.

39 章太炎, 「中華民國解」(1907), 『辛亥革命前十年間時論選集』 2권 하책, 北京三聯書店, 1978, 737쪽.

40 劉師陪, 何震, 「論種族革命與無政府革命之得失」(1907), 『辛亥革命前十年間時論選集』 2권 하책, 北京三聯書店, 1978, 950쪽.

받아들일 수 있다는 혁명파 자체의 내부논리에 기인한다고 해야 할 것이다. 즉 혁명파의 논리 자체에 청조 붕괴 이후 근대국가를 건설하는 과정에서 만주족을 중화세계의 구성원으로 승인하는 오족공화나 민족융합론으로 전환할 수 있는 대일통의 측면을 지니고 있었다는 것이다.[41]

배만혁명파와 달리 청조 내에서의 개혁을 주장하는 입헌파는 만주족이 야만족이 아니라 이미 중화의 구성원이 되었다는 점을 옹호하며 화이의 구별 자체를 부정한다. 캉여우웨이는 화이지변은 인종이 아니라 문명 유무를 구별하는 것인데 오랑캐 민족이라 하더라도 문명적으로 진화하면 중화라고 부를 수 있고, 청조 이래 오랜 시간이 흘러 한족과 만주족은 이미 일체화되어 구별할 수 없다고 주장한다. 이는 대일통과 연계되어 있는 논리인데, 량치차오는 만한의 일체성을 옹호하기 위해 민족을 동일한 거주지, 혈통, 신체형상, 언어, 문자, 종교, 풍속, 생계의 8대 특질을 갖춘 집단으로 규정하며 만주족은 이미 한족에 동화되어 민족적인 차이가 거의 없다고 주장한다.[42] 혁명파 왕징웨이의 민족 개념과 별다른 차이가 없음에도 불구하고 만주족에 대한 평가에 상이한 것은 민족 개념의 차이보다는 정치적 입장에 따른 해석의 차이라고 보아야 할 것이다. 입헌파는 만한의 구별보다 중화제국이 분열될 경우 제국주의 세력에게 침입의 빌미를 제공하여 식민지로 전락할 수 있다는 위기감을 더욱 강

41 이 점에 대해서는 유용태, 「근대 중국의 민족제국주의와 단일민족론」, 『동북아논총』 23호, 2009, 52쪽 참고.

42 梁啓超, 「政治學大家伯倫知理之學說」(1903), 『梁啓超全集』 2책, 北京出版社, 1999, 1068쪽.

조했기 때문이다. 근대세계의 국가간 경쟁체제에서 민족의 분리를 통해 개별적인 민족국가를 건설하는 것보다 중화제국 내부의 여러 민족을 통합하여 '대민족' 국가를 건설하는 것이 중국이 생존할 수 있는 유리한 방안이라고 인식한 것이다. 량치차오는 이러한 논리를 "국내 본부와 속부의 제족을 합하여 국외의 제족에 대항하는 대민족주의"라고 명명하며 배만혁명의 담론을 소민족주의라고 비판한다.[43] 그렇지만 량치차오가 구상하는 대민족 국가는 여러 민족이 평등하게 공존하는 공화국이라기보다는 중화문명을 중심으로 한족과 제 민족이 통합되거나 동화되는 '중화민족'의 국가체제라는 점에서, 신해혁명 이후 순원이 주장하는 소위 '중화민족 단일국가론' 혹은 '대한족주의'와 상통하는 측면이 있다는 점을 간과해서는 안 될 것이다.

신해혁명은 청 왕조를 붕괴시켰다는 측면에서 배만혁명론이 입헌파의 민족담론과의 경쟁에서 승리한 것이라고 볼 수 있지만, 혁명 후 건설된 중화민국이 한족 중심의 민족국가가 아니라 한족, 만주족, 몽골, 회족, 티베트의 오족공화를 중심으로 한 다민족국가였다는 점에서 입헌파의 주장이 실현된 것이라고 할 수 있다. 이러한 결과가 나타난 것은 혁명을 주도한 '각성도독부대표연합회'를 입헌파 및 구 관료들이 장악하고 있었을 뿐 아니라, 몽골과 티베트가 청조로부터의 독립운동을 벌이면서 한족만의 민족국가가 수립될 경우 중화제국의 판도가 축소되어 대일통 세계가 분열될 위기에 직면했기 때문이다. 이러한 상황 하에서 혁명파의 한족 국가론은 힘을 상

43 梁啓超, 「政治學大家伯倫知理之學說」, 1069~1070쪽.

실하고 청제국의 판도를 유지하는 오족공화의 체제가 현실적 타당성을 얻게 되었다.

초대 임시대총통에 선출된 순원 역시 본래 한족 중심의 민족국가를 구상하고 있었으나 이러한 시세에 밀려 평등한 민족관계에 기반하는 오족공화를 공표하지 않을 수 없었다. 그러나 위안스카이의 파행에 의해 권력에서 물러난 순원은 그후 오족공화가 '세습적인 관료, 완고한 구당파, 부활한 종사당'의 세력이 제기한 망상에 불과하다고 비판하며, 한족 중심으로 제 민족이 일체화된 '중화민족'의 국가 건설을 지속적으로 주장하게 된다. 이는 러시아에 의한 외몽골의 독립, 영국에 의한 티베트의 독립 추구, 일본으로부터의 21개조 요구 등의 일련의 외압에 직면하면서 자위능력이 없는 민족들과의 평등한 공화체제를 추구하는 것은 현실적으로 불가능한 일이라고 판단했기 때문이다. "현재 만주족이 제거되었다고 해도 중화민국이라는 국가는 아직 반독립국가의 상태를 면하지 못하고 있다. 이른바 '오족공화'는 사실상 사람을 기만하는 표현이다. 생각해보면 티베트, 몽골, 회, 만의 민족들은 모두 자위능력을 갖추지 못하고 있다. 대민족주의를 더욱 진작시켜 티베트, 몽골, 회, 만의 민족들을 우리 한족에 동화시키고 이를 토대로 최대 규모의 민족국가를 건설하는 것은 한인의 자결과 직결되어 있는 것이다."[44]

5·4운동 이후 순원은 오족을 넘어 중국의 모든 민족을 하나의 중화민족으로 융화시켜 '국족國族'국가를 건설해야 한다고 주장한다.

---

44 孫文, 「在桂林對滇贛奧軍的演說」(1921), 『孫中山全集』 6권, 中華書局, 1986년, 24~25쪽.

순원이 구상하는 중화민족은 한족과 한족에 동화된 소수민족을 총칭하는 것으로 한족과 비한족이 구별 없이 융화된 '하나의' 대민족을 의미하지만, 실질적으로 민족 간의 평등한 공존보다는 다수를 점하는 한족漢族 내부로 소수민족들이 통합되어 하나가 된 '대한족'을 의미하는 것이다. 이는 순원이 신해혁명 이전 이상적 국가형태로 생각하던 1민족 1국가론과 연계되어 있는 것인데, 다만 1민족의 범위가 한족에서 중국의 모든 종족을 하나의 한족으로 동화시킨 중화민족으로 확장된 것일 뿐이다. 이 때문에 순원의 중화민족의 국가는 오족중심의 다민족국가와 달리 단일민족국가의 성격을 지닌다고 해야 할 것이다. 즉 청 제국 내부의 제 민족들을 한족 중심의 민족국가 속으로 포섭하여, 청 제국의 판도를 분열없이 단일한 민족국가로 응축시킨 체제를 구상했던 것이다.

근대중국의 민족담론은 이러한 과정을 통해 배만혁명파의 한족주의, 입헌파의 대민족주의에서 한족 중심의 중화민족을 형성하기 위한 논의로 전환되었다. 이러한 민족담론은 일시적으로 공산당의 민족자결주의에 의해 견제를 받기는 하지만, 중일전쟁 이래 현재에 이르기까지 소수민족의 독립성보다는 중화민족 내부의 통합성을 강조하는 논리로 작용하고 있다.

6. 남겨진 문제 : 현재성

이상으로 근대 중국지식계의 담론을 구성하는 주요 개념인 천하와 세계, 진화와 윤리, 시대와 문명, 민족과 국가의 관계가 어떻게 사유되고 있는지 살펴보았다. 필자는 근대 중국지식계의 사유방식이 한 세기 너머의 오늘날의 담론에 이르기까지 지속되고 있으며 중국 문제를 고민하는 인식론적인 틀로 작용하고 있다고 생각된다.[45] 이는 근대 중국인들이 제기한 문제의식이 현재까지 여전히 유효하며 오늘날의 담론은 근대 담론의 논리적 연속성 속에서 그 실현 방안을 찾아나가고 있음을 의미한다.

첫째, 근대 중국은 천하 관념의 허구성을 자각한 이후 서구 근대문명이 주도하는 세계로의 진입을 갈망하며, 레벤슨의 지적대로 천하로부터 국가로의 획기적 인식전환[46]을 이루어나간다. 그러나 이 점이, 근대 중국인들의 사유공간이 중국 일국으로 축소되어 민족국가 건설에만 관심을 가진다는 것을 뜻하지는 않는다. 오히려 근대 중국인들은 동시대 세계의 흐름에 민감하게 반응하며 세계 속에 중국의 자리를 확립하기 위한 절박한 노력을 기울였다. 그리고 세계와의 동시대성을 확보하기 위해 민족국가 건설이 급선무로 제기되었지만 아울러 가치로서의 천하 관념과 연계된, 평화로운 인류사회 건설을 위한 세계주의 이상 역시 지속적으로 수용하고 있었다. 제1차 세계대전을 통해 근대 중국인들은 당시 세계가 세계주의 이상에서 멀어지고 있다는 점을 감지하며, 그 원인이 국가를 최상의 생존

45 근대 중국에서 현재에 이르기까지 사상사적 지속성을 탐구하기 위해선, 반드시 본고에서 다루지 못한 5·4시기 이후 중국 사회주의 사상의 성립과 그 실천과정에 대한 연구가 기반이 되어야 한다. 필자는 20세기 혁명담론 역시 지속성의 차원에서 볼 때 근대 담론이 제기한 문제의식을 실천하는 과정 속에 있다고 생각하며, 이 문제는 추후의 연구과제로 삼을 것이다.

46 Joseph, Levenson, Confucian China and Its Modern Fate, Uni. of California Press, 1968, 100쪽.

단위로 간주하고 세계는 바로 국가 간의 생존경쟁이 벌어지는 야만 상태인 점에서 기인한다고 생각하기 시작하였다. 특히 량치차오는 국가주의에서 벗어나 천하(세계)를 모든 국가가 따라야 하는 최상의 단체라고 인식하며 초국가적인 세계주의의 기틀을 마련하게 된다.

최근 중국의 세계적 위상이 급상승하면서 글로벌 세계에 대한 이론적 관심이 커져가고 있는데, 이 문제에 대해 주목할 만한 시각을 제기한 이가 바로 자오팅양이다. 그는 오늘날 세계가 위기에 처하게 된 것은 서구철학이 민족/국가를 절대적 단위로 생각할 뿐 세계를 단위로 하는 사유가 부재한 데서 비롯된다고 주장한다. "사람들은 단지 지리학적 의미에서 세계에 속하고 정치학적 의미에서는 단지 국가에 속할 뿐이다. 따라서 세계는 사람들이 그것을 책임지지 않고 제멋대로 남용하거나 약탈할 수 있는 '공공 자원'이 되었다. 어떤 국가에도 속하지 않고 또한 세계에도 속하지 않으며 특히 인민에게도 속하지 않은 세계는 단지 싸워서 빼앗고 손상시킬 수 있는 생존 공간일 뿐이다."[47] 이러한 인식 속에서 자오팅양은 국가가 아닌 천하를 최상의 단위로 정치적 안정을 도모했던 중국 고대의 천하 이론을 참조하여, 세계 인민을 위한 정치철학을 구축하는 것이 위기에 빠진 세계를 바로잡는 길이라고 인식한다. 자오팅양의 이러한 주장은 아직 문제의식의 수준에 머물러 있지만, 국가 간의 냉혹한 생존경쟁을 지양하고 세계 단위에서 인류사회의 안정과 이익을 사유하는 세계정치철학이 요청된다는 시각은 주목할 만한 점이라고 할 수 있다. 그렇지만 그것이 세계정치철학으로 인정받기 위해선 이

47 자오팅양, 노승현 옮김, 『천하체계』, 도서출판 길, 2010, 156쪽.

론이 전제하고 있는, 개인과 국가를 포괄하고 동서를 포괄하는 상위 단위로서 세계이념과 세계제도의 선험성이 어떻게 가능한 것인지 세계역사와 현실 속에서 분석하고 아울러 중국의 천하관이 어떻게 그러한 이론정립을 위한 참조모델이 될 수 있는지 세계인들의 공감을 받아야 할 것이다. 이는 논리체계를 완비하는 이론상의 문제일 뿐만 아니라 천하사상을 배태한 중국의 현실이 세계인들의 공감을 받을 수 있는 문명사회로 성숙해나가느냐의 문제와 연계되어 있는 것이기도 하다. 그래서 중국의 세계 담론은 중국의 사상적 자원들이 세계사적 맥락 속에서 어떻게 보편성을 지닐 수 있는지와 아울러 그것이 중국의 국가 단위에서 어떻게 초국적 실천을 수행할 수 있는지의 문제를 동시적으로 고민해야 할 것이다.[48]

둘째, 근대 중국이 새롭게 진입하려는 세계는 전통적으로 추구하던 조화의 세상이 아니라 냉혹한 생존경쟁이 지배하는 정글 같은 공간이었다. 옌푸가 『천연론』을 통해 세계 진화의 원리를 본격적으로 소개한 이후 량치차오의 대중화 작업을 통해 우승열패의 사회진

48 자오팅양의 『천하체계』와 더불어 읽어볼만한 책이 자크 아탈리의 『세계는 누가 지배할 것인가』(권지현 옮김, 청림출판, 2012)이다. 자크 아탈리 역시 작금의 글로벌 위기를 벗어나기 위해서 지구와 인류 전체의 이익을 돌보아줄 바람직한 세계정부가 필요하다고 인식하는 점에서 자오팅양과 동일한 문제의식을 지니고 있다. 그러나 세계정부가 구성되기 위해 세계이념과 세계제도의 선험성이 전제되어야 한다고 주장하는 자오팅양과 달리 현재의 조건에서 실현 가능한 방안을 모색하고 있다. "현실 세계에서 그런 정부의 설립은 불가능하다. 그렇지만 더 규모가 작고 실용적이며 기존의 기구들을 점진적으로 변화시켜 이상적 모델로 바꾸는 정부는 가능하다. 인류가 재앙의 길에서 벗어나려면 G20과 국제연합의 안전보장이사회를 결합하는 것과 같은 몇 개의 개혁만 단행하면 충분하다. 그리고 국제통화기금, 세계은행 등 국제기구들을 그 결합체 산하에 두고 국제연합 총회에 관리를 위임하면 된다."

화론이 근대 중국의 새로운 세계관으로 자리하게 되었다. 그러나 중국 내외에서 우승열패의 사회진화론에 의한 부정적인 현상이 나타나면서 생존경쟁을 억제하고 사회진화의 새로운 의미를 모색하는 시각들이 출현하기 시작한다. 공교롭게도 이러한 시각들은 『천연론』의 저본인 헉슬리의 『진화와 윤리』를 모색의 출발점으로 삼고 있다. 장타이옌은 헉슬리의 시각과 불교 유식학을 바탕으로 진화가 선악의 양방향에서 진행된다는 구분진화론을 주장하고, 순원은 헉슬리의 시각과 크로포트킨의 상호부조론을 결합하여 인간사회는 자연계의 생존경쟁과 다른 상호부조의 원리를 통해 진화한다는 논리를 주창한다. 그리고 두야취안은 헉슬리를 포함한 동시대 서구 사상가의 새로운 사회진화론을 소개하며, 인류사회의 진화는 물질적 생존이 아니라 인간 정신의 자유로운 실현을 추구하는 방향으로 나아가야 한다고 주장한다. 이러한 시각들은 우승열패의 사회진화론 비판을 통해 근대 중국이 공동체 윤리 및 상호부조를 바탕으로 문명국가 건설로 나아가야 한다는 점을 공통적으로 주장하고 있다. 제1차 세계대전 후 20세기 문명의 대안으로 제기된 사회주의는 바로 이러한 윤리적 사회진화론과 긴밀히 연계되어 있다고 할 것이다.

개혁개방 이후 중국경제의 급성장은 시장만능과 승자독식을 추구하는 신자유주의의 기반 위에서 진행된 것이다. 이는 사회주의 시기의 비효율적인 상호부조와 공동체 윤리에 대한 반작용 속에서 수용된 것이지만, 사회진화론의 역사에서 볼 때는 근대 초기 우승열패의 사회진화론으로 퇴행한 것이라고 할 수 있다. 현재 중국은 우승열패의 생존경쟁이 가속화되어 혼란에 빠진 근대 초기처럼 사회적 불평등과 갈등이 심각한 상태다. 쉬지린의 지적처럼 이것은 특정한 시기가 아니라 부국강병을 통해 민족국가 건설을 추구한 20세기 중국의 전반적인 현상이라고 할 수 있다. 경제가 성장할수록 사회적 불평등이 심각해지는 사태에 직면하면서 중국은 성장 일변도에서 벗어나 소득분배 및 복지 정책을 통한 사회적 재분배를 시행하고 있다. 하지만 중국이 복지사회로 나아가기 위해선 정책제도의 시행만으로 이루어지는 것이 아니며 국민 내부의 공동체 의식 형성과 병행될 때 비로소 실현 가능한 일이다. 중국 사회는 아직 신자유주의적인 승자독식의 이데올로기가 강하게 지배하고 있어서, 복지제도와 국민의식 사이에 존재하는 간극을 시급히 좁혀야 할 필요가 있다. 근대 중국에서 제기된, 사회진화는 우승열패의 방식이 아니라 상호부조 및 공동체 윤리를 통해 이루어질 수 있고 이것이 인간사회의 지속적인 진화 및 정신적 가치의 실현을 위해 더욱 유효한 방식이라는 시각은 이러한 간극을 좁히는 사회적 역할을 수행할 수 있을 것이라고 생각된다.

셋째, 근대 중국이 수용한 사회진화론의 세계는 문명 전체의 우열에 의해 생존이 결정되는 공간인데, 이러한 세계에서 선진 문명은 서구 근대문명을 지칭하고 중국문명은 야만적이고 낙후된 문명으로 간주된다. 근대 중국인들은 서구 근대문명을 따라잡은 후 중서문명 결합을 통해 새로운 문명을 창조하는 일을 시대적 사명으로 인식한다. 그러나 신해혁명 이후 국내적으로 공화정이 혼란에 빠지고 국외적으로 제1차 세계대전이 발발하면서, 근대문명으로 신봉되던 19세기 서구문명이 극복되어야 할 대상으로 변화된다. 근대 중국인들은 서구 문명의 위기가 국가 간 경쟁체제에서 비롯된다고 인식하며 전후 세계문명은 생존경쟁에서 상호부조로, 국가주의에서 인류사회를 위한 세계주의로, 자본가·지주의 지배에서 노동자가 주도하는 사회주의 사회로 나아가야 한다고 주장한다. 동방잡지 그룹은 동서문화논전을 통해 중국 실정에 부합하는 새로운 문명과 점진적 개혁방법을 모색하며, 신청년 그룹은 문명담론을 넘어 중국사회를 변혁할 수 있는 이념과 주체를 모색하는 과정에서 사회주의와 인민(평민)을 수용하게 된다. 그러나 이러한 입장 차이에도 불구하고 그들은 20세기 문명 창조라는 문제의식에서 출발하여 새로운 대안문명을 사유하는 공통점을 지니고 있었다.

2008년 미국 금융위기 이후 중국의 세계적 위상이 급상승하면서 '중국 굴기'에 관한 이론적 탐색인 중국모델론이 논란의 중심이 되고 있다. 중국모델론은 주로 중국이 경제대국으로 '부강 굴기'에 성공한 요인이 무엇인지에 대한 해석이 주류를 이루었지만, 최근의 문명 담론은 경제적 부강을 넘어 세계의 공감을 받을 수 있는 21세기의 보편적 가치와 제도를 어떻게 정립할 것인가의 문제에 주목하고 있다. 마치 근대 중국의 전후 담론이 19세기 자유주의문명을 극복하고 20세기의 사회주의 문명을 모색한 것처럼, 최근의 문명 담론은 20세기 국가주의 및 신자유주의를 극복하고 21세기의 새로운 문명에 대해 사유하고 있다. 그렇지만 전후 담론이 세계사적 문명 전환의 맥락을 중시하며 세계주의와 그 현실적 대안으로서 사회주의를 추구한 반면, 최근의 문명 담론은 탈서구적 맥락을 중시하며 중국의 사상 자원들 속에서 대안의 가능성을 탐색하는 차이가 있다는 점을 주목할 필요가 있다. 가령, 간양은 21세기 중국이 민족국가에서 문명국가로 전환해야 한다고 주장하는데, 그가 말하는 문명은 주로 중국의 정체성 문제와 연계되어 있어서 근대 중국에서 추구한 세계주의 문명과는 개념상의 차이가 있는 것으로 보인다.[49] 중국의 문명이 세계사적으로 어떠한 의미를 지니는지의 문제보다 중국 내부의 정체성 정립의 문제에 연계되어 있다면, 그것은 간양이 말한 대로 문명'국가'로 나아갈 수는 있으나 세계인들의 공감을 얻는 문명'세계'로 전환하기는 힘들 것이다. 이런 맥락에서 볼 때 근대 중국인들의 초국적 세계 문명에 대한 사유 경험은 현재의 난관을 극복하는데 성찰의 거울로 작용할 수 있을 것이다. 넷째, 근대 중국인들은 근대세계가 민족/국가 단위로 생존경쟁이 이루어진다는 점을 자각하고 중국 민족은 누구인지에 대해 사유하기 시작한다. 청나라는 이민족인 만주족이 통치하는 왕조였지만, 그 실효성과 정당성을 부정하는 배반혁명파가 등장하기 전까지는 만주족에 대한 저항보다는 근대세계의 생존경쟁에서 현재의 중국과 중국인이 생존할 수 있는 길에 대해 우선적으로 모색하고 있었다. 배만혁명파는 중국 민족의 구성에서 만주족을 제외하고 한족 중심의 민족국가 건설을 주장하고, 입헌파는 한족과 만주족의 민족적 차이를 부정하며 청제국 판도 내의 제 민족들을 통합하는 대민족국가 건설을 지향하였다. 그러나 배만혁명파의 내부 논리를 들여다보면, 만주족 전체가 아니라 강권통치를 하는 만주족 권력집단을 부정하는 것이어서 청조 붕괴 이후 만주족을 융합할 수 있는 시각이 내재되어 있었다. 또 입헌파의 대민족국가도 제국주의 위협 하에서 청제국의 판도를 유지하는 것이 민족생존에 유리하다는 판단에 기반한 것이어서, 여러 민족이

49 간양의 문명 개념에 대해서는 『文明·國家·大學』(北京: 三聯書店, 2012) 서문 從“民族~國家”走向“文明~國家” 참고.

평등하게 공존하는 공화국이라기보다는 중화문명을 중심으로 한족과 제 민족이 통합되는 '중화민족'의 국가체제에 가까웠다. 신해혁명 이후 오족공화가 잠시 실현되기는 하지만 이후 국내외적인 위기 속에서 한족을 중심으로 소수민족을 통합한, 중화민족 단위의 민족국가를 건설하는 일이 근대 중국의 시대적 과제로 간주되었다. 즉 청 제국의 판도를 주권화된 민족국가체제로 전환시키는 과정에서 한족 이외의 제 민족들은 중화민족의 범주 속에서 독립된 국가 건설의 자격이 주어지지 않는 소수민족(종족)으로 그 위상이 재정립되었다.

중국의 정치적 주체로서 중화민족이 정립되고 민족 내부의 통합이 강화되면서 소수민족의 정치적 자유는 중국의 국가 범위 안에서만 허용되었다. 최근 들어 황제신화를 통해 중화민족 공동의 조상을 만들고, 소수민족을 '통일적 다민족'이 아니라 중화민족 안의 '종족族群'으로 위치시키려는 움직임이 일어나면서 중화민족의 단일한 통합성이 더욱 강조되고 있다. 유용태는 이를 중화민족 단일민족론이라 부르며 20세기의 역사 속에서 소수민족의 독립성을 인정하지 않고 중국 내부로 동화시키는 '내면화된 제국성'이라고 비판한다. 이에 대해 왕후이는 "민족융합과 주권독립은 20세기 민족해방운동 전체의 보편적 목표이다", "단일국가 체제는 조공 조건 아래의 '제국성'과 완전히 다르다. 그 이론적 기초는 중화민족의 일률적인 평등과 종족·계급·종교적인 차별을 없애는 것이다", "중화민족 개념은 인민주권이라는 개념과 함께 탄생한 것"[50]이라고 반박한다. 정치

50 왕후이, 송인재 옮김, 『아시아는 세계다』, 글항아리, 2011, 210~211쪽.

주체로서 중화민족의 탄생을 '내면화된 제국성'으로 돌리는 것은 제국의 욕망과 연계된 문화주의적 해석이기는 하지만, 신해혁명 이후 중국이 중화제국의 분열을 방지하기 위해 한족 이외의 제 민족이 주권국가가 독립하는 것을 원치 않았으며, 중국공산당의 민족정책과 실제 소수민족의 현실 사이에 상당한 격차가 있다는 사실 역시 부인하기는 어려울 것이다. 왕후이의 입장에서 볼 때 이 문제는 중화민족의 통합성을 강화하면서 민족 내부의 평등을 실현하는 즉 인민주권을 확립하는 과정에서 해결될 것이라고 인식하겠지만, 이 역시 중국의 정치현실을 고려할 때 속에서 단기간에 실현하기는 힘든 일로 보인다. 장기적으로 볼 때 이 문제는 민족과 종족의 차이를 포용할 수 있는 다원화된 정치체제를 어떻게 정립하느냐의 문제와 연계되어 있으며, 이를 위해 20세기 초 이상적인 다민족국가를 구상하던 량치차오의 다음의 말이 시사하는 바가 크다고 생각된다. "입헌제 아래서는 이민족도 똑같은 국민이며 자유경쟁으로 정치능력의 우열을 다투어 정치능력이 고도한 민족이 정치상의 세력을 차지하게 되는데, 사실 이 때가 되면 이는 국민 개인의 경쟁이지 민족 간 경쟁이라 하기 어렵다."[51]

---

51 梁啓超, 「申論種族革命與政治革命之得失」(1905), 『梁啓超全集』 3책, 1659쪽.

4. 근대 서양인의 중국인을 바라보는 시각
: 아더 스미스의 『중국인의 성격(Chinese Characteristics)』을 중심으로

1.

> '중국모독 영화'를 보지 않는 것은 스스로 자기 눈을 가리는 수종 환자와 마찬가지로 자신에게 이로울 것이 없다. 그렇지만 보고도 반성하지 않는 것 역시 이로울 것이 없다. 나는 이제라도 누군가가 스미스의 『중국인의 성격』을 번역해주는 사람이 있었으면 한다. 왜냐하면 이 책은 우리가 자신에 대해 분석하고 질문하여 자신을 개선하고 변혁하도록 이끌 통찰력을 제공하기 때문이다. 우리는 다른 이들이 우리를 인정하고 칭찬해주기를 요구하기보다는 중국인으로 존재한다는 것이 무엇을 의미하는지 알기 위해 자신과 씨름해야만 한다.
>
> —「훗날 증빙을 위해 기록으로 남기다(3)(立此存照)(三)[1]」

죽음을 얼마 남겨두지 않은 1936년 10월 5일, 평생 중국 국민성 문제에 대해 성찰하며 그 개조를 위해 고투하던 루쉰은 유언처럼

1 魯迅, 「立此存照(三)」, 『魯迅全集』 6, 人民文學出版社, 1993.

위의 글을 남긴다. 이 글에서 루쉰은 중국인의 자기 변혁을 위해 스미스의 『중국인의 성격(Chinese Characteristics)』을 번역할 필요가 있다고 언급하는데, 스미스를 비롯한 서양인들의 중국 담론 속에 내재하는 제국주의적이고 인종주의적인 편견에 대해 누구보다 잘 알고 있던 루쉰이 그런 대표 저작에 대한 번역을 후세에게 유언으로 남겼다는 사실 자체가 곤혹스럽게 다가온다. 실제로 스미스의 저작은 루쉰이 일본 유학시절 국민성 문제에 천착하기 시작하던 때부터 타자의 거울로 작동하며 소설 속의 중국인 형상 및 평론 속의 국민성 비판의 시각과 의식적 무의식적인 연관성을 지니고 있었다. 하지만 루쉰은 스미스의 시각과 비판적 거리를 유지하며 소위 오리엔탈리즘적 응시와는 차원이 다른 입장을 취하고 있었다. 그렇다면 루쉰은 왜 이러한 곤혹감을 무릅쓰면서 스미스 저작의 번역을 유언으로 남긴 것일까?

루쉰이 위의 글 「훗날 증빙을 위해 기록으로 남기다(3)」를 쓴 직접적인 이유는 스미스의 『중국인의 성격』이 아니라 '중국모독 영화'인 요셉 폰 스턴버그[2] 감독의 「상하이 익스프레스」(1932)에 관한 비평을 하기 위해서였다. 이 영화는 1931년 혼란기의 중국을 배경

2 요제프 폰 스턴버그(Josef von Sternberg. 1894~1969)는 오스트리아 태생이다. 유럽에서 교육을 받았으며, 19세 때 미국으로 건너가 영화제작에 뜻을 두고 촬영 조수가 되었다. 1924년 영국에서 온 배우 G.K.아서와 뜻을 같이하여 「구원을 바라는 사람들 Salvation Hunters」(1925)을 제작, C.채플린의 추천을 받고 이름이 알려지게 되었다. 「암흑가 Underworld」(1929) 등의 가작을 제작하였으며, 또 독일에서 「탄식의 천사 Der blaue Engel」(1930)를 제작하였다. 그 후 「모로코 Morocco」(1930), 「아메리카의 비극 An American tragedy」(1931) 등을 발표하였으며, 1953년 미일(美日) 합작영화 「아나타한 The Saga of Anatahan」을 감독하였다.

으로 베이핑에서 상하이로 가는 특급열차에서 옛 연인인 상하이 릴리(마를레네 디트리히)와 영국인 군의관 하비 박사(클라이브 브룩)가 재회하는데 중국 혁명군에 의해 열차가 탈취되는 곤경 속에서 서로 간의 오해와 불신을 극복하고 사랑을 이루는 이야기를 다루고 있다. 그런데 이 영화는 1932년에 상하이에서 개봉되자마자 불과 이틀 만에 중국모독 영화라는 세간의 비난을 받고 상연을 중단하게 된다. 당시는 일본이 허위로 사건을 조작하여 중국과 전쟁을 일으킨 1.28 상하이 사변 직후여서 혁명군이 열차 강도로 돌변하는 영화 속의 장면이 중국 관객들에게는 일본의 조작행위와 유사하게 인식되었기 때문이다. 그 후 1936년 9월 스턴버그 감독이 직접 상하이를 방문하는 사건을 계기로 신문 지상에 그의 중국 여행기와 「상하이 익스프레스」 등에 대한 찬반 양론의 기사[3]가 실리게 되는데, 루쉰의 글은 바로 스턴버그 감독의 중국 방문을 바라보는 신문 기사(중국인)의 시각을 비평하는 과정에서 쓰여진 것이다.

루쉰은 9월 20일자 『대공보』에 실린, 스턴버그에 대한 상반된 감정을 드러낸 두 기사를 인용하고 있다. 먼저 긍정적 입장을 취하

---

3 스턴버그는 상하이에 이어 조선을 방문하여 당시 단성사에서 초기발성영화 가운데 하나인 홍개명의 「장화홍련전」(현재 전해지지 않음)을 보고 돌아갔다. 스턴버그의 방한은 당시 조선영화인들에게 꽤 화제가 되었으며, 『삼천리』(제79호 / 1936.11)에 실린 "명배우, 명감독이 모여 조선영화를 말함"이라는 좌담기록 ~ 나운규, 문예봉, 복혜숙, 김유영, 이명우, 박기채 등 당대 걸출한 조선영화인들이 대거 참여했다~을 보면 스턴버그에 대한 언급이 많이 나오고 있다. 조선영화인들은 중국인들과 같은 찬반 양론이 아니라 스턴버그의 「모로코」, 「파리제」, 「서반아광상곡」 등의 영화세계와 여배우 마를렌 디트리히에 관해 다양하고 자유로운 얘기를 하고 있는데, 그 이유 가운데 하나를 꼽으라면 스턴버그의 영화 가운데 조선인 비하 영화가 없었다는 점일 것이다.

고 있는 샤오롄의 「폰 스턴버그의 상하이 방문을 다시 논함」을 읽어보자.

> "상하이 익스프레스"를 제작했을 때 스턴버그는 중국에 대한 지식이 전혀 없었으리라. 중국이 어떤 곳인지 전혀 알지 못했다. 따라서 그가 중국을 모욕한 것은 고의가 아니었다는 변명으로써 책임을 면할 수 있었다. 그러나 이제는 이미 중국에 와서 중국을 보았으니 이번에 할리우드로 돌아가서 다시 "상하이 익스프레스"와 같은 작품을 만들기라도 한다면, 이번에는 용서할 수 없다. 그는 상하이에 체류하는 동안에 중국의 인상이 매우 좋다고 사람들에게 말했다 하는데 그것이 진실이기를 바란다.[4]

루쉰은 이 기사를 인용한 후 특별한 설명없이 곧바로 샤오롄의 기대감에 반하는 스턴버그의 발언이 실린 기사를 인용하고, "우리들에겐 자신을 아는 지혜가 필요하지만 동시에 타인을 아는 지혜도 필요하다"는 짤막한 비평을 통해 이러한 기대감은 중국을 바라보는 서양인의 시각에 대해 무지한 데서 비롯된 결과임을 암시한다. 그렇다면 루쉰은 왜 샤오롄의 입장에 대해 "타인을 아는 지혜"가 부족하다고 한 것일까?

샤오롄은 스턴버그 감독이 「상하이 익스프레스」를 '중국모독' 영화로 만든 것은 고의로 그렇게 한 것이 아니라 중국에 대한 지식이 전혀 없는 상태에서 제작했기 때문이라고 인식하며, 이번 중국 방문을 통해 체험한 좋은 인상을 바탕으로 「상하이 익스프레스」와

4 루쉰, 위의 글.

다른 우호적인 영화를 만들게 되기를 기대하고 있다. 그러나 스턴버그가 「상하이 익스프레스」를 제작할 당시 중국을 직접 방문한 경험이 없는 것은 사실이지만 그것을 근거로 스턴버그가 중국에 대한 지식이 전무했을 것이라고 판단하는 것은 적절해보이지 않는다. 왜냐하면 「상하이 익스프레스」 속의 열차탈취사건은 스턴버그가 허구적으로 창조한 것이 아니라 1923년 5월 6일 전 세계를 깜짝 놀라게 했던, 산둥성 린청에서 벌어진 토비들의 국제특급열차 납치사건을 바탕으로 재구성된 것이기 때문이다.

이 사건의 전모는 다음과 같다. 토비 순메이야오가 지휘하는 '산둥건국자치군' 1000여명은 1923년 5월 6일 새벽 2시 반 난징에서 베이징으로 가던 국제특급열차를 산둥 린청역 부근에서 납치하여 재물을 강탈하고 승객들을 인질로 잡았다. 순메이야오는 이런 방법으로 정부군에 붙잡혀 있는 친척 형 순메이숭 석방하고 정부로부터 무기와 돈을 얻어내며 나아가 정부군에 정식 편입되려는 속셈을 지니고 있었다. 인질로 잡힌 승객 가운데는 산둥 황하 궁가패제방의 낙성식에 참석하려던 미국의 저명 기자 파월, 미국 석유왕 록펠러의 며느리 루시 올드리치, 미국 육군중령 등을 포함하여 영국, 이탈리아, 프랑스, 멕시코의 승객 39명이 있었다. 이 사건은 중국 신문뿐만 아니라 외국 신문에 크게 보도되었으며 각국 공사들은 북경 정부에 외국인 인질을 구출해 줄 것을 엄중히 요구하였는데, 인질들은 정부와 손미요의 줄다리기 협상 끝에 37일 만에 모두 풀려나게 되었다.[5]

---

5 이 사건에 대해서는 존 피츠거랄드 『Awakening China(喚醒中國)』(三聯書店, 2004) 211~218쪽 참고.

이 사건과 「상하이 익스프레스」 속의 사건을 비교해볼 때 주목할 만한 점은 열차 탈취범을 토비에서 혁명군으로 변경하고 있으며, 이 혁명군은 중국사회의 변혁을 추구하는 진보세력이라기보다는 토비와 별다른 차이가 느껴지지 않는 군사집단으로 묘사되어 있다는 것이다. 사건의 주모자인 혁명군 사령관은 탈취과정에서 순종하지 않는 외국인 승객의 신체에 끔직한 상해를 가하고, 중국계 여성 승객에게는 부도덕하게 성폭력을 가하여 결국 이 여성에 의해 살해당하고 만다. 그에 반해 외국인 승객은 다른 승객들을 석방하기 위해 자신(상하이 릴리)이 인질로 남으려는 희생정신을 드러내는 등 위기의 순간에 합심 단결하여 탈취범의 손에서 무사히 벗어나는 적극적인 인물들로 묘사되어 있다. 이러한 사건 전개로 인해 「상하이 익스프레스」는 정의로운 외국인 승객들이 부도덕한 열차 탈취범인 혁명군을 물리치고 평화를 회복하는 이야기로 재구성되었다 해도 무방하다.

또 「상하이 익스프레스」 속에 등장하는 중국인 군상을 보면, 아무렇게나 침을 뱉는 기관사, 웃통을 벗고 지저분하게 다니는 일꾼, 무질서하고 시간 개념이 없는 노인, 명령에 순종적인 혁명군 부하 등이 일등실에 승차한 세련된 서양인의 모습과 대조되어 전근대적인 이미지가 부각되어 있다. 이런 낯익은 중국인 상은 바로 중국인을 비하하는 서양의 오리엔탈리즘 담론이 영화로 각색된 것이라 해도 과언이 아니다. 1.28 상하이 사변으로 인한 반외세적 시대 정서와 아울러 영화 속의 중국 혁명군의 토비화, 중국인 비하 장면들은 1930년대 코스모폴리탄 도시 상하이의 모던한 관객들이 모독감을 느끼기에 충분한 요인이 되었을 것이다.

이러한 점들을 고려할 때 스턴버그는 중국에 관한 지식이 전무한 것이 아니라 오히려 당시에 일반화된 서양의 중국 담론에 근거하여 충실하게 재현한 결과 「상하이 익스프레스」라는 '중국모독' 영화를 제작하게 된 것이라고 해야 할 것이다. 루쉰이 "타인을 아는 지혜"가 필요하다고 한 것은 바로 샤오롄의 입장에 「상하이 익스프레스」가 제작된 문화정치적 맥락에 대한 이해가 결여되었기 때문인 것이다.

다음으로 『대공보』같은 날짜에 실린, 스턴버그에 대해 우려감을 표하고 있는 치양의 「예술가 방문기」를 읽어보자.

> 「상하이 익스프레스」라는 작품으로 중국인의 주목을 받은 스턴버그씨가 이번의 중국 여행에서 이른바 '중국모독 영화' 두 번째 작품 자료를 수집한 것은 분명하다. "중국인은 자신을 모른다. 「상하이 익스프레스」에서 표현했던 것을 이번의 중국 여행에서 더욱 더 자신할 수 있었다." 대개의 여행자 같으면 중국에 오면 이제까지와는 태도를 달리하는 것이 보통인데 과연 스턴버그씨만은 세속에 아부하지 않는 예술가의 품격을 가지고 있어 경복해마지 않는 바이다. (중략) 정면으로 「상하이 익스프레스」에 항의를 제기하지 않고, 미국에 있었을 때와 중국에 온 이후로 그의 중국관 및 일본관이 달라졌는지 물어보았다. 그는 즉시 대답하지 않고 약간 사이를 둔 다음 빙긋이 웃으며 이렇게 대답했다. "미국에 있을 때나 중국에 온 뒤로나 달라지지 않았다. 분명히 동양은 독특하다. 일본은 경치가 아름답다. 중국에는 베이핑이 좋다. 상하이는 너무 번화하고 수저우는 너무 예스럽다. 확실히 신비한 느낌이 든다. 인터뷰에서 항상 「상하이 익스프레스」에 관한 것을 묻는데, 정직하게 말해서 그 작품은 있는 그대로를 그리고 있다. 이제는 좀 더 확실한 인상을 얻게 되었다.…… 카메라를 가지

고 오지 않았으나 이 눈이 그 인상을 잊게 하지는 않을 것이다."[6]

위의 기사는 스턴버그가 중국 방문을 통해 새로운 중국관을 가지게 되기를 기대한 입장과 달리, 스턴버그의 중국 방문이 오히려 「상하이 익스프레스」에서 표현한 것을 실제 중국 속에서 검증하는 계기가 되어, 방문 전이나 마찬가지로 그의 중국관은 크게 변한 것이 없다는 점을 강조하고 있다. 루쉰 역시 기대감보다는 우려감을 표하는 이러한 입장에 동감하며 "그는 조금도 후회하고 있지 않으며 오히려 자신감을 더 굳게 하여 생각한 바를 거침없이 말하는 것이 과연 게르만인의 장점인 직설적인 일면을 잃지 않았다"는 풍자까지 덧붙이고 있다.

더 나아가 루쉰은 스턴버그의 방문기에서 중국을 좋게 평가하는 부분에 대해서도 비평을 가한다. 그에게 좋은 인상을 남긴 것은 베이핑, 상하이 같은 중국의 신비하고 예스러운 공간이며, 「상하이 익스프레스」에서 문제가 되었던 중국인 비하에 대해서는 조금의 개선된 인상이 없이 "있는 그대로"의 모습을 확인했을 뿐이다. 이로 인해 스턴버그가 발견한 중국의 도시는 살아있는 중국인이 부재한 보여지는 장소에 불과하여 오리엔탈리스트 여행가의 눈에 포착된 동양 풍경의 목록 가운데 하나로 변질돼버린 것이다.

> "이제 이미 중국에 왔고 중국을 보았다", "상하이에 체류하는 동안 중국의 인상은 매우 좋았다", 이는 방문기에 의해서 진실이라는 것이 확인되었다. 그러나 그가 좋다고 말한 것은 베이핑에 관한 것이며 장

6 루쉰, 위의 글.

소에 대한 것이다. 중국인에 대한 것은 아니다. 그리고 그들이 여행한 중국의 여행지는 그들의 눈으로 볼 때는 이제 거기에 사는 사람들과는 관계없는 것이 돼버렸다.[7]

이렇게 루쉰은 스턴버그의 방문에 관한 찬반 양론의 기사를 인용하여 그의 중국 담론 속에 내재한 '오만과 편견'의 문제를 비평하고 있다. 여기까지 놓고 보면 루쉰의 글쓰기 목적이 스턴버그의 오리엔탈리즘에 대한 비평에 있는 것처럼 읽히지만, 루쉰의 관심은 이에 머물지 않고 그러한 비평을 초래한 중국인 자신에 대한 특유의 성찰로 나아간다. 다시 말하면 타인의 시선에 대한 비평만을 가지고 해결할 수 없는, 타인의 비하를 받을만한 중국인 내부의 결함에 대해 성찰하고 있다는 것이다.

루쉰은 스턴버그 방문 기간의 신문 기사 가운데 중국인에 대한 좋은 인상을 가지게 할 만한 자랑거리가 없으며, 오히려 신문에는 중일전쟁 직전의 심각한 대치상황을 가려버리는 자기기만적인 기사들로 장식되어 있을 뿐이라는 점을 부각시킨다. 루쉰이 인용하고 있는 관련 기사를 읽어보자.

(톈진에서 18일 오후 11시발 특전) 이날 저녁때 펑타이의 일본군은 갑자기 제29군 소속 펑즈안안이 지휘하는 해당 부대를 포위하고 무장해제를 요구하여 밤이 되어도 대치를 계속하고 있다. 이미 일본군은 베이핑으로부터 펑타이를 향하여 병력을 증강중이라 하나 상세한 것은 확실치 않다. 확실히 듣건대 지난달 이래로 일본 측은 자주 숭저

7 루쉰, 위의 글.

위안에게 펑즈안 부대의 철수를 요구하였으나 송은 아직껏 응락하지 않았다 한다.

(펑타이에서 19일 동맹사) 18일 펑타이 사건은 19일 오전 9시 반에 이르러 원만히 해결되었다. 그 시각에 일본군은 포위 태세를 풀고 정류장 앞 광장에 집결하고 중국군도 같은 곳에 정렬하여 쌍방의 오해를 풀었다.

(베이핑에서 20일 중앙사) 펑타이에 있어서의 중일 양군의 오해문제 해결 후 앞으로 그와 같은 사건의 재발 방지를 위하여 쌍방 당국 사이에 상세한 검토 결과 양군 모두가 약간 먼 지점으로 옮길 것을 결정하였으며, 우리 측은 이미 펑타이에 주둔하는 제2대대 제2중대를 펑타이 남방의 짜오자촌으로 이동 완료하였으며 펑타이에 주둔하는 일본군 부근에는 이제 우리 군은 하나도 없다.[8]

펑타이의 일본군의 중국군 포위와 무장해제 요구라는 침략행위에 대해 중국군은 이에 저항하기보다는 중일 양국 군대가 갈등지점으로부터 약간 먼 곳으로 이동하는 방안으로 타협하여 사건을 해결한다. 중국군은 이것을 더 이상의 무력충돌 없이 사건을 마무리하여 위기상황을 모면한 중재안이라고 여기지만 실제로는 일본군의 요구를 수용하여 일시적 평화를 유지하는 방편에 불과한 것이다. 루쉰은 중국인의 이와 같은 태도를 "일부 사람이 '자기를 속이는' 것으로 만족하고 있고, 가능하면 '타인을 속일' 셈으로 있는 경우인 것"이라고 비평하며, 이것은 수종水腫 환자가 의사에게 가기 싫어 타인에게 비만증으로 보이기를 기대하며 안심하고 사는 것과 마찬

8 루쉰, 위의 글.

가지 행위라고 비유한다.

루쉰은 위의 기사를 통해 타인의 비하를 받을 만한 중국인 내부의 문제가 바로 자기기만적인 태도라고 인식하며, 이것이 전쟁의 위기적 현실 속에서 어떻게 작동하고 있는지를 보여준다. 사실 중국인의 이러한 태도는 루쉰이 국민성에 대해 관심을 가지기 시작한 일본 유학시절부터 중국인의 병근 가운데 하나로 발견한 것이며, 국민성 개조를 위한 문학적 실천에 투신한 이래 루쉰이 평생 성찰하며 고투한 문제라 해도 과언이 아니다. 죽음이 눈앞에 다가온 시점에서, 평생 고투하던 문제가 여전히 곤혹스럽게 남아있는 현실을 보며 루쉰은 무슨 생각을 한 것일까?

서두에서 인용한 글이 바로 이러한 고뇌의 결과라 해야 할 터인데, 이것은 루쉰 특유의 풍자인가 아니면 곤혹스런 통찰인가? 루쉰은 왜 반성의 출발점으로 다시 스미스의 『중국인의 성격』을 떠올린 것일까? 그리고 서양 선교사 담론의 중국인 비하에도 불구하고, 이 책의 어떠한 점에서 중국인으로 살아가는 존재의미를 찾을 수 있다고 인식한 것일까? 그 이유를 찾아 스미스의 『중국인의 성격』 속으로 들어가 보자.

2.

스미스(Arthur H. smith. 1845~1942. 중국명 명은박明恩溥)는 1845년 미국 북동부의 코네티컷 주에서 태어나 27세인 1872년에 공리회 선교사의 신분으로 중국에 와 천진, 산동, 하북 등지의 농촌에서 선교활동을 하면서 중국에 관한 10여권의 서적을 저술하였다. 『중국인의 성격』[9]은 1889년 상하이에서 발행되던 『North-China Daily News』에 연재되던 글이었는데 아시아는 물론 영국과 미국 및 캐나다의 서양인들 사이에서 상당한 인기를 누렸으며, 1894년 책으로 편찬된 이후 당시 중국에 관한 미국인의 저술 가운데 가장 많은 독자층을 확보하여 미국인의 중국인 상을 형성하는데 지대한 영향력을 행사하였다.

스미스는 20여 년 간의 중국 체험을 바탕으로 중국인의 복합적인 성격을 체면(face), 절약(economy), 근면(industry), 예의(politeness), 시간에 대한 무시(a disregard for time), 정확함에 대한 무시(a disregard for accuracy), 오해를 잘하는 소질(a talent for misunderstanding), 에둘러 말하는 소질(a talent for indirection), 유순한 고집스러움(flexible inflexibility), 생각의 모호함(intellectual turbidity), 무신경함(an absence of nerves), 외국인에 대한 경멸(contempt for foreigners), 공공정신 결핍(an absence of public spirit), 보수주의(conservation), 안락함과 편의에 대한 무관심(indifference tp comfort and convenience), 육체적 활력(physical vitality), 인내심과 지속성(patience and perseverance), 자족과 낙관(contentment and cheerfulness), 효심(filial piety), 자비심(benevolence), 동정심 결핍(an absence of sympathy), 사회적 풍파(social typhoons), 상호책임감과 법에 대한 복종(mutual responsibility and respect for law),

9 본 논문에서는 上海三聯書店에서 2007년에 출간한 영문판 『Chinese Characteristics』를 저본으로 하며, 중국어 번역본 『中國人的氣質』(上海三聯書店, 2007), 『中國人的素質』(學林出版社, 2001)과 한국어 번역본 『중국인의 특성』(민경삼 옮김, 경향미디어, 2006)을 참고로 한다.

상호 의심(mutual suspicion), 성실성 결핍(an absence of sincerity), 다신론·범신론·무신론(polytheism·pantheism·atheism) 등의 26개 항목으로 분류하고 각 항목마다 자신이 관찰한 특성과 아울러 풍부한 일화를 제시하고 있으며, 그리고 마지막 장인 「중국의 현실과 필요(the real condition of China and her present needs)」에서는 사신이 관찰한 중국인의 결함을 개혁하기 위한 방안을 서술하고 있다.

그렇지만 스미스의 중국인 담론은 마르코 폴로의 『동방견문록』처럼 낯선 세계에 대한 새로운 지식을 전해준 것이라기보다는 19세기 서양의 국민성담론 및 중국담론에 기반하여 자신의 견해를 종합적으로 재구성한 것이라고 할 수 있다. 특히 『중국인의 성격』에서 언급되고 있는 윌리엄스의 『중국(The Middle Kingdom)』(1848), 헨리 써어의 『중국과 중국인(China and the Chinese)』(1849), 에바리스트 레지 헉의 『중화제국(The Chinese Empire)』(1854), 토마스 메도우스의 『중국인 그리고 그 반란자들(The Chinese and Their Rebellions)』(1856), 월터 헨리 메드허스트의 『원동의 외국인(The Foreigner infar Cathay)』 그리고 책의 서문에서 인용하고 있는 1857년에서 1858년간 『런던 타임즈』의 중국 특파원으로 근무한 조지 쿠크의 서한집 등이 스미스의 저술에 사전 지식을 제공하고 있다.

이러한 담론의 조건으로 인해 스미스의 『중국인의 성격』에는 오리엔탈리즘적 시선에 의한 중국인 비하와 선교사로서의 신분이 적나라하게 노출되는 서술이 존재할 수밖에 없다. 더군다나 선교사의 담론은 동양의 현실을 수동적으로 반영하기보다는 서양의 정치경제적 이익을 합리화하기 위해 실제를 재구성하려 한 제국주의적 행위라는 우리 시대의 상식화된 비평까지 감안한다면, 스미스의 저술 속에서 루쉰이 의미하는 "통찰력"을 읽어내는 작업을 하기 위해선 몇 겹의 해석의 관문을 통과해야 할 것이다. 현대 중국인의 입장에서 『중국인의 성격』을 읽을 때 심정적으로 제일 거부감이 드는 부분은 아마도 중국인 비하[10]에 관한 희화화된 서술일 것이다. 먼저 『중국인의 성격』에서 비하적인 시선이 가장 극명하게 드러나 있는 한 장면을 읽어보자.

> 수면에 관해서도 앞서 설명한 것처럼 중국인은 서양인과 차이를 지니고 있다. 일반적으로 말해 중국인은 아무데서나 잘 수 있다. 우리를 절망으로 몰아넣는 그 어떤 자잘한 방해요인들도 그를 괴롭히지 못한다. 그는 벽돌을 베개 삼아 갈대를 엮어 만든 깔개나 진흙 벽돌로 쌓은 침대 혹은 등나무 자리에 누워 주변의 세상에는 전혀 아랑곳없이 단잠을 잘 수 있다. 그는 자신의 방에 빛을 차단시키길 원치 않으며 다른 사람들이 조용히 있어주길 바라지도 않는다. '밤에 자지 않고 깨어 우는 아기'가 내내 울어대건 말건 상관하지 않는다. 왜냐하면 그 울음이 그를 방해하지 않기 때문이다. 어떤 곳에서는 그 지

10 스미스의 『중국인의 성격』에 대한 중국인의 평가는 찬반 양론으로 나누어진다. 중국이 정체된 원인을 중국인의 결함에서 찾는 국민성 개조론자들은 중국인의 결함을 날카롭게 통찰한 책이라고 평가하는데, 특히 국민성 논쟁이 활발하게 일어났던 만청시기, 5·4시기 그리고 80년대에 타자의 거울로 작용하였다. 그러나 고홍명, 임어당 같은 지식인들은 민족주의적 입장에서 『중국인의 성격』의 중국인 비하 문제에 대해 비판하며 중국인의 긍정적 성격을 부각하였다. 90년대 이후 『중국인의 성격』 번역본이 몇 종 출판되어 루쉰의 유언이 실현되었으나(사실 그 이전에도 중국어 번역이 있기는 했으나 발췌본의 형태여서 완역된 시점은 90년대 이후라고 해야 할 것이다), 이 책에 대한 중국 학계의 시각은 여전히 중국인 비하로 해석하는 경향이 강하며, 문화민족주의가 지배하는 21세기의 중국인 역시 루쉰이 비판하던 결함을 해소하고 혁신적으로 재탄생한 주체라고 승인하기는 힘들어 보인다.

역의 전체 인구가 마치 공통의 본능(동면하는 곰처럼)이기라도 한 것처럼 여름날 오후의 첫 두 시간 동안 잠에 빠져든다. 이들은 규칙적으로 이렇게 한다. 자신이 어디에 있는지는 전혀 상관없는 일이다. 여름철이면 정오 이후 두 시간 동안 우주는 마치 자정 이후 두 시간 동안 마냥 고요하기만 하다. 적어도 노동에 종사하는 대부분의 사람 그리고 그 밖의 많은 사람들에게 잠을 자는 자세는 아무런 문제도 되지 않는다. 세 개의 손수레를 맞대어 놓고 누워 거미와 같은 자세로 머리를 축 늘어뜨리고 입을 쫙 벌리고서 파리 한 마리를 그 안에 둔 채로 잠이 드는 능력을 가지고 시험을 치러 병사를 뽑는다면, 아마 중국에서는 십만 아니 백만의 병력도 쉽게 모을 수 있을 것이다.[11]

이 장면은 중국인의 "무신경함"에 관한 일화 가운데 주변 환경에 아랑곳없이 수면을 취할 수 있는 능력을 묘사하고 있는 부분인데, 리디아 리우가 지적하듯이, "동면하는 곰"이나 "거미"와 같이 재미를 위해 사용한 경멸적인 비유에는 서양인의 우월함에 근거한 인종차별적 태도가 드러나 있으며, 일화에 등장하는 현지 하인이나 노동자에 대한 비하에는 고용주인 스미스와 고용자인 중국인 사이의 계급적인 관계가 투영되어 있다고 할 수 있다.[12] 이 단락만을 놓고 보면 스미스가 수사학적 비유를 통해 중국인을 인간 이하의 짐승과 같은 존재로 비하하고 있다는 점을 부인할 수 없다. 그러나 이 단락 이후 이어지는 "무신경함"에 대한 결론 부분과 연계지어 읽어보면 비하의 시선만으로 해석할 수 없는 스미스의 또 다른 시선이 느껴진다.

---

11 『Chinese Characteristics』 89~90쪽.

12 리디아 리우 『언어횡단적 실천』(민정기 옮김, 소명출판, 2005) 110쪽 참고.

우리에 대해 말하면 공포스런 일은 바로 시도 때도 없이 재난이 갑자기 닥쳐와서 각종 무서운 결과를 빚어내는 것이다. 중국인은 이런 일에 부딪치게 되면 아무리 해도 피할 수 없기 때문에 그저 "눈을 편히 뜨고 당하는" 수밖에 없다. 기근이 든 세월에 묵묵히 굶어죽은 수백만의 사람들을 직접 눈으로 목격했다면 이 말의 의미를 이해할 수 있을 것이다. 당신이 이 말을 완전히 이해하려면 직접 가서 눈으로 봐야 한다. 그러나 어떻게 보든지 간에 서양인은 마치 중국인이 앵글로~색슨인이 계승하고 발전시킨 개인의 자유와 사회의 자유 개념에 대해 진정으로 이해하기 어려운 것처럼, 중국인의 이러한 점을 진정으로 이해하기 힘들다. 어느 방면으로 보든지 중국인은 우리에게 언제나 그리고 앞으로도 의문의 차이는 있겠지만 여전히 수수께끼로 남을 것이다. 중국인과 우리를 대비할 때 마음속으로 그들은 태어나면서부터 "무신경하다"고 긍정해야만 조금도 힘들지 않게 그들을 이해할 수 있으리라. 이 의미심장한 추정이 이 민족과 우리들의 미래 관계에 어떠한 영향을 끼칠지에 대해서 우리는 더 이상의 추측을 하지 않는다. 그러나 이러한 영향력은 분명 날이 갈수록 커질 것이며, 총체적으로 말하면 적자생존의 공리를 우리는 믿는다. 20세기의 각종 분쟁 가운데서 "신경질"적인 유럽인과 영원히 지칠 줄 모르고 가지 않는 데가 없을 뿐만 아니라 쉽게 감정을 드러내지 않는 중국인 가운데 누가 생존에 적합한 것일까?[13]

여기서 스미스는 중국인의 무신경함이 앞의 서술에서 비유된 것과 같은 인종의 열등함에서 근원하는 것이 아니라 중국사회의 극한적 자연환경과 생존자원의 결핍에 적응하는 과정에서 형성된 것이라는 점을 강조한다. 다시 말하면 무신경함을 인종의 열등함의 표

13 『Chinese Characteristics』 93쪽.

출이라기보다 공포스러울 정도의 극단적 생존환경에 적응하며 살아가는 놀라운 생존능력의 일종으로 이해한다는 것이다. 이런 맥락에서 볼 때 스미스의 수사학은 중국인의 성격을 야만적이라고 경멸하기 위해서라기보다는 그 생존능력의 초인성을 과장적으로 부각시키기 위해 사용한 것에 가깝다고 할 수 있다. 더 나아가 스미스는 신경질적인 앵글로 색슨인과 초인적인 참을성을 지닌 중국인을 비교하며, 각종 분쟁에 휩싸일 20세기의 생존경쟁에서 누가 인류의 적자로 살아남을 가능성이 큰 것인지 묻고 있다. 이 대목에 이르면 비하의 시선이 미래의 생존 경쟁자의 잠재력에 대한 평가 혹은 경계심으로 전환되고 있다. 『중국인의 성격』을 전체적으로 들여다보면 스미스의 이러한 양면적 시선은 단편적으로 나타나는 현상이 아니다.

"절약"에서는 거대한 인구가 아주 적은 생존자원에 의존해야 하기 때문에 위생보다 자원을 극도로 아끼며 살아가는 중국인의 모습을 적나라하게 드러내며, 가장 돌출한 사례로 "중국의 한 늙은 할머니가 아주 고통스럽게 천천히 다리를 끌면서 길을 가는데 한 사람이 물어보니 친척 집에 간다는 것이었다. 그곳은 조상들의 산소와 가까워 자기가 죽으면 관을 메고 가는데 소요되는 지출을 줄일 수 있었기 때문이다"는 장면을 들고 있다. 하지만 스미스는 이러한 과장된 사례를 서술하면서도 "중국인들의 절약이 가져 온 많은 것들을 서양인들은 근본적으로 거들떠보지 않는다. 그러나 우리는 이런 절약 위에 표현된 순박한 천성을 인정하지 않을 수 없다"는 평가를 덧붙이며 서양인의 낭비하는 생활습관과 대비되는 중국인의 절약정신 및 그 표현 속에 내재된 생존능력을 인정하고 있다.

"근면"에서는 모든 계층의 중국인들이 빈둥거리며 노는 사람이 드물 정도로 자신의 생존수단을 확보하기 위해 힘들게 일하는 모습과 서양인이 상상할 수 없는 장시간의 노동에 대해 서술하며, "만일 어느 하루 백인종과 황인종이 전례없는 격렬한 생존경쟁을 한다면 또 이런 날이 불가피하게 다가온다면 누가 실패하겠는가?", "어떠한 경로를 통해서든지 성실과 신의가 중국인 도덕 가운데서 이론적 지위를 회복한다면 얼마 지나지 않아 중국인은 그들의 뛰어난 근로가 가져다주는 보답을 받을 수 있을 것이다"라고 평가하고 있다.

스미스의 이러한 시선이 가장 잘 응집되어 있는 부분이 바로 "인내심과 지속성"이다. 그는 중화제국처럼 인구가 많고 생활수준이 낮은 국가는 생존을 위해 투쟁해야 하고 생존하려면 물질이 있어야 하는데, 이런 물질을 얻는 과정에서 중국인은 모든 고난을 묵묵히 참아내는 능력이 형성되었으며, 그러한 성격을 바탕으로 생존경쟁에서 승리할 수 있는 방법을 체득하게 되었다고 서술한다. 그 가운데 가장 주목할 만한 부분은 중국인의 생존능력이 서양인 가운데 최고의 생존능력을 지닌다고 여겨지는 유태인보다 우월하다고 평가하는 대목이다.

> 이미 사망한 글란트 장군의 말에 의하면, 그의 지구여행이 끝날 무렵 어떤 사람이 여행에서 목격한 일 가운데 제일 가치 있는 일이 무엇인지 물었는데, 그는 뜻밖에도 중국 장사꾼이 고명한 수단으로 유태인을 쫓아낸 일이라고 대답했다고 한다. 이것은 의미심장한 말이다. 지금 누구나 유태인의 소질을 알고 있듯이 바로 이러한 소질이 그들로 하여금 놀랄만한 성과를 거두게 한 것이다. 그러나 유태인은 인류의 일부밖에 안되지만 중국인은 이 지구상에서 상당한 비중을 차지한다.

> 그 중국인에게 쫓겨난 유태인은 본질상에서 다른 유태인과 구별이 없을 것이다. 설령 다른 사람으로 바꾼다하더라도 경쟁결과는 마찬가지였을 것이다. 그것은 승리한 중국인과 이런 기회를 만날 수 있는 다른 수천만의 다른 중국인들 역시 본질적으로 같기 때문이다.[14]

여기서 스미스는 중국인의 상술(생존방법)이 유태인보다 뛰어날 뿐 아니라 수적으로 지구에서 상당한 비중을 차지하기 때문에, 그 생존능력이 서양인에게 끼치는 유태인의 영향력을 훨씬 압도하는 수준에 도달할 것이라는 점을 암시하고 있다. 물론 이러한 일이 가능하려면 중국인의 결함을 근대 서양인의 덕목으로 개조해야 한다는 사고가 전제되어 있지만, "만약 적자생존이 역사의 교훈이라면 이 민족은 이미 구비된 능력과 비범한 활력을 배경으로 틀림없이 위대한 미래를 맞이하게 될 것"이라고 예언하는 것을 감안하면,[15] 스미스의 시선을 중국인의 결함에 대한 비하 일변도로 해석하여 감정적으로 거부할 필요는 없다고 할 것이다.[16]

---

14 『Chinese Characteristics』 154쪽.

15 이 외에도 스미스는 "만일 중국인들이 생리학과 위생학의 법칙에 더욱 주의를 기울이고 또 음식물이 적당하고 영양이 충분하다면 이 지구의 주요한 지역, 나아가서는 더욱 많은 지역을 점령할 수 있을 것이라는 점을 충분히 믿을 수 있다", "이런 권력들이 이미 확립되어 있는 지금, 우리는 왜 개인의지가 공공의 이익에 복무해야 할 중요성을 강조할 수 없으며, 왜 법률의 존엄을 강조할 수 없는가? 이 방면에서 우리는 중국인을 따라 배우지 말아야 한단 말인가?" 등과 같은 평가를 덧붙이고 있다.

16 리디아 리우의 경우도 스미스의 중국인 비하가 19세기 서양의 국민성 담론에 무의식적으로 공감하는 과정에서 형성된 역사적 산물이라고 이해하고 있지만, 『중국인의 성격』 속에 내재된 스미스의 양면적 시선과 루쉰적 의미의 '통찰력'이 무엇인지에 관한 분석은 진행하지 않는다. 이것은 스미스와 비판적 거리를 두는 루쉰의 주체적 국민성 담론을 부각시키기 위한 서술 전략이지만, 전체적

3.

이런 맥락에서 볼 때 『중국인의 성격』에서 주목할 점은 비하의 시선이 아니라 스미스가 어떠한 해석학적 시각을 통해 중국인의 성격을 관찰하고 있는가의 문제가 되어야 할 것이다. 스미스가 분류한 26개의 중국인 성격을 들여다보면 개별 성격마다 독특한 함의를 지니고 있지만, 그러한 성격이 파생된 중국적 삶의 조건 문제와 결부하여 해석하면 몇 가지 유형으로 나누어 볼 수 있다. 첫째, 생존자원이 부족하고 생산력이 낙후된 경제 환경(소농경제)에 장기간 적응하며 생존하기 위해 형성된 '천성(자연적 생존능력)'이다. 스미스가 분류한 성격 가운데 상당수가 여기에 해당하는데, 이것은 스미스가 장기간 거주하며 접촉했던 중국인이 대부분 농촌 지역의 농민들이기 때문이다. 앞서 살펴보았던 절약, 근면, 인내심과 지속성 등은 열악한 자연경제적 조건에 굴하지 않고 살아가기 위해 형성된 중국인의 긍정적 생존능력에 해당된다. 스미스는 이러한 성격을 서양인의 프로테스탄티즘적인 근면 검소의 미덕과 상통하는 것이라고 찬탄하며, 나아가 자본주의적 소비에 물든 나태한 서양인들이 망각하고 있는 성실한 생활태도라고 인식한다.

그러나 스미스가 중국인의 초인적 생존능력에 관해 긍정하는 것은 사실이지만, 오히려 그보다는 소농경제적 환경 하에서 장기간 형성되어온 관행화된 성격에 대해 부정적으로 이해하는 측면이 훨

으로 볼 때 『중국인의 성격』을 중국인 비하 담론의 범주 속에서 해석하는 입장이라고 할 수 있을 것이다.

씬 강하다고 해야 할 것이다. 즉 "시간에 대한 무시", "정확함에 대한 무시", "오해를 잘하는 소질", "에둘러 말하는 소질", "무신경함", "유순한 고집스러움", "생각의 모호함", "외국인에 대한 경멸" 등처럼 외부세계와 고립되어 분산적으로 살아오는 과정에서 형성된 이기적이고 폐쇄된 속성에 대해 매우 부정적으로 인식한다는 것이다. 스미스의 눈에 포착된 이러한 관행화된 성격은 스미스 자신이 중국의 일상생활에서 항상 부딪치며 낭패를 겪는 과정에서 체득한 중국인의 결함으로 근대 서구사회의 생활 덕목과 상충하는 것이라고 할 수 있다. 근대 서구사회의 효율성과 합리성의 덕목과 대립되는 성격에 대해 스미스는 매우 부정적이면서도 신경질적인 반응을 보인다.

"시간에 대한 무시"에서 스미스는 중국인이 시간관념이 부족하여 작업시간이나 약속시간을 지키지 않아 외국인을 화나게 하는 경우가 빈번하여, "그 어떠한 상황에서든지 중국인이 '빨리빨리'에 대한 중요성을 인식하도록 하는 것은 매우 어려운 일"이며, "정확함에 대한 무시"에서는 중국인이 사물을 계산하는 척도가 자의적이고 숫자를 부정확하게 사용하는 등 실제에 대한 정확한 이해력이 떨어져 외국인을 극도로 곤혹스럽게 만든다고 조소한다. 그리고 "오해를 잘하는 소질"에서는 중국인이 외국인과 관계를 할 때 자신의 이익에만 집착하여 계약사항을 마음대로 이해하거나 외국인의 말을 자의적으로 해석하여 분란을 일으키는 경우가 많으며, "에둘러 말하는 소질"에서는 중국인이 외국인과 대화를 할 때 사물의 진실이나 자신의 뜻을 직설적으로 얘기하지 않고 에둘러 말하여 이러한 대화방법에 익숙하지 않은 외국인들을 부당한 상황에 처하게 만든다고 불평을 터뜨린다.

또 "무신경함"에서 스미스는 서양인이 사물을 신경질적이고 과민하게 대하는 것에 비해 중국인은 어떠한 외부반응에도 무신경하게 대하는 성격이 있다고 인식한다. 이것은 앵글로 색슨인 가운데서도 증기기관이나 전기 시대에 살고 있는 사람과 정기 우편선박과 우편배달 마차를 사용하는 오래되고 느린 사회에서 생활하는 사람 사이에 차이가 있는 것과 마찬가지인데, 심지어 포대기 속의 중국 아이는 서양 아이처럼 태어나자마자 마음대로 버둥거리지 않고 미동도 없이 누워 있다 라고 말한다. 이렇게 천성이 돼버린 무신경한 성격으로 인해 중국인은 대인관계에서 타인을 아무렇지 않게 지켜보는 것을 좋아하며 자신 역시 타인이 쳐다보는 것을 개의치 않는다. 특히 낯선 사람이나 외국인이 나타나면 호기심에 가득 찬 중국인들이 그 사람을 둘러싸고 구경을 하는데, 이러한 중국인의 동정심 없는 관찰이 해를 끼치는 것은 아니지만 관찰당하는 사람이 외국인처럼 성격이 민감한 경우 쫓아버리지 않으면 미쳐버릴 정도라고 인식한다.

스미스는 "유순한 고집스러움", "생각의 모호함", "외국인에 대한 경멸" 등의 성격에서도 이와 유사한 설명을 하고 있는데, 이러한 점은 스미스의 시대뿐만 아니라 개혁개방 이후의 최근에 이르기까지 중국인을 접한 외국인들로부터 흔히 들을 수 있는 불평이라고 할 수 있다. 이러한 성격은 소농경제 사회의 오래된 관행 속에서 분산 고립되어 살아가며 자신의 이기적인 생존에 집착하는 과정에서 형성된 것이며, 외국인으로서 스미스의 불평은 효율성과 합리성을 중시하는 서구 근대사회의 생활방식이 관행과 자의성이 지배하는 중국인(특히 농민)의 성격과 충돌한 결과라고 할 수 있을 것이다. 중국인의 이러한 속성과 연계지어 생각할 필요가 있는 것이 바로 마르크스가 제기한 농민의 '야만적 이기주의' 개념이다.

> 우리는 무해한 것처럼 보이는 이 목가적 촌락 공동체가 언제나 동양 전제 정치의 견고한 기초를 이루어 왔다는 것, 이 촌락 공동체가 인간 정신을 있을 수 있는 가장 좁은 틀에 제한하였고, 또한 인간정신을 미신의 온순한 도구로, 전통적 관습의 노예로 만듦으로써 그 웅대함과 역사적 정력을 앗아버렸다는 것을 잊어서는 안 된다. 우리는, 이 야만적 이기주의 때문에 촌락 공동체 주민들은 땅 조각에만 신경을 쓸 뿐이지 제국들의 멸망이나 이루 형언할 수 없는 잔학 행위들이나 대도시 주민들의 학살 따위는 강 건너 불 보듯 방관하게 되어, 결국 그들 자신은 자신들에게 시선을 돌린 정복자들의 제물이 되고 만다는 것을 잊어서는 안 된다. 우리는, 인간적 존엄을 모르고 정체해 있으며 식물과 다름없는 이 생활, 이 수동적인 삶의 방식이 다른 한편으로 대조적으로 난폭하고 맹목적이며 멈출 줄 모르는 파괴력을 불러일으켰으며 살인을 힌두스탄의 종교적 의식으로 만들기까지 했다는 것을 잊어서는 안 된다.[17]

마르크스는 「영국인의 인도 지배」에서 영국이 제국주의적인 수탈을 통해 인도의 전통적인 촌락공동체(농촌)를 파괴한 문제보다는 인도를 장기간 정체하게 만든 촌락 공동체 주민들(농민)의 '야만적 이기주의'를 해체한 일이 더욱 진보적으로 작용하여 인도가 근대사

---

17 마르크스, 「영국인의 인도 지배」, 『칼 맑스 프리드리히 엥겔스 저작선집 2』(김세균 감수, 박종철출판사, 1990) 참고.

회로 전환하는 계기가 되었다고 인식한다. 다시 말하면 마르크스는 자본주의적 역사 발전과 사회혁명의 시각에서 진보의 장애물로 기능하는 농촌과 농민의 보수적 속성, 특히 자신의 이기적 생존에만 관심을 가진 채 사회적 변혁에 대해 방관적으로 바라보는 의식의 낙후성 문제를 비판하고 있는 것이다. 마르크스는 인도 농민뿐만 아니라 프랑스 농민에 대해서도 '부대 속의 감자' 라고 비유하며 비판적인 입장을 취하고 있다.

농민들의 지지에 기초한 1851년 12월 루이 보나파르트의 쿠데타 성공과 연이은 왕정 복고는 그들의 혁명적 잠재력에 대한 마르크스의 기대를 무너뜨리는데, 그는 이러한 배반이 프랑스 농민의 기본 성격에서 비롯된다고 분석한다. 첫째 프랑스 농민들은 모두 비슷한 조건하에서 생활을 꾸려 나가고 있지만, 상호간에 다양한 형태의 관계를 결여함으로써 그들의 생산양식의 본질에 의하여 서로 고립되어 있다. 둘째, 그들은 분업도 별로 하지 않고 소규모 토지생산에 발달된 과학기술도 적용하지 않고 있어, 발전의 다양성도 없고 풍부한 사회관계도 결여돼 있다. 셋째, 개별 농가들은 거의 자급자족적인 동시에 소비품의 대부분을 직접 생산함으로써 사회에서의 상호 거래보다는 '자연과의 교환'을 통해 생계수단을 유지하고 있다. 이러한 측면들로 인해 농민 대중은 "부대 속의 감자들이 감자 부대를 이루는 것과 아주 흡사하게, 같은 성질을 지니는 다수의 개체가 단순히 추가됨으로써 형성"[18]되는 것과 같다.

18 마르크스, 「루이 보나파르트의 브뤼메르 18일」, 『칼 맑스 프리드리히 엥겔스 저작선집 2』(김세균 감수, 박종철출판사, 1990) 참고.

인도와 프랑스의 농민에 대한 마르크스의 비판적 시각[19]에 근거하자면, 농민은 동서양을 막론하고 자신이 처한 소농경제적 생산조건으로 인해 이기적이고 폐쇄적인 기질을 지닌다고 볼 수 있다. 이러한 맥락에서 보면 중국인의 결함은 중국인만의 고유한 속성이 아니라 농민 계층이 보편적으로 지니고 있는 존재적 한계에 해당한다고 할 수 있을 것이다. 스미스가 관찰한 『중국인의 성격』역시 대체로 '야만적 이기주의', '부대 속의 감자'의 개념을 통해 설명 가능한 농민의 속성이라고 보여진다. 그렇다면 중국인의 결함은 근대사회로의 이행과정에서 나타나는 보편적인 농민 문제와 연계되어 있으며, 스미스의 시각은 농민의 전근대적 낙후성을 통해 중국인의 성격을 관찰한 근대화론이었다고 할 수 있을 것이다.

19 하지만 마르크스의 농민 비판에 내재한 편향성과 마르크스 자신의 농민 재평가에 대해서도 주목할 필요가 있다. 야만적 이기주의 개념은 영국의 제국주의적 착취에 대해 일말의 동정도 보낼 필요가 없을 만큼 이기적인 계급으로서 농민의 한계를 비판하고 있지만, 울프의 "폐쇄공동체", 스코트의 "도덕경제", 미그달의 "내향적 촌락" 등의 개념처럼 전통적으로 강력하고도 준자치적인 지역집단에 거주하는 과정에서 형성된 농민의 공동체주의적 성향에 대해서는 간과하는 것이다. 또 부대 속의 감자의 개념은 프랑스 혁명 이후 보나파르트주의가 부상하는 상황에서 농민의 뿌리깊은 보수주의가 재출현하는 것을 비판한 것이지만, 그 후 자본주의 지배하에 처한 프랑스 농민들이 자신의 진정한 위치를 깨달아 보나파르트에 대한 신뢰를 상실하는 동시에 하나의 생활양식으로 소규모 토지재산에 대한 신뢰를 잃게 되어 혁명적이고 반자본주의적으로 됨에 따라, 농민의 코러스 없이 "모든 농민국가에서 프롤레타리아가 홀로 부르는 노래는 백조의 노래가 될 것"이라고 한 마르크스의 농민 재평가에 대해서도 고려해야 할 것이다.

4.

다음으로 살펴보아야 할 유형이 고대문명국의 습속이 장기간 지속되는 과정에서 형성된 관행화된 성격이다. 일반적인 오리엔탈리스트가 문명/야만의 시선을 통해 동양을 야만국이라고 폄하하는 것과 달리, 스미스는 중국을 단순한 야만국이 아니라 고대문명국의 역사가 지속되고 있는 전근대국가라고 인식한다. 이 유형의 성격은 바로 고대문명국의 습속이 중국사회를 장기간 지배하고 또 중국인이 그 습속의 본래 의미를 헤아리지 않고 형식화된 관례로 수용하는 과정에서 형성된 것으로, 체면이나 예의, 효심 등과 같은 경우가 그러하다. 앞서 살펴본 소농경제 하의 농민의 문제는 동서양을 막론하고 유사한 경험을 지니고 있어서 스미스가 상대적으로 이해하기 편한 것이라고 한다면, 이 유형은 사회문화적 차이에서 근원하는 훨씬 복잡하고 생소한 문제라고 할 수 있다. 그래서 스미스는 이에 대해 부정적으로만 서술하기보다는 중국사회에서 그것이 어떠한 기능을 수행하고 있는지 그리고 생명력을 상실한 후 어떠한 결함으로 작동하고 있는지에 대해 문명비판적 차원에서 고찰하고 있다. 특히 체면을 중국인의 성격 가운데 첫 번째로 서술하고 있는데, 이 점이 가장 이해하기 어려우면서도 서양인과 변별되는 중국인의 독특한 특성이 응집되어 있는 것이라고 생각했기 때문이다.

스미스는 영국인이 스포츠에 빠져있고 스페인 사람이 투우에 빠져있는 것처럼 연극에 열광하는 중국인이, 마치 자신이 연극 속의 인물처럼 과장되게 행동하고 말하는 습성에서 체면이 형성된 것이라고 인식한다. 타인과의 관계에서 자신의 연극적 언어동작이 통할 때 체면이 세워지고 적합하게 연기를 하지 못하거나 중단하면 체면을 잃는다. 체면은 일단 정확하게 이해하기만 하면 중국인의 중요한 특성을 간파하는 비밀 열쇠이지만, 체면의 조작 원칙과 이 원칙이 가져온 성과는 서양인이 완전하게 이해하기 어려운 부분이다. 가령 사람들 사이의 분쟁을 조정할 때 과거 유럽의 정객이 힘의 평형문제를 고려하는 것과 달리, 중국의 조정자는 체면의 평형 문제를 세심하게 감안하여 법률 재판에서도 그 승부가 가려지지 않는 소송이 아주 큰 비율을 차지한다. 또 중국의 한 지현이 특수한 배려를 받아 참수를 당할 때 관복을 입는 것을 허락받아 이로써 자기의 체면을 세웠다는 사례가 있을 정도로 중국인은 체면을 목숨처럼 소중하게 여긴다. 스미스는 이러한 중국인의 체면에 대해 실제 현실에 기반한 행위보다는 연극 속의 언어동작을 중시하고, 실질적인 이해관계보다는 심정적인 만족을 우선하는 형식적이며 자기 위안적인 것으로 이해하면서, "체면은 세웠지만 오히려 목숨을 잃는 것은 우리에게 그렇게 흡인력 있는 일이 아니"라며 비판적인 시각을 드러내고 있다.

또 "예의"에 대해서는 인간관계를 원활하게 하는 예술로서, 서양인이 갖추지 못한 미덕이라고 인정하면서도 그 형식적인 측면에 대해서는 비판적인 입장을 취한다. 체면이 심정적 만족을 주는 일이라면 예의는 고정된 형식으로 체면을 세워주는 일이기 때문이다. 중국인은 예의를 본능처럼 습득하여 일상생활의 한 부분으로 간주하고 있지만, 이것은 전문적인 기술을 보여주는 의식으로 그 의의는 중요하나 마음 속 깊은 곳에서 우러나온 것이 아니다. 중국인은 예의를 사회질서의 토대라고 인식하지만 이것은 상대방에 대한 진심어린 배려가 아니라 일종의 관행화된 형식에 가깝다. 스미스는 중국인의 예의가 복잡하고 진실성이 결여되어 있어서, 특히 예의에 익숙하지 않은 외국인에게는 "우호적인 방식으로 보여주는 우호"가 아니라 상대방을 불편하게 만드는 형식적 행위라고 비판한다.

예의는 "중국인의 모든 심리의 축소판"이며 그 근간에는 "효심"이 바탕이 되어 있다. 중국인들은 모든 도덕의 패륜이 효심이 모자란 데서 기인한다고 생각한다. 즉 예절에 어긋나는 것, 군주에게 충성하지 않는 것, 관원으로서의 책임을 다하지 않는 것, 벗을 진심으로 대하지 않는 것, 적과 용감히 싸우지 않는 것 등은 모두 효심이 부족한 데서 비롯된 일이다. 이러한 중국인의 효심은 가족 간의 유대가 이름뿐이며 윗사람에 대한 존중이 결여되어 있는 서양인들에게 귀감이 되는 덕목이기는 하지만, 몇 가지 측면에서 치명적인 결함을 지니고 있다. 부모에 대한 아들의 책임은 제기하지만 아들에 대한 부모의 책임은 언급하지 않으며, 같은 자식인데도 여자아이에게 차별을 하고 부부사이인데도 아내를 비천하게 대하며, 연장자가 젊은 사람들을 예속하여 순종하게 만들며, 대를 이어나가기 위해 조혼이나 축첩과 같은 악습이 생겨나고, 조상을 지나치게 숭배하여 "살아있는 몇 억의 자손들이 가련하게도 죽은 무수한 조상에게 굴종하고, 오늘의 세대가 지난 많은 세대에게 속박을 당한다." 스미스는 이러한 중국인의 효심이 바로 중국사회가 과거와 조상에 얽매여 진보적인 근대사회로 나아가지 못하게 한 결함이라고 비판하며 다음과 같은 우려를 표한다. "만약 보수주의가 심한 타격을 받지 않는다면 중국은 어떻게 자신을 조절하여 금세기에 남은 25년의 시간 동안 완전히 새로운 환경에 적응할 수 있을 것인가? 만약 이미 죽은 무수한 세대의 사람들을 계속 신으로 모신다면 중국은 어떻게 앞을 향해 진정으로 발전할 수 있단 말인가?"

이렇게 스미스는 체면, 예의, 효심 등의 고대문명국의 습속에 대한 비평을 통해 중국이 정체되어 있으면서도 오히려 장기간 지속될 수 있었던 원인을 발견한다. 즉 중국은 체면과 예의와 같은 성격이 일상적인 행위방식으로 기능하면서 "자족과 낙관"의 정서를 배양하게 되고, 이로 인해 중국인은 체제를 개선하기보다는 안정적인 질서를 선호하는 인간으로 배양되어, "중국인은 태어나면서부터 고생을 이겨내는 능력, 소동을 일으키지 않는 능력, 사회를 유지하는 능력"을 천성으로 지니게 되었던 것이다. 그리고 중국은 바로 이러한 자기만족적인 중국인을 통해 근대사회로 진보하고 있는 세계적 변화와 무관하게 고대문명국의 지위를 장기간 유지할 수 있었던 것이다.

이러한 고대문명국의 습속은 중국에 근대 국민국가가 형성될 수 없는 원인으로 작용하고 있는데, 특히 이 문제와 밀착되어 있는 성격이 바로 "공공정신 결핍"이다. 중국이 고대문명국으로 장기 지속되었음에도 불구하고 스미스가 중국 곳곳에서 발견한 것은 중국인을 하나의 국민으로 통합할 수 있는 공공정신이 결핍되어 있다는 점이다. 정부는 국민을 재난으로부터 보호하기 위해 정책을 실시해야 하지만 재난이 발생하기 전까지 아무런 일도 하지 않고, 국민은 도로 보수와 같은 국가의 공공사무를 위해 협력해야 함에도 불구하고 공공재산에 대해 아무런 책임을 지지 않고 오히려 기회가 생기면 그것을 사유화하려고 한다. "중국인은 공공에게 속하는 물건에 대해 흥미를 가지고 있지 않을 뿐 아니라, 철저하게 지키지 않으면 곧 쉽게 잃을 수 있어 도적질의 목표물이 되기 십상이다." 이러한 현상은 '중국의 강산은 황제의 사유물이기 때문에 국민의 공공재산은 없다'는 의식에서 기인한다. 이점이 바로 근대 중국의 개혁적 지식인들이 가장 고민했던 문제인데, 스미스는 다음의 사례를 통해 중국인의 공공정신 결핍을 풍자적으로 드러내고 있다.

> 1860년 북경을 진공할 때 영국군의 장비에는 산동사람의 손에서 사온 노새 한 마리가 있었다. 천진과 통주는 각자 이익에서 출발하여 영국인과 프랑스인이 이 두 도시에 들어와 교란하지 않으면 그들이 요구한 모든 물건을 제공할 의향이 있다고 대답하였다. 외국 연합군에게 없어서는 안될 대부분의 막일들은 역시 중국 홍콩으로부터 고용해 온 일꾼에 의해 완성되었다. 이런 일꾼들이 중국 군대의 포로가 되면 영국군으로 송환할 때 모두 머리가 잘린다.~만약 중국에 애국주의와 공공의식이 있다 해도 그 의의는 앵글로색슨인과 다르다는 것을 어렵지 않게 알 수 있다.[20]

위의 이야기는 1860년 제2차 중영전쟁 당시 각 지역의 중국인들이 자신의 이익을 위해 영국군에 협조함으로써 중국을 패배하게 만드는데 기여했다는 점을 지적하고 있다. 이것은 황제가 국가와 국민을 사유물로 간주함에 따라 중국인들에게 국민으로서의 공공정신이 형성될 수가 없으며, 이로 인해 전쟁과 같은 위기 상황 속에서도 중국인들은 국가(왕조)보다 지역의 이익이나 개인적인 사익을 우선한다. 즉 중국인들이 외국인의 침략에 대해 혐오감은 지니고 있지

20 『Chinese Characteristics』 110쪽.

만 진정한 애국심에서 발로한 것이 아니어서 국민적 차원의 저항운동으로 확산되기 어렵다는 것이다. 이러한 점이 바로 거대한 중국을 흩어진 모래알로 만들어 아편전쟁으로 시작되는 서구 국가와의 전쟁에서 참패하게 되는 원인으로 작용하는 것이다. 하지만 스미스는 중국인의 공공정신 결핍에 대한 비판에만 그치지 않는다. 미국 국민으로서 근대국가 건설 과정에서 건국 영웅들이 수행한 역할에 대해 잘 알고 있던 스미스는, 중국인들에게 진정한 의미의 애국심을 자각하게 만들려면 무엇보다 지식인志士들이 용감하게 나아가 계몽적 역할을 수행해야 한다고 인식하며 다음과 같은 교훈의 말을 던진다.

> 왕조가 바뀔 무렵이면 충성스럽고 과감한 지사들이 언제나 선뜻 나서 정의를 위해 뒤돌아보지 않고 용감하게 나아간다. 이런 사람들은 마땅히 최고의 찬양을 받아야 한다. 그들은 진정한 애국주의자일 뿐만 아니라 공공의식을 갖고 있는 지도자의 통솔 하에 중국인들의 가장 용맹한 행위를 불러일으킬 가능성이 있다는 것을 분명하게 증명한다.[21]

이러한 문제의식의 연장선 위에서 스미스는 마지막 장인「중국의 현실과 필요」에서 중국인의 결함을 개혁하기 위한 방안을 밝히고 있다. 먼저 스미스는 "중국인은 결코 지혜가 결핍되어 있지 않으며, 인내심, 실용성, 낙천성도 결핍되어 있지 않다. 이 방면에서 그들은 매우 걸출하다. 그들이 진정으로 결핍하고 있는 것은 인격과

21 『Chinese Characteristics』 111쪽.

양심이다."라고 인식한다. 고대문명국으로 중국에는 훌륭한 전통 특히 도덕을 숭상하는 유학이 건재하지만, 현재의 중국인들은 관원에서 민간에 이르기까지 도덕적으로 타락하여 성실하지 않을 뿐 아니라 이타주의가 부족한 상태다. 그래서 행정, 군사 상업 등 모든 방면에서 사적인 이해관계에 얽매여 직무를 성실히 수행하지 않아 사회 전체에 각종 폐단이 만연해 있다. 유학은 이미 최후의 단계에 도달하여 더 이상 새로운 성과를 만들 수 없으며, 어떠한 개혁의 조치도 표면적인 변화만을 이룰 뿐 다시 원 상태도 돌아가고 만다. 스미스는 중국의 개혁은 불가능하다는 시각에 대해서는 비판적인 입장을 취하고 있지만, 개혁을 완성하기 위해선 반드시 외부의 힘을 빌어 가속화해야 한다고 주장한다. "썩은 나무를 완전히 잘라내야 옛 뿌리에서 새싹이 돋아날 수 있다. 중국은 영원히 내부의 변화를 통해 스스로 개혁을 진행할 수 없다."

그러나 중국을 개혁하는 외부의 힘으로 서구국가와의 외교관계나 경제교류는 적합한 수단이 되지 못하는데, 그것은 서구국가 자체의 제국주의적 속성으로 인해 중국을 침탈하여 정치경제적 이익을 얻어내는데 그칠 뿐이어서 중국의 개혁에 도움을 주지 못하기 때문이다. 또 과학을 포함한 서구의 물질문명은 중국의 개혁에 커다란 힘이 될 수 있지만 그것을 수용하는 중국인에게 공정하고 정의로운 정신이 결핍되어 있어 오히려 커다란 해악을 끼칠 수 있으며, 서구의 근대적 제도는 중국인들이 갑자기 수용할 수 있는 것이 아니며 또 수용하더라도 즉각 실행하기가 어려운 일이다. 그것은 서구인들에게는 근대적 물질문명과 제도를 수용하여 민주적으로 운용할 만한 도덕적 역량이 배양되어 있지만 현재 중국인들에게는 이에 부합하는 도덕정신이 결여되어 있기 때문이다. "중국을 개혁하기 위해서는 중국인의 성격의 근원에 도달하여 그것을 정화해야만 한다. 양심이 실질적으로 존중되어야 하며, 더 이상 일본 천황이 대대로 그랬던 것처럼 자신만의 궁궐에 갇혀 있게 해서는 안 된다."[22]

이러한 맥락에서 스미스는 중국인의 결함을 개선하기 위해 양심(도덕)을 배양하는 일이 중국을 개혁하는 최선의 길이며, 그 일은 외부의 힘인 기독교 문명만이 완정하게 수행할 수 있다고 인식한다. 서구사회에서 그것이 수행한 역할처럼.

5.

이상의 논의로 볼 때 스미스는 중국인의 성격을 다양하고 세밀한 항목으로 나누어 서술하고 있지만, 대체로 열악한 자연경제 하에서 형성된 생존능력과 이기적이고 폐쇄된 성격, 고대문명국의 습속에 의해 형성된 보수적이고 자기만족적인 성격 그리고 국가의식의 부재와 관련된 공공정신 결핍의 시각을 통해 관찰하고 있다는 점을 엿볼 수 있다. 물론『중국인의 성격』에는 중국인에 대한 인종주의적 편견과 선교의 요소를 지니고 있는 게 사실이지만, 그 너머에 루쉰이 말한 "자신에 대해 분석하고 질문하여 자신을 개선하고 변혁하도록 이끌" 통찰력이 있다는 점 역시 부인할 수 없을 것이다. 루쉰은 서두에서 인용한『중국인의 성격』의 번역을 유언으로 남긴

22『Chinese Characteristics』 345쪽.

글 이전에도 일기, 편지, 잡문 등에서 이에 관해 수차례 언급하고 있다. 이 글들에서 루쉰은 외국인들이 중국인의 국민성을 규명하는 책을 저술하는데 반해 정작 중국인들은 자신의 국민성과 그 결함에 대해 별다른 관심이 없는 것을 비판하고, 외국인이 쓴 책 가운데 가장 볼만한 것으로 스미스의 『중국인의 성격』을 언급하며 이를 번역하여 소개하기를 희망한다. 루쉰이 평생 이러한 생각을 간직하며 유언으로까지 남겼다는 것은 무엇을 의미하는 것인가? 루쉰이 평생 국민성 개조의 길을 걷었음에도 불구하고 중국인의 결함은 여전히 그대로 존재하여 중국이 낙후된 세계에서 벗어나지 못하게 하는 병근으로 작용하고 있었기 때문일 것이다. 이러한 중국인의 병근이 존재하는 이상 타자의 거울로서 스미스의 『중국인의 성격』은 여전히 중국에서의 존재가치를 지니게 되는 셈이다. 루쉰에게 이것은 곤혹스런 통찰로 다가온다.

그러나 루쉰의 통찰이 스미스의 시선 너머에 있는 중국인의 결함에 대해 추궁하고 있다는 점을 잊어서 안 된다. 가령 스미스가 중국인의 독특한 성격이 가장 응집되어 있다고 인식한 체면에 대해 루쉰은 체면이 연극적이고 형식화된 관행이라는 스미스의 시각을 인정하면서도, 더 나아가 그 속에 불의한 현실을 자기기만적인 방식으로 도피하는 중국인의 비겁성이 내재되어 있다는 점을 해부한다. 즉 "이것은 결코 체면을 적극적인 이유에서가 아니라 속에 불평이 있으면서도 보복할 용기가 없으니까 만사는 연극이라고 귀착시켜버리는 것이다. 만사가 연극인 이상 불평도 역시 진실한 것이 아니며, 보복하지 않는 것도 비겁성이 아닌 것이다. 그러므로 길에서 공정하지 못한 일을 보고 그것을 희생적으로 도와주지 않아도 의연히 고지식한 정인군자가 되는 것이다."[23] 이러한 차이는 관찰자이자 선교사인 스미스와 달리, 문제 당사자로서 루쉰이 중국인으로 존재한다는 것이 무엇인지에 대해 심각하게 고뇌하고 있었기 때문일 것이다. 루쉰은 스미스라는 타자의 거울을 통해 중국인의 결함을 비춰보며, 그것을 관찰대상이나 선교의 대상이 아닌 국민성 비판의 차원에서 주체적으로 사유하고 있었던 것이다.

루쉰의 국민성 담론이 스미스의 통찰을 수용하면서도 중국인의 결함을 한층 주체적이고 심원하게 비판하고 있는 점에 대한 구체적 분석은 다음의 과제로 남긴다.

23 루쉰 「馬上支日記」 7월 2일.

5. 량치차오의 『구유심영록歐游心影錄』과 신문명의 탐색

1. 문제의식

량치차오의 『구유심영록歐游心影錄』을 완독한 후 문득 홉스봄이 『극단의 시대: 20세기의 역사』에서 현재 자신의 시대에 대해 언급한 말이 떠올랐다. "현재 속의 과거를 포함해서 과거가 자신의 역할을 잃어버린 세상, 개별적 집단적으로 사람들을 일생 동안 안내해 온 이전의 지도와 해도가 우리가 움직이는 곳의 풍경과 우리가 항해하는 바다를 더 이상 나타내지 않는 세상, 우리가 어디로 여행하고 있는지 모르며 어디로 가야만 하는지조차 모르는 세상이 어떤 모습인지를 아는 것이 금세기말에 처음으로 가능해졌다."[1] 홉스봄의 책은 이렇게 미래가 불투명한 현재 세상의 출로를 찾기 위해 1차 대전과 소비에트혁명에 의해 촉발되어 90년대 사회주의 몰락으로

1 에릭 홉스봄, 이용우 옮김, 『극단의 시대: 20세기 역사』, 까치, 1997, 34쪽.

종결되는 '단기 20세기'의 역사를 성찰한 저작이다. 『구유심영록』을 보면서 홉스봄의 책이 떠오른 것은 『구유심영록』이 1차 대전 전후 세계문명의 전환에 관해 서술하고 있어서 그 출발선이 겹쳐진 면도 있지만, 무엇보다 자신의 시대를 바라보는 두 저자의 심정이 서로 통하고 있다는 점을 느꼈기 때문이다. 언배로 볼 때야 량치차오가 한참 선배로서 홉스봄이 태어난 이듬해인 1918년에서 1919년 동안 1차 대전의 현장인 유럽을 여행하고 또 소비에트혁명의 과정을 지켜본 후 이에 관한 견해로 『구유심영록』을 저술한 것이다. 하지만 20세기 역사 해석의 주도권을 쥐고 있던 서구 저작을 먼저 읽은 필자로서는 『구유심영록』의 탁견에 감탄하면서 거꾸로 홉스봄의 책을 떠올릴 수밖에 없었다.

홉스봄은 20세기 역사에 대해 자본주의/사회주의의 대립 서사로 보는 통념과 달리, 세계대전 기간 인류 공공의 적인 파시즘에 맞서기 위한 자본주의와 공산주의의 일시적 협력, 전후 두 체제의 장점을 융합하여 이룩한 경제 황금시대 등을 서술하며, 인류사회가 직면한 위기를 두 체제의 경쟁과 협력의 방식으로 해결해나가는 관점을 제기한다. 홉스봄은 이러한 시각을 기반으로 현실 사회주의의 몰락이 프란시스 후쿠야마의 '역사의 종언'처럼 자본주의의 승리로 귀착되는 것이 아니라, 1990년대 이후 극심해져가는 자본주의적 불평등이 21세기의 미래를 더욱 불투명하게 만들고 있다고 이해한다. 이러한 불평등의 문제가 바로 사회혁명을 통해 '단기 20세기'를 추동시킨 근본 요인이었는데 여전히 심각한 문제로 작동하고 있다면, 21세기 역시 '단기 20세기'의 지속이라고 할 수밖에 없을 것이다. 적어도 '단기 20세기' 동안에는 항해지도로 작동하던 자유, 민주, 평등, 정의 등의 근대문명적 가치가 실종되어가고, 사회주의의 몰락으로 자본주의를 견제하던 '대안세계'가 부재한 현실을 감안한다면 21세기는 더욱 불투명해 보이리라.

홉스봄이 '단기 20세기'의 종점에서 근대세계를 추구하던 인류의 꿈이 전쟁과 극단으로 치달아온 우울한 역사를 성찰하고 있다면, 량치차오는 '단기 20세기'의 입구에서 세계대전의 파국을 넘어 인류의 평화와 자유 실현을 위한 새로운 문명의 조건에 대해 예언하고 있다. 량치차오에게 1차 대전은 그동안 항해지도로 작동하던 서구 근대문명의 환상을 깨트린 충격적인 사건이었다. 근대 중국은 량치차오의 계몽의 빛이 발하던 시대라 해도 과언이 아닐 정도로 사상·학술에서 현실정치에 이르기까지 전방위적인 활약을 했는데 그의 별빛이 되어주던 거울이 바로 서구 근대문명이었다. 그 가운데 량치차오는 영국의 자유주의 문명을 선호하고 그것의 중국적 실현가능성을 모색해왔지만, 다른 한편으로 서구 근대문명의 그늘에서 발아한 사회주의·무정부주의 등의 진보사상에 대해서도 사유의 끈을 놓지 않았다. 1차 대전은 량치차오의 항해지도를 산산조각 냈을 뿐 아니라 앞으로 나가야할 항로 자체를 불투명하게 만들었다.

『구유심영록』은 세계대전 후 유럽 여행歐游을 통해 관찰하고 느낀 생각心影에 관한기록으로, 길이 끊어진 곳에서 다시 새로운 길을 찾는 탐험의 여정이라고 할 수 있다. 량치차오가 유럽 세계대전의 관찰을 통해 어떠한 신문명을 탐색하고 있는지 『구유심영록』의 세계 속으로 들어가 보자.

2. 『구유심영록』 개관

1918년 10월 23일 량치차오는 장바이리, 류즈제, 딩원장, 장쥔마이, 쉬전페이, 양딩푸 등 6인의 대원을 데리고 세계대전이 종결된 후 평화회의가 열리고 있는 유럽으로 가기 위해 베이징을 떠난다. 량치차오를 수행한 6인의 대원은 대부분 유럽과 일본에서 유학하며 근대학문을 공부한 인재[2]들로 량치차오가 유럽의 역사문화를 이해하고 세계대전 전후의 국면을 분석하는 데 상당한 도움을 주어, 『구유심영록』 속의 탁견으로 이어졌을 것이라 생각된다. 량치차오 일행은 10월 28일 상하이에서 일본 우편선 요코하마마루 호를 타고 싱가포르, 페낭섬, 스리랑카, 홍해, 지중해를 거쳐 1919년 2월 11일 런던에 도착한다. 2월 18일에 파리로 가 평화회의 정황을 관찰하고 3월 6일 파리를 떠나 세계대전 전장인 랭스, 베르됭, 알자스 로렌 지방 및 라인강 우안의 연합군 주둔지를 여행하고 벨기에를 거쳐 파리로 돌아온다. 3월 중순에서 5월 초순까지 파리에 머물며 평화회의 상황을 관찰하다가 6월 6일에 파리를 떠나 서유럽 북부의 전장 및 유럽 각국을 유람하고 10월 11일 파리로 돌아와 2달간 체류한다. 12월 10일 독일 베를린 여행 후 파리로 돌아오고 1920년 1월 17일

2 장바이리(蔣百里. 1882~1938)는 군사이론가로 일본과 독일에서 공부했으며, 류즈제(劉子楷. 1880~ ?)는 외교가로 일본에서 공부했으며, 딩자이쥔(丁在君. 1887~1936)은 동물학자이자 지질학자로 일본과 영국에서 공부했으며, 장쥔마이(張君勱. 1887~1869)는 철학자로 일본과 독일에서 공부했으며, 쉬전페이(徐振飛. 1890~1938)는 경제학자로 영국과 프랑스에서 공부했으며, 양딩푸(楊鼎甫)는 민국시기 저명한 지식인으로 생평은 자세하지 않다.

마르세유로 향하여 23일 승선한 후 3월 5일 상하이에 도착한다.

『구유심영록』은 1919년 10월 11일 유럽 각국을 유람하다 다시 파리로 돌아온 시점에서 그간 관찰한 바를 회고하는 형식으로 서술되는데, 크게 8장으로 구성되어 있다. 각장의 내용을 간략히 살펴보자. 1장 '유럽여행 중의 일반적 관찰 및 감상'은 총론에 해당하는 글로서 상, 하편으로 이루어져 있다. 상편 '대전 전후의 유럽'은 세계대전 전후의 국제정세, 세계대전이 일어나게 된 사상 문화적 원인, 새로운 문명 재건의 미래 등에 관해 서술하고 있으며, 하편 '중국인의 자각'은 새로운 문명에 적응하기 위해 중국인이 자각해야 할 시대적 과제, 중국문명이 새로운 문명 건설에 기여할 가능성과 책임 문제 등을 피력한다. 2장 '유럽으로 가는 도중에'는 량치차오 일행이 배를 타고 상하이를 출발하여 남양南洋[3]을 지나가다가 이곳의 화교들이 수적 우위에도 불구하고 서양의 식민지로 전락한 자치능력의 결함에 대해 한탄하고, 스리랑카에 들러 석가가 설법한 능가도와 캔디의 와불사를 관람한 소감을 서술한다. 그리고 선상에서의 일과와 에피소드를 소개하고 홍해, 수에즈, 지중해를 거쳐 영국 런던에 도착하는 과정에서 느낀 감회를 시로 표현하고 있다.

3장 '런던에서의 첫 여행'은 대전 후 런던의 참담한 정경, 웨스트민스터 사원 관람 소감, 1919년 영국 총선 전의 정계 현황, 총선 후의 새 국회, 하원에서의 방청, 의회에 관한 에피소드 등을 서술하면서 영국이 부강한 국가가 된 것이 국민의 위대한 정신 때문이라는

3 남양은 중국의 남쪽 해양지역을 가리키는 전통 지리용어로 지금의 동남아시아에 해당한다.

점을 피력한다. 4장 '파리평화회의 조감'은 파리에서의 현지 관찰을 바탕으로 평화회의 주체국 및 기타 신생국, 평화회의의 유형, 주요 인물, 의제, 에피소드 등을 개괄적으로 설명하고 강대국의 이해관계가 얽힌 평화회의의 실제 진행과정과 그 내막에 대해 비판한다. 5장 '서유럽 전장 형세 및 전쟁국면 개관'은 세계대전의 개전과 전쟁 진행과정을 핵심적 격전지인 마른 전투, 베르됭 전투를 중심으로 개관하고, 독일이 패전한 원인을 수행원인 군사전문가 장바이리의 시각을 인용하여 독일 군국주의의 강경정책에서 비롯된 일이라고 비판한다. 6장 '전장 및 알자스 로렌 지방 기행'은 마른 강 일대에서 베르됭을 거쳐 알자스 로렌 지방 및 라인 강 우안의 연합군 점령지를 관람하고 뫼즈 강을 따라 힌덴부르크방어선 일대를 통과하여 파리로 돌아온 여행 소감을 피력하고, 유럽 전쟁의 참상과 역사적 근원 그리고 이를 방지하기 위한 세계정부의 필요성에 대해 서술한다.

7장 '국제연맹에 관한 평론'은 세계대전의 교훈이자 인류평화를 위한 대 기틀로 국제연맹이 제기된 역사적 내원, 연맹규약 성립 경과, 연맹 구성의 주체, 기관, 군비축소, 전쟁방지방법과 위배국가 제재, 기존 국제협정·조약과의 관계 문제 등을 비평한다. 그리고 국제연맹이 불완전하고 미비하기는 하지만 인류의 영구평화를 위한 거대한 진보라는 점을 강조한다. 8장 '국제노동규약에 관한 평론'은 세계대전의 주요 요인이 된 자본주의적 불평등 및 노동문제가 국제적 차원으로 확장됨에 따라 국제노동규약이 파리평화회의의 주요 의제가 된 점, 국제노동규약이 세계평화를 위한 노동제도 건립을 목표로 한다는 점, 노동의 탈상품화와 노동자의 행복증진을 위한 공동원칙 및 조직 등에 관해 설명하며, 국내외 경제구조의 불평등을 개선하는 일이 인류평화와 사회정의를 추구하는 관건적인 사업이라는 점을 강조한다.

전체적으로 볼 때 『구유심영록』은 세계대전으로 서구 자유주의 문명이 폐허가 된 현장에서 새로운 문명의 가능성을 찾아가는 성찰과 예언의 기록이라고 할 수 있다. 『구유심영록』을 새로운 문명에 대한 성찰과 예언의 기록으로 이해하려면 무엇보다 『구유심영록』에 대한 기존의 시선을 반성적으로 살펴볼 필요가 있다. 박노자는 「1900년대 조선, 양계초에 반하다」[4]라는 글에서 "일부 미국 학자들은 『구유심영록』을 '유교적 보수주의로의 회귀'라고 혹평하지만, 이 글은 주변부 지식인 입장에서의 서구 비판의 아주 훌륭한 예다."라고 비평한 적이 있다. 『구유심영록』을 유교적 보수주의로의 회귀라고 비판하는 것은 1차 세계대전 전후 시작된 중국 지식계의 동서문화 논전과 밀접한 관련이 있다. 당시 1차 세계대전의 충격으로 인해 서구 근대물질문명에 대한 성찰의 공간이 열리면서 위기 극복을 위해 중국 정신문명이 적극적 역할을 할 수 있다는 이른바 문화보수주의 시각이 대두되었다. 다른 한편으로 신해혁명으로 건설된 공화정이 위안스카이의 개제, 장쉰의 복벽 등 보수 세력의 역행으로 위기에 빠지면서 그 뿌리인 전통문화를 근원적으로 해체하려는 반전통주의 시각이 형성되었다. 이렇게 문화보수주의와 반전통주의 시각이 대립하는 가운데 『구유심영록』이 중국지식계에 소개되면서 동서문화 논전이 한층 가열되고, 문화보수주의 진영은 량치차오의 시각을 전반적 서구화를 주장하는 신문화진영에 대한 공격의 무기

4 『한겨레21』 칼럼, 2004.2.18일자.

로 사용하였다. 『구유심영록』이 서구 물질문명의 위기를 중국 정신문명으로 구원할 수 있다는 문화보수주의의 선언서[5]로 칭해지면서, 신문화진영은 반대로 이 책을 유교적 보수주의를 대변하는 것이라고 혹평하였다. 량치차오 개인사적으로 볼 때도 『구유심영록』의 저술 시기는 정치생애를 마감하고 교육과 전통학술(문화) 연구에 매진하게 되는 전환점에 놓인다. 량치차오 연구자들은 이 시기들 두고 량치차오가 진보주의자에서 보수주의자로, 서구주의자에서 전통주의자로 전환했다고 말한다.[6]

그런데 문제는 두 진영의 옹호와 비판과 달리, 이른바 서구 물질문명의 위기/중국 정신문명의 구원이라는 시각으로는 『구유심영록』의 본의를 포착할 수 없다는 점이다. 또 이 시기 량치차오의 행보를 진보주의자에서 보수주의자로, 서구주의자에서 전통주의자로 전환했다고 평가하지만 『구유심영록』은 보수주의자·전통주의자 량치차오의 저작으로 이해할 수 없는 더욱 다층적인 시각이 공존하고 있다. 즉 『구유심영록』을 세계대전 후의 신문명에 대한 성찰과 예언의 기록으로 이해할 때, 성찰은 서구 자유주의 문명을 신봉한 계몽주의자 량치차오가 그 문명이 파국에 치달은 원인에 대해 반문하는 형식으로 진행되고, 예언은 사회주의·무정부주의 비판사상의 시대적 의미를 사유해온 진보주의자 량치차오와 중국의 전통 사상이 현재의 위기 극복을 위한 자원으로 활용될 가능성을 모색한 인문주의

5 강명희, 「5·4시기 중국의 '제3의 신문명' 건설 탐색 – 연구계 량치차오를 중심으로 –」, 『중국근현대사연구』 44집, 중국근현대사학회, 2009.12, 30쪽.

6 백지운, 「반면교사로서 유럽 – 량치차오의 『구유심영록』에 대한 일고찰」, 『중국현대문학』 39호, 중국현대문학학회, 2006.12. 165~166쪽.

자 량치차오가 서로 협력하여 새로운 문명의 조건을 제기하는 형식으로 이뤄지고 있는 것이다. 『구유심영록』은 량치차오의 이러한 시각들이 연계되어 쓰여진 것으로 문화보수주의의 선언서라고 단순히 규정하기 힘든, 동시대 세계의 변화에 대한 통찰과 새로운 문명의 탐색을 거시적으로 시도하고 있다.

3. 과학을 보는 시각

『구유심영록』이 중국 지식계의 동서문화 논전 및 과학과 인생관 논쟁에서 가장 논란이 되었던 부분은, 1차 세계대전의 원인과 서구 근대문명의 위기를 과학만능주의와 연계지어 분석하고 있는 1장 상편 7절의 '과학만능의 꿈'이다. 먼저 '과학만능의 꿈' 가운데 그 논지가 잘 드러나 있고 후스가 「과학과 인생관」 서序에서 인용하여 부각이 되었던 구절을 읽어보자.

> …… 요약하자면, 근대인들은 과학발전을 통해 공업혁명을 일으켰으며, 외부생활이 급격히 변화함에 따라 내부 생활이 동요되었다는 것이다. 이는 쉽게 이해할 수 있는 점이다. …… 과학자의 새로운 심리학에 근거하면 소위 인류의 심령은 물질운동현상의 하나에 불과하다. …… 유물론 철학자들은 과학의 비호 아래서 순물질적이고 순기계적인 인생관을 수립하여 내부생활과 외부생활을 모두 물질운동의 '필연법칙'으로 귀결시켰다. …… 뿐만 아니라, 그들은 심리와 정신을 동일한 사물로 보면서 실험심리학을 근거로 인류의 정신도 일종의 물질에 불과하며 똑같이 '필연법칙'의 지배를 받는다고 우긴다. 그

래서 인류의 자유의지가 부정될 수밖에 없었다. 의지가 자유로울 수 없다면 선악의 책임도 존재하지 않는다. ……오늘날 사상계의 최대 위기가 바로 여기에 있다. 종교와 구철학은 이미 과학의 공격에 패배했을 뿐만 아니라, '과학선생'이 적극적으로 나서 자신의 실험에 의거하여 우주의 대원리를 발명하려고 한다. 대원리는 말할 것도 없고 각 분과의 소원리도 나날이 새로워진다. 오늘 진리로 인정되던 것이 내일 오류로 드러난다. 신권위는 끝내 수립되지 못하고, 구권위는 회복되어서는 안 된다. 그래서 사회 전체의 인심이 의심과 침울 그리고 두려움에 빠져있는데, 마치 나침판을 잃어버린 배가 풍랑과 안개 속을 헤매며 어디로 가야 좋을지 모르는 듯한 상황이다. 이렇게 되어 공리주의·강권주의가 갈수록 득세하였다. 사후 천국이 존재하지 않으니 몇 십 년의 짧은 인생을 마음껏 즐기지 않을 수 없고, 선악에 책임이 없으니 모든 수단을 동원하여 개인적 욕망을 채워도 무방하다. 그러나 소비할 수 있는 물질 증가속도가 욕망의 팽창속도를 따라갈 수 없었고, 양자의 균형을 잡아줄 방도도 없었다. 어떻게 할 것인가? 자신의 힘에 의지하여 자유경쟁을 할 수밖에 없었다. 솔직하게 말하면, 약육강식이다. 최근에 등장한 군벌·재벌은 모두 이러한 경로를 통해 만들어진 것이다. 이번 대전은 바로 인과응보인 셈이다. …… 요컨대, 이러한 인생관하에서라면 수많은 사람들이 연이어 이 세계에 와서 몇 십 년을 사는 이유가 무엇인가? 유일한 목적은 빵을 빼앗아 먹기 위해서다. 그렇지 않다면, 우주 물질운동의 대바퀴에 동력이 부족할까 걱정되어 특별히 연료를 공급하기 위해 온 것이다. 정말로 이러하다면, 인생에 무슨 의미가 있고, 인류에 무슨 가치가 있는가? 유감스럽게도, 과학의 전성시대에 주요 사조는 이 방면에 편중되었다. 당시 과학만능을 노래했던 사람들은, 과학의 성공으로 황금세계가 머지않아 출현할 것이라고 열망하였다. 오늘날 과학은 성공했다고 할만하다. 백 년 동안의 물질의 진보가 과거 삼천년 동안 생산한 것보다 몇 배나 증가했기 때문이다. 하지만 우리 인류는 행복을 얻지 못했을 뿐 아니라 오히려 수많은 재난이 일어났다. 이는 마치 사막에 길을 잃은 여행객이 멀리서 커다란 검은 그림자가 보이자 사력을 다해 앞으로 달려가, 길 안내를 받으려고 바짝 다가가니 그림자가 보이지 않아 한없이 처량하고 실망한 것과 같다. 그림자는 누구인가? 바로 '과학선생'이다. 유럽인들은 과학만능의 큰 꿈을 꾸다가 지금은 오히려 과학의 파산을 부르짖고 있다.[7]

유럽 근세문명에는 봉건제도, 그리스철학, 기독교의 세 가지 근원이 있는데, 봉건제도는 개인과 사회의 관계를 규정하여 도덕의 조건과 관습을 형성했고, 그리스철학은 우주 최고원리와 인류 정신작용에 대해 연구하며 최선의 도덕 표준을 제공했고, 기독교는 감정과 의지의 두 측면에서 '초세계'의 신앙을 제공하여 현세의 도덕이 자연스럽게 이 기준을 따르게 되었다. 그런데 프랑스대혁명 이후 봉건제도가 완전히 붕괴되어 옛 도덕의 조건과 관습이 대부분 현실과 멀어지면서 유럽인들의 내부생활도 점차 동요되기 시작했고, 과학의 발달로 인해 '순물질적이고 순기계적인 인생관'이 형성되어 유럽인의 내부생활을 지배함에 따라 인간의 자유의지가 물질운동의 '필연법칙'으로 대체되었다. 량치차오는 바로 이러한 '순물질적이고 순기계적인 인생관'이 유럽 사회 전체를 '회의와 답답함과 두려움 속으로 빠져들게 했으며', '약육강식'의 현 상황을 만들어낸 것이라고 인식한다. 그리고 이러한 과학만능주의와 아울러 오늘날의 빈부격차를 더욱 부채질하는 것이 생물진화론과 자기 본위의 개인주의이다. 다윈의 생물학의 대원리는 생존경쟁과 우승열패의 원

---

7 梁啓超, 『歐游心影錄』, 北京: 商務印書館, 2014. 16~18쪽.

리로 귀결할 수 있으며 밀의 공리주의와 벤담의 행복주의와 결합되어 당시 영국 학술의 중심이 되었다. 동시에 슈티르너와 키에르케고르가 자기본위설을 제창했는데, 박애주의가 노예의 도덕이며 약자를 제거하는 것이 강자의 천직으로 우주 진화의 필연이라고 주장하였다. 개인의 측면에서 볼 때 권력 숭배와 물질 숭배가 불변의 진리가 되었고, 국가의 측면에서 군국주의와 제국주의가 가장 유행하는 정치 전략이 되었다. 량치차오는 이번 세계대전의 기원은 바로 이러한 이론에서 비롯되었으며, 앞으로 각국 내부에서 벌어질 계급 투쟁의 기원도 바로 이러한 이론에서 비롯될 것[8]이라고 인식한다.

과학 기술과 생산력의 발전으로 풍요로운 물질생활을 향유하고 개개인이 자유롭고 행복한 세상이 도래할 것이라는 근대문명의 꿈은 세계대전과 빈부격차로 인해 파산 선고가 이뤄졌다. 량치차오는 전쟁과 사회적 불평등이 단순히 물질생산 시스템의 위기에서 초래된 것이 아니라, 근대문명을 지배하고 있던 '순물질적이고 순기계적인 인생관'인 과학만능주의 및 학술계의 생물진화론과 자기 본위의 개인주의에서 연유한다고 인식한다. 그러나 문화보수주의자들이 생각하듯이 량치차오가 위기에 빠진 서구 물질문명의 구원자로 중국 정신문명을 즉각 내세웠던 것은 아니다. 량치차오는 유럽이 최근 겪은 물질적 정신적 변화는 개개인의 자각을 통해 날마다 창조해 온 것이며, 지금 문명의 '질'이 예전보다 떨어지기는 했지만 그 '양'은 풍부해졌고 '힘'은 지속될 수 있다[9]고 판단한다. 이러한 맥락에서

8 梁啓超, 앞의 책, 14~15쪽.

9 梁啓超, 앞의 책, 23쪽.

량치차오는 1장 상편 10절 '신문명 재건의 미래'에서 유럽이 세계대전 이후 새로운 문명을 모색해나가는 내부 동력에 대해 굳건한 신뢰를 보낸다.

> 현재 유럽인은 그러하지 않다. 그들은 여전히 자아발전을 추구하고 외부의 압박에 대해 백절불굴의 의지로 반항하여 날마다 정진에 힘쓴다. …… 그리고 그 속에서 진정으로 안심입명 할 곳을 찾으려 하는데, 현재 점차 그러한 곳을 찾아가고 있다. 사회학 분야에서 러시아 크로포트킨 일파의 호조론은 다윈의 생존경쟁설을 대체하여 흥기하고 있다. 크로포트킨은 자아는 발전해야 하는데, 인류는 사회를 떠나 독립할 수 없고 모든 일은 반드시 타인의 도움에 의지해야 하기 때문에, 상호 부조가 바로 자아 발전의 유일한 수단이라고 주장하였다. 그의 논거 역시 과학적으로 귀납한 것이어서 갈수록 사상계에서 세력을 넓혀가고 있다. 철학 분야에서는 인격유심론, 직관창조론 등의 새로운 학파가 출현하여 과거 기계적 유물적 인생관의 암운을 걷어냈다. 인격유심론은 미국의 제임스가 처음으로 제기하였고 근래 들어 영미 학자들에 의해 더욱 발전되었다. 과거 유심론 철학자들은 '심령'을 절대적 실체로 간주하고, 그의 대상 '세계'와 서로 대립하면서 양분되어 있는 것으로 인식하였다. 그러나 제임스 일파는 과학적 연구방법을 사용하여 인류의 심리 기능이 외부 세계에 적응하면서 점차 발달하고, 의지와 환경이 서로 협력하여 진화를 완성한다고 증명하였다. 인류 생활의 근본적인 의미는 당연히 자기를 보전하고 발전시키는 것이다. 그러나 사람마다 각자 '자기'가 있어서, '자기'라는 말로는 서로 통용되기 어렵기 때문에, 자기의 통칭을 '인격'이라고 부른다. '인격'은 각자의 자기를 떠나면 의지할 곳이 없지만, 각자의 자기에 기대기만 해서는 자신을 완성할 수 없다. 세계에 다른 사람이 없다면 나의 '인격'은 어떻게 표현되는가? 사회 전체가 죄악이라면

> 나의 '인격'은 사회의 감염과 압박을 받고 어떻게 건전해질 수 있는가? 이로부터 인격은 공통적이며 고립된 것이 아니라는 점을 알 수 있다. 자신의 인격을 향상시키려고 하면 유일한 방법은 사회의 인격을 향상시키는 것이다. 그렇지만 사회의 인격은 본래 각자의 자기가 화합하여 이루어진다. 사회의 인격을 향상시키려면 유일한 방법은 자기의 인격을 향상시키는 것이다. 이것이 바로 의지와 환경이 협력하여 진화를 완성한다는 이치이다. 이러한 이치를 이해하면 소위 개인주의, 사회주의, 국가주의, 세계주의의 각종 모순도 해결할 수 있다. …… 앞으로 칸트·헤겔·다윈 등의 선배들의 학술과 대등한 권위를 가지고 이 시대 사람들의 마음을 움직일만한 큰 성과가 나올지는 확신하기 힘들다. 하지만 이번 대전의 상처와 고통을 겪고 난 후, 많은 유럽인들의 인생관이 그 충격으로 변화가 일어났다. 그들이 앞으로 이로부터 새로운 국면을 개척할 것이라는 점에 대해서는 감히 단언할 수 있다.[10]

량치차오는 유럽이 세계대전의 충격으로 고통의 시간을 지내고 있지만 자아발전을 위한 불굴의 정신으로 새로운 국면을 개척하고 있으며, 그 과정에서 '순물질적이고 순기계적인 인생관'에 커다란 변화가 발생하고 있다고 인식한다. 즉 사회학 분야에서는 크로포트킨의 상호부조론이 다윈의 생존경쟁설을 대체하여 자기본위적 개인주의가 아닌 상호부조가 자아발전을 위한 동력으로 승인되고 있으며, 철학 분야에서는 인격유심론, 직관창조론 등의 학파가 기계적 유물적 인생관을 비판하고 상호 소통하는 인격 개념을 통해 개인~사회~국가~세계가 서로 협력하는 새로운 인생관을 형성하고 있

10 梁啓超, 앞의 책, 24~26쪽.

다. 여기서 주목할 점은 유럽에서 형성되고 있는 새로운 인생관이 중국의 과현논쟁에서처럼 과학과 대립하거나 독립된 영역으로 존재하는 것이 아니라, 과학적 연구방법을 통해 그 근거를 귀납함으로써 과학과 밀접한 연계성을 지니고 있다는 사실이다.[11] 량치차오는 세계대전의 충격과 상처 속에서 일어나고 있는 이런 유럽사회의 변화를 감지하며, 향후 상호부조와 인격론을 통한 협력과 소통의 세계가 나아가는 것이 바로 새로운 문명 건설의 길이라는 점을 통찰한다.

량치차오가 『구유심영록』에서 중국 전통사상에 주목하는 것은 바로 이러한 세계사적 맥락에서이다. 최근 유럽에서 제창된 실용철학과 창조론철학은 이상을 현실에 집어넣어 정신과 물질의 조화를 이루려하고 있다. 량치차오는 중국 선진시대의 사상이 이러한 목표에서 발전된 것이라고 인식한다. 특히 공자·노자·묵자의 세 성인은 학파가 다르지만, '이상과 실용의 일치'는 이들의 공통된 귀착점이었다. 공자의 '본성을 다하고 변화를 돕는다盡性贊化',[12] '스스로 굳세게 하며 쉬지 않고 노력한다自强不息',[13] 노자의 '만물이 제 근원으로 돌아간다各歸其根',[14] 묵자의 '위로 하늘을 따른다上同於天'[15]는 모두

11 7절 '과학 만능의 꿈' 주에서 량치차오가 "독자 여러분, 과학을 비하한다고 절대 오해하지 않길 바란다. 나는 결코 과학의 파산을 인정하지 않으며, 과학만능을 인정하지 않는 것일 뿐이다."라고 한 말도 새로운 인생관과 과학의 관계 속에서 해석해야 할 것이다.

12 『주역』 「설괘전」에 나오는 구절.

13 『주역』 乾卦에 나오는 괘사.

14 『노자』 제16장의 구절.

15 『묵자』 「상동(尙同)」편의 구절.

'대아', '영적 자아'와 '소아', '육체적 자아'가 동체同體이며, 작은 것을 통해 큰 것으로 나아가고 육체를 통해 영혼과 화합하려고 한다.[16] 또 유럽의 불교 연구가 날로 풍성해져 모든 경전이 거의 다 번역되었지만 범문 속에서 대승 교리를 얼마나 이해할 수 있을지는 알 수가 없다. 그런데 중국에서 스스로 창시한 종파는 말할 필요도 없고, 선종禪宗[17]같은 경우는 진실로 응용된 불교이자 세속 불교라고 할 수 있다. 선종은 확실히 인도를 벗어나야 형성될 수 있는 불교이면서 중국인의 특성을 분명하게 표현하고 있는데, 이로 인해 출세법出世法과 현세법現世法이 공존하며 모순되지 않는다. 지금 베르그송, 오이켄 등은 이 길을 가려고 하지만 아직 도달하지 못했으며 그들이 유식종唯識宗[18]의 서적을 읽을 수 있다면 성취가 지금보다 더 커지고, 선종을 이해할 수 있다면 더욱 커질 수 있을 것이다.[19] 이러한 맥락에서 량치차오는 유럽 지식계가 공자, 노자, 묵자 및 불교가 걸어간 길을 따라 '현대적 이상과 실용의 일치'를 추구해 나간다면, 세계대전 이후 현대세계가 요청하는 새로운 문명세계를 개척할 수 있을 것이라고 판단한다.

---

16 梁啓超, 앞의 책, 50쪽.

17 선종이라는 명칭은 당나라 중기부터 그 종풍이 크게 흥성하여 교종과 대립하면서 사용되기 시작했다. 선종에서는 인간의 마음을 탐구하여 본래 지니고 있는 성품이 부처의 성품임을 깨달을 때 부처가 된다고 인식하며 수행법으로 좌선을 중시한다.

18 유식종은 당나라 현장과 그의 제자 규기가 창립한 종파로, '모든 법은 오직 식이다(萬法唯識)'라는 주장 때문에 이 이름이 붙었다. '만법성상'을 밝히는 것을 주된 요지로 삼아 법상종 또는 법상유식종이라고도 한다.

19 梁啓超, 앞의 책, 50~51쪽.

4. 국제연맹

『구유심영록』을 이렇게 이해한다면, 이 책에서 서구 물질문명의 위기를 중국 정신문명으로 구원한다는 문화보수주의적 시각이 부각되어 있다고 보기는 힘들다. 량치차오가 근대문명의 위기를 배태한 이네올로기로서 '순물질적이고 순기계적 인생관'인 과학만능주의를 비판하는 것은 사실이다. 그러나 7절 '과학 만능의 꿈' 주에서 량치차오가 "독자 여러분, 과학을 비하한다고 절대 오해하지 않길 바란다. 나는 결코 과학의 파산을 인정하지 않으며, 과학만능을 인정하지 않는 것일 뿐이다."[20] 라고 하듯이 과학 전반에 대해 부정적 시각을 가지고 있는 것은 아니다. 오히려 과학기술의 발전이 인간의 물질생활을 풍요롭게 할 수 있다는 점에 대해서는 여전히 신뢰를 보내고 있으며, 상호부조와 인격론을 중심으로 하는 새로운 인생관 역시 과학적 연구방법에 기반하여 역사 문화적 근거를 귀납해야 비로소 인류세계의 공감을 받을 수 있을 것이라고 인식한다. 그리고 새로운 문명을 창조하는데 중국 정신문명이 기여할 수 있는 가능성은 그것이 중국의 것이어서 라기보다는, 상호부조와 인격론을 통한 협력과 소통의 세계를 건설하는데 있어서 중국 정신문명이 기여할 수 있는 다양한 사상적 자원이 존재하기 때문이다. 그런데 모든 사상은 항상 자신의 시대를 배경으로 삼고 있어서 중국의 사상적 자원을 현 시대에 그대로 적용해서는 안 되며, 그것을 창조적으로 발휘하려면 유럽의 연구방법이 확실히 중국보다 정밀하기 때문에 먼

20 梁啓超, 앞의 책, 18쪽.

저 유럽문화를 통해 발전의 경로를 찾아야 한다. 그것이 바로 량치차오가 일관되게 주장해온, 서양문명으로 중국문명을 확충하고 중국문명으로 서양문명을 보완하여 두 문명의 화합을 통해 신문명을 창조하는 방법인 것이다.[21]

량치차오의 이러한 문화정치학이 당시의 시대적 과제를 즉각적이고 효과적으로 해결하여 새로운 대안 문명의 창조로 나아가지는 못했지만, 그의 역사적 시각은 동시대 세계와의 긴장관계를 통해 인류가 만들어가야 할 문명사회의 방향에 대해 통찰하고 있다는 점은 부인할 수 없을 것이다.[22] 당시 천두슈는 「과학과 인생관」 서序에서 유럽문화가 파산한 책임을 과학과 물질문명에 돌리는 것은 매우 어리석은 생각이고, 세계대전은 영국과 독일이라는 양대 공업자본주의 국가가 세계시장을 선점하기 위해 경쟁하는 과정에서 발생한 전쟁이라고 주장하면서, 량치차오를 포함한 문화보수주의자들의 시각을 비판한다. 천두슈의 이러한 비판은 신문화운동과 문화보수주의 양 진영의 논쟁이 주로 량치차오가 7절 '과학만능의 꿈'에서 제기한 유럽문명의 위기와 과학의 문제를 둘러싸고 진행되었기 때문이라고 생각된다. 사실 『구유심영록』 전체를 읽어보면 과학과 인생관의 문제를 넘어, 전지구적 자본주의와 국가간 경쟁체제, 세계평화를 위한 국제연맹 문제, 빈부격차와 사회주의 문제, 구 제국의 해체와 민족자결의 문제, 러시아 혁명과 세계정세 등 세계대전 전후

21 梁啓超, 앞의 책, 49쪽.

22 Xiaobing Tang, Global Space and the Nationalist Discourse of Modernity, Stanford University Press, 1996, 222쪽.

유럽 정치경제 및 노동 문제에 관해 거시적으로 통찰하고 있어서, 천두슈의 비판이 진영 논리에 의한 것이 아닌지 의문이 들 것이다.

『구유심영록』은 중국 지식계의 동서문화 논전 및 과학과 인생관 논쟁에 깊이 관여되어 있어서 사상문화 텍스트로만 해석되는 경향이 있다. 하지만 『구유심영록』은 전후 유럽문명에 대한 관찰과 정치경제적 분석이 유기적으로 연계되어 있어서 사회학적 텍스트로 읽어도 무방할 정도의 통찰력을 지니고 있다. 량치차오는 전지구적 변화에 대한 사회학적 분석을 바탕으로 전후 새로운 문명 건설을 위해선 무엇보다 국가 간 경쟁체제를 평화체제로 전환하는 일이 급선무라고 인식한다. 그것이 가능하기 위해선 개별 국가들이 내부의 국가주의를 통제하여 국가 간의 상호관계를 중시하는 '세계주의 국가'로 나아가고, 아울러 개별 국가들 사이에서 세계정부 역할을 수행할 국제연맹을 건립하여 평화체제의 근간이 되어야 한다.

> 국제연맹은 세계주의와 국가주의가 조화되는 첫걸음으로서, 국가 상호간의 관념을 사람들에게 깊이 인식시키고, 국가의지는 절대적이고 무한한 것이 아니라 외부의 통제를 많이 받아야 한다는 점을 알게 하였다. 솔직히 말하자면, 국가와 국가 상호간의 관계가 한층 밀접해졌다는 것이다. 우리는 이러한 현황 속에서 '세계주의 국가'를 건설해야 한다. 어찌하여 '세계주의 국가'라고 부르는 것인가? 국가는 사랑해야 하지만, 완고하고 편협한 구사상을 애국이라 여겨서는 안 된다. 왜냐하면 오늘날의 국가는 이렇게 발전할 수 있는 것이 아니기 때문이다. 우리의 애국은 국가만을 알고 개인을 몰라서는 안 되며, 또 국가만을 알고 세계를 몰라서는 안 된다. 우리는 국가의 보호 아래서 개개인의 천부적 능력을 마음껏 발휘하고, 전 세계 인류 문명을 위해

커다란 공헌을 해야 한다. 장래 세계 각국의 추세가 모두 이와 같을 것이며, 우리가 세계주의 국가를 제창하는 것도 바로 이 때문이다.[23]

세계대전은 천두슈의 지적대로 민족을 단위로 한 자본주의 국가가 세계시장을 선점하기 위해 경쟁하는 과정에서 발생한 전쟁이었기 때문에, 민족국가 간 경쟁체제를 통제하고 상호부조의 국제적 협력관계를 확립하는 것이 새로운 문명 건설의 관건이 된다. 량치차오는 기존의 근대국가가 민족국가 내부의 이익만을 우선하고 국가 상호간의 관념이 결핍된 국가주의 국가라고 비판한다. 국가와 민족의 생존이 위협받던 시기에는 독립된 국가 건설이 정당화 될 수 있었지만, 일국의 이익만을 추구하는 국가주의 국가 간의 경쟁이 세계대전을 일으킴에 따라, 장래에는 민족국가 간의 경쟁을 지양하고 상호이익을 위한 협력을 중시하는 세계주의 국가를 건설해야 한다. 그리고 이러한 세계주의 국가들 사이의 평화체제를 확립하는 일이 바로 국가 내부의 발전을 넘어 전 세계 인류의 행복을 위한 문명의 기초가 되는 것이다. 이를 위해선 개개인이 "인생의 최대 목적은 인류 전체를 위해 공헌하는 일"이라는 인생관을 공유해야 하며, 국제관계의 현실로 볼 때는 세계정부의 역할을 수행할 국제연맹 건설이 가장 핵심적인 과제가 된다.

『구유심영록』에서 량치차오는 세계대전 이후 현실 국제정세를 좌우하게 될 파리평화회의에 상당한 주목을 하는데, 그중 국제연맹과 국제노동규약에 관해 별도의 장을 할애하여 서술하고 있다. 개

23 梁啓超, 앞의 책, 31쪽.

인~국가~세계가 상호 소통하고 협력하는 사회를 건설하는데 있어서 국제연맹이 국가 간 평화체제를 정립하기 위한 세계정부의 문제라면, 국제노동규약은 국내외의 경제적 불평등을 해소하기 위한 사회정책의 문제라고 할 것이다. 이 두 가지 문제는 세계주의 국가가 창출되어 지속적으로 존립 가능하기 위한 국제적 조건이라고 할 수 있다. 번저 국제연맹의 문제에 대해 살펴보자. 유럽은 14~15세기 이후 근대국가의 기초가 정립되면서 국가주의가 날로 발전하고 18~19세기에 그 정점에 이르렀을 때 나폴레옹이 등장하여 패권적 제국을 건설하려 했고 최근에는 빌헬름 2세가 동일한 몽상으로 세계대전을 일으켰다. 이 때문에 국가보다 상위의 기관을 건설하는 일이 매우 절박한 시대적 과제가 되었는데, 최근 백 년간의 정치사에서 새로운 추세로 나타난 것이 바로 연방제도였다. 스위스와 같은 소국, 독일 미국과 같은 대국, 호주·캐나다·남아프리카 등의 식민시에 이르기까지 모두 소 정치단위에서 대 정치단위를 구성하고 있었다. 기존의 소 단위(즉 영방국가나 주)는 결코 소멸되지 않고 오히려 주체가 되어, 합의의 형식으로 새로운 대 단위(즉 연부정부)를 조성하였다. 연방정부의 권한의 범위가 일정하지 않지만, 각 주와 각 제후국은 자신의 본래 주권을 부분적으로 제한하여 두 가지 정부의 형식을 이루었다. 이러한 제도를 시행한 나라들은 그 성과가 매우 컸으며 국부적으로 이렇게 시행할 수 있다면 전 세계적으로도 이렇게 시행할 수 있다는 희망이 생기게 되었다. 그래서 어떤 사람은 '전유럽연방'을 제창하고 또 어떤 사람은 '전미연방'을 제창하는 등 그 기세가 강하고 날로 확대되어 결과적으로 전 세계 국제연맹으로 귀결되었던 것이다. 원어 "League of Nations"을 직역하면 '국가연합國聯'

이 되며, 그것이 취한 노선으로 논하자면 스위스, 독일, 미국 등의 연방제도를 확대한 것이다.[24]

국제연맹의 이상은 예전부터 제기되어온 것인데 그 시초는 윌리엄 펜[25]으로 17세기 중엽에 국제재판기관의 필요성을 호소하였다. 칸트는 『영구평화를 위하여』[26]를 저술하여 전 세계가 공화 정체를 수립하고, 국제법은 자유국 연맹조직에 의해 기초가 수립되어야 하고, 전 인류가 세계시민이 되어야 한다[27]는 세 가지 원칙을 제기하였다. 루소는 한층 더 구체적인 계획을 구상하면서 국제입법부, 국제재판소, 국제치안군대의 필요성을 주장하였다. 하지만 당시 다수의 실제 정치가들은 이러한 이론이 지식인의 공상이라고 여기며 주목하지 않았다. 비엔나회의 때 러시아황제 알렉산드르1세가 제창한 신성동맹은 본래 유럽 국제관계를 근본적으로 개조하려는 뜻이 함축되어 있었지만, 후에 황제권을 옹호하는 기관으로 변질되어 인류

24 梁啓超, 앞의 책, 172쪽.

25 윌리엄 펜(William Penn. 1644~1718)은 영국의 식민지였던 미국에 필라델피아를 건설하여 펜실베이니아를 정비한 인물이다. 펜이 보여준 민주주의 중시는 미국 헌법에 영향을 주었다.

26 칸트의 『영구평화를 위하여(Zum ewigen Frieden Ein philosophischer Entwurf)』(1795)는 미국의 독립전쟁과 프랑스혁명 이후의 전쟁 등 전 세계에서 전쟁이 끊이지 않던 상황에서 전쟁을 종식시키고 영원한 평화체계를 구축하기 위해 규범적 이상을 넘어 구체적인 제도적 조건과 모델을 탐색한 저술이다. 칸트는 국가 간의 영구평화를 위해 범해서는 안 될 금기조항을 담은 예비조항과 국가 간의 영구평화를 확정짓는 조항, 영구평화를 위한 보증사항 등을 제시하고 있다.

27 칸트는 영구평화를 위해 국내사회, 국제사회, 세계시민사회를 개편할 것을 제안하는데, 국내사회적 차원에서 "모든 국가의 시민적 헌정체제는 공화정이어야 한다", 국제사회적 차원에서 "국제법은 자유로운 국가들의 국제연합체제에 기초해야 한다", 세계시민사회적 차원에서 "세계시민법이 정한 보편적 체류 숙박의 조건"을 실현해야 한다는 것이다.

진화사에서 아무런 가치도 지니지 못하게 되었다. 19세기 후반에 각국이 군비확장경쟁을 하여 전 세계에 전운이 감돌기 시작하면서 세계주의적인 평화운동이 점차 대두되었다. 1899년과 1907년 두 차례 개최된 헤이그평화회의가 이러한 목적으로 진행된 것이었으며, 동시에 아메리카 대륙에서는 더 절실하고 강력하게 1889년 전미회의를 소집하여 상설기관을 건립하였고, 1891년과 1910년에 권한을 더욱 확충하여 아메리카 대륙에 한정된 국제연맹이 거의 성사되었다.[28]

이러한 역사적 맥락 속에서 세계대전 후 많은 사람들이 개조방법으로 주목한 것이 바로 국제연맹이었다. 각국 명사들 가운데 가장 강력하게 고취한 이들로 영국의 자유당 전 외상 에드워드 그레이,[29] 보수당 솔즈베리 후작의 아들 로버트 세실, 미국 민주당의 대통령 윌슨, 공화당의 전 대통령 태프트,[30] 프랑스 전 총리 레옹 부르주아[31]가 있었다. 각국의 사회당은 줄곧 전쟁반대와 군비축소를 주장하여 적극 찬성했으며, 일반 상인과 농민은 전쟁을 매우 혐오하여 모두 근본적인 해결방안을 기대하고 있었다. 학계에서는 그동안 연구한 바를 구체적인 방안으로 만들었는데, 가장 유명한 저작으로 영국의 필모어 박사·미국의 버틀러 박사 그리고 프랑스 전 총리

28 梁啓超, 앞의 책, 172~173쪽.

29 에드워드 그레이(Edward Grey. 1862~1933)는 영국 역사상 가장 오랜 기간(1905~1916) 외무장관으로 재임한 정치가이다.

30 태프트(William Howard Taft. 1857~1930)는 미국의 27대 대통령(1909~1913)이다. 미국 역사상, 행정부와 사법부의 수장을 모두 지낸 유일한 인물이다.

31 레옹 부르조아(Léon Bourgeois. 1851~1925)는 프랑스 총리에 재임했고 국제연맹의 결성을 열성적으로 추진해 1920년 노벨 평화상을 수상했다.

레옹 부르주아와 남아프리카 영국령 식민지의 스뫼츠 장군 등의 책이 있다. 이들은 국제연맹규약 초안을 매우 상세하게 만들고 설명을 덧붙였기 때문에 윌슨이 국제연맹 문제를 제기했을 때 전 세계 도처에서 호응할 수 있었던 것이다.[32]

그러나 국제연맹의 이상과 달리 실제 파리평화회의에서는 기대했던 국제평화체제가 이뤄지기보다 전승 강대국의 이해관계에 따라 새로운 패권질서가 구축되었는데, 량치차오는 이를 개탄하면서도 평화회의의 첫 번째 성과가 당연히 국제연맹이며 국제연맹규약에 불만족스런 부분이 많이 있지만 전 인류의 대 사업에 그 기틀을 세웠다고 인식한다. 그리고 중국의 전통적인 천하관념 및 그 역사경험을 참고하여 국제연맹을 실현하기 위한 자원으로 활용할 수 있다고 생각한다.

> 우리는 줄곧 국가를 인류 최고의 단체라고 여기지 않고, "수신제가치국평천하修身齊家治國平天下"라고 했다. 신(개인)은 단위의 기본이며, 천하(세계)는 단체의 최대치이며, 가(가족)와 국(국가)은 단체를 조직하는 한 과정에 불과하다. 그래서 중국인은 개인주의를 숭상함과 동시에 세계주의를 숭상하며, 그 사이에 국가주의가 있다고 생각하지 않았다. 이러한 사상이 건전하고 유익한지 여부는 잠시 논하지 않기로 하자. 중국의 면적은 유럽 전체와 크기가 거의 비슷한데, 유럽은 지금까지 많은 나라로 나뉘어있지만 중국은 오래전부터 하나의 나라로 통합되었다. 그 원인은 매우 복잡하지만, 이 '천하일가天下一家'의 숭고한 사상이 분명 주요한 동기 가운데 하나였다는 점은 의심의 여지

32 梁啓超, 앞의 책, 174쪽.

가 없다. 춘추전국 시대에 열국이 병립하여 현재 유럽의 형세와 비슷하였다. 당시는 통일을 모색하는 과도기로 지금의 국제연맹과 유사한 제도가 있었는데, 역사가들은 이를 '패정시대覇政時代' 혹은 '방백方伯집단정치'라고 부른다. 이 제도는 당시 '제하諸夏'의 각국을 하나의 단체로 집결시키는 것인데, 가입여부는 각국의 자유에 따르고 가입 후에도 각국의 주권은 손상되지 않지만, 맹약에 기재된 의무는 반드시 준수해야 한다. 가맹국 가운데 일국 혹은 양국을 '맹주盟主'로 추대하여, 연맹의 사무를 집행하고 연맹국간의 분쟁을 중재하게 한다. 동맹을 파괴하는 나라에 대해 맹주는 나머지 동맹국들을 규합하여 공동으로 토벌하고, 동맹국 이외 나라의 침입을 받으면 맹주는 동맹국을 규합하여 그 나라를 구원하고, 필요한 병력은 맹주가 각국에서 징발한다. 이러한 입법정신은 국제연맹규약과 매우 유사하다. 중국의 이 제도는 백여 년 실행되다가 후에 형세가 변화하여 연맹의 구속력이 날로 약화됨에 따라 점차 사라지게 되었다. 이후 중국 통일은 이 길을 따라 나아간 것이 아니라 일국이 다른 나라를 전부 병합하는 방식으로 이루어졌으며, 최후에는 전체 인민이 들고 일어나 이 나라마저도 전복시기고 단일 정부를 건설하였다. 이것이 중국이 소단체에서 대 단체로 진화해온 과정이며, '방백집단'연맹은 그 과정에서 겪은 하나의 파란인 셈이다. 이런 조악한 연맹조직은 당연히 오늘날의 국제연맹과 비교할 수 없지만, 고대 그리스의 도시국가 연맹, 중세 교권 하에서의 각국 연맹, 근래 대전 이전에 각국이 종횡으로 구성한 연맹에 비하면, 정신적 차원이 확연히 다른 점이 있다. 그래서 역사적으로 국제연맹의 이상을 논한다면 여전히 중국의 '방백집단'시대가 참고할 가치가 있다고 생각한다.[33]

33 梁啓超, 앞의 책, 170~171쪽.

량치차오는 새로운 문명세계는 개인－사회－국가－세계가 상호 연결된 세상이 되어야 하고, 이러한 세상을 만드는데 중국의 천하관념과 그 역사경험이 일조할 수 있다고 인식한다. 즉 중국은 수신제가치국평천하의 이념과 공천하公天下를 위한 실천 경험을 지니고 있어서 국제연맹을 건설하기 위한 사상적 실천적 자원이 될 수 있다는 것이다. 사실 이러한 인식은 자오팅양이 『천하체계』에서 주장한 시각의 선성을 이룬다. 그는 오늘날 세계가 분열과 갈등의 위기에 처하게 된 것은 서구철학이 민족/국가를 절대적 단위로 생각할 뿐 세계를 단위로 하는 사유가 부재한 데서 비롯된다고 주장한다. "사람들은 단지 지리학적 의미에서 세계에 속하고 정치학적 의미에서는 단지 국가에 속할 뿐이다. 따라서 세계는 사람들이 그것을 책임지지 않고 제멋대로 남용하거나 약탈할 수 있는 '공공 자원'이 되었다. 이러한 맥락에서 자오팅양은 국가가 아닌 천하를 최상의 단위로 삼아 정치적 안정을 도모했던 중국 고대의 천하 이론을 참조하여, 세계 인민을 위한 정치철학을 구축하는 것이 분열과 갈등의 위기에 빠진 세계를 바로잡는 길이라고 인식한다. 자오팅양의 이러한 주장은 아직 문제의식의 수준에 머물러 있지만, 국가 간의 냉혹한 생존경쟁을 지양하고 세계 단위에서 인류사회의 안정과 이익을 사유하는 세계정치철학이 요청된다는 시각은 주목할 만한 점이라고 할 수 있다. 그렇지만 그것이 세계정치철학으로 인정받기 위해선 이론이 전제하고 있는, 개인과 국가를 포괄하고 동서를 포괄하는 상위 단위로서 세계이념과 세계제도의 선험성이 어떻게 가능한 것인지 세계역사와 현실 속에서 분석하고 아울러 중국의 천하관이 어떻게 그러한 이론정립을 위한 참조모델이 될 수 있는지 세계인들의 공감을 받아야 할 것이다. 이는 논리체계를 완비하는 이론상의 문제일 뿐만 아니라 천하사상을 배태한 중국의 현실이 세계인들의 공감을 받을 수 있는 문명사회로 성숙해나가느냐의 문제와 연계되어 있는 것이기도 하다. 중국의 천하 담론은 중국의 사상적 자원들이 세계사적 맥락 속에서 어떻게 보편성을 지닐 수 있는지와 아울러 그것이 중국의 국가 단위에서 어떻게 초국적 실천을 수행할 수 있는지의 문제를 동시적으로 고민해야 하는 과제를 안고 있다.[34] 이러한 측면에서 볼 때 자오팅양 류의 사유는 백년 전 『구유심영록』에서 량치차오가 탐색한 세계정부에 대한 가능성과 과제를 현재의 맥락에서 계승하고 있다 해도 무방할 것이다.

5. 국제노동규약

다음으로 국제노동규약에 대해 살펴보자. 국제노동규약은 1919년

34 자오팅양의 『천하체계』와 더불어 읽어볼만한 책이 자크 아틸리의 『세계는 누가 지배할 것인가』(권지현 옮김, 청림출판, 2012)이다. 자크 아틸리 역시 작금의 글로벌 위기를 벗어나기 위해서 지구와 인류 전체의 이익을 돌보아줄 바람직한 세계정부가 필요하다고 인식하는 점에서 자오팅양과 동일한 문제의식을 지니고 있다. 그러나 세계정부가 구성되기 위해 세계이념과 세계제도의 선험성이 전제되어야 한다고 주장하는 자오팅양과 달리 현재의 조건에서 실현 가능한 방안을 모색하고 있다. "현실 세계에서 그런 정부의 설립은 불가능하다. 그렇지만 더 규모가 작고 실용적이며 기존의 기구들을 점진적으로 변화시켜 이상적 모델로 바꾸는 정부는 가능하다. 인류가 재앙의 길에서 벗어나려면 G20과 국제연합의 안전보장이사회를 결합하는 것과 같은 몇 개의 개혁만 단행하면 충분하다. 그리고 국제통화기금, 세계은행 등 국제기구들을 그 결합체 산하에 두고 국제연합 총회에 관리를 위임하면 된다."

6월 28일 파리평화회의의 결과로 체결한 베르사유조약의 3대 부분(국제연맹규약, 국제노동규약, 대독강화조약) 가운데 하나이다. 량치차오는 중국인들이 국제연맹 문제에 대해 높은 관심을 보였지만 국제노동 문제에 대해서는 무관하게 생각했는데, 이 문제 역시 국제평화 체제를 건설하기 위한 중요한 부문이고 이번 파리평화회의가 이룩한 대 사업이라고 인식한다. 당시 세계는 계급 간의 빈부격차로 인해 국가 내부의 사회적 불평등이 야기되었을 뿐 아니라 국가 간에도 산업경쟁력의 차이에 따라 지배-착취 관계가 형성되어, 국내외의 노동문제가 향후 전 세계의 최대문제가 될 것이라 예측되고 있었다. 세계 각국은 노동문제를 해결하기 위해 사회주의와 사회정책의 두 가지 방법을 쓰고 있다. 사회주의는 현재 경제구조의 불공평한 점을 근본적으로 개조하려는 것인데, 개조 방법은 각기 달라서 공산 혹은 집산을 주장하거나 생산자원의 전부 혹은 일부를 생산자가 관리할 것을 주장하고, 극단적이고 급진적 수단 혹은 온건하고 점진적 수단을 사용하자고 주장한다. 즉 현재의 경제구조가 인도에 맞지 않다고 인식하여 새롭게 조직하려는 것이 바로 사회주의이다. 사회정책은 현재의 경제구조 하에서 불공평한 곳을 힘껏 구제하려는 것인데, 구제 방법으로 조세평균화를 추구하거나 노동자를 보호하여 자본가가 학대하지 못하게 하는 것 등이 있다. 대부분 선의에서 출발한 좋은 정책이긴 하지만 근본적인 개조로 나아가지 않는 것이 바로 사회정책이다. 량치차오는 국제노동규약은 사회정책에 속하며 사회주의를 추구한 것이 아니라고 인식한다.[35]

35 梁啓超, 앞의 책, 201~202쪽.

본래 노동문제는 산업혁명의 발원지인 영국에서 노자관계 중심의 근대자본주의 경제구조가 정립되면서 발생한 것인데, 이후 세계 각국으로 자본주의 경제구조가 확대되면서 노동문제가 더불어 발생하고, 아울러 자본 수출과 노동력의 해외 이주로 인해 노동문제가 '국제화' 되는 현상이 나타났다. 이러한 흐름 속에서 1848년 마르크스는 「공산당선언」에서 "프롤레타리아는 조국이 없다."는 유명한 말을 하며, 국적 국경의 관념은 노동자들의 단결을 교란시켜 계급투쟁의 정신을 말살시키고 '애국'이란 말은 자본가가 인류의 유치한 감정을 이용하여 자신의 고유한 세력을 유지하는 것에 불과하다고 비판했다. 량치차오는 이 말이 진리에 완전히 부합하는지 여부는 차치하더라도 세계 대동관념을 부분적으로 발견한 점은 인정해야 한다고 인식한다. 1864년 '국제노동자협회'라는 단체가 결성되었지만 1873년에 요절하고 말았고, 1889년 '인터내셔널'로 재건되어 국제정치문제에 대해 많은 정당한 의견을 내놓았다. 그중 2차 회의에서 만장일치로 통과된 국제노동법초안은 국제노동규약의 최초의 저본이 되었다. 세계대전 중에 교전국 쌍방의 노동자들은 전장에서 각자의 조국을 위하여 싸웠지만, 중립국에서 몇 차례 회의를 열어 의견을 교환하고 평화회의 문제에 대한 자신들의 입장을 표명하였다. 윌슨의 제14조 대부분은 노동자들의 심리에 맞추어 논조를 높인 것이며, 휴전 이후 각국 중산계급의 당국자들이 파리에서 평화회의를 준비하고 있을 때 각국 사회당도 베른에서 회의를 준비하고 있었다. 바로 두 회의의 내용을 조합하여 국제노동규약이 탄생한 것이다.[36]

36 梁啓超, 앞의 책, 202~203쪽.

량치차오는 국제노동규약에서 가장 중요한 부분인 총론과 노동제도 일반원칙의 원문을 번역 소개한 후 자신의 비평을 덧붙인다.

> 국제연맹은 본래 세계평화 건설을 목적으로 하기 때문에, 세계평화를 추구하려면 반드시 사회적 공평에 기초해야 한다.
>
> 현행 노동제도는 다수 인민을 항상 불공평하고 고통스럽고 궁핍한 상태에 처하게 만들어, 사회의 불안을 초래하고 국제평화와 협력을 위협할 수 있다. 이런 상황은 빨리 개선되어야 한다. 가령 근무시간 규정, 일당·주당 최장노동시간 규정, 노동력공급 조절, 실업방지, 기본생활을 위한 최저임금규정, 노동자의 질병 및 산재 보장, 아동·여성노동자 특별보호, 노인 및 장애인 부양, 외국노동자 이익보장, 결사자유원칙 인정, 직업교육 및 전문교육 조직 등이 그러하다.
>
> 각국 가운데 상술한 인도적 노동제도를 채택하지 않는 나라는 다른 나라의 개혁에 장애가 될 수 있다. 그래서 각 협상국에서는 정의·인도 및 세계 영구평화의 확립을 위하여 다음과 같이 협약한다.[37]

량치차오는 국제노동규약이 전적으로 세계평화를 유지하는데 있으며, 이는 국제연맹의 취지와 동일하다고 인식한다. 세계평화를 파괴하는 데에는 두 가지 길이 있는데, 하나는 종적인 파괴로 갑국과 을국 사이의 전쟁이 그러하며, 다른 하나는 횡적인 파괴로 국내의 전란이 그러하다. 국제연맹은 종적인 파괴를 방지하는 것이고, 국제노동규약은 횡적인 파괴를 방지하는 것이다. 하지만 량치차오는 횡적인 파괴를 방지하는 국제노동규약의 효력이 종적인 파괴를 방지하는 국제연맹의 효력보다 미약할 것이라고 판단한다. 국제노

37 梁啓超, 앞의 책, 207쪽.

동규약의 근본정신이 이른바 '노자타협주의'에서 벗어나지 않아서, 완전히 현행 경제구조 하에서의 편향을 바로잡고 폐단을 시정하려는 것이기 때문이다. 즉 각국의 기존의 공장법·양로제도·보험제도 등을 비교적 완전하게 개선하여 각국이 통일적으로 실행하기를 희망한 것이다. 량치차오는 이렇게 하면 사회혁명의 정세를 완화시켜 급진파의 침입을 방지할 수 있겠지만, 청나라가 입헌을 주비하여 혁명을 제지하겠다는 것처럼 문제의 근본적인 해결이 아닌 임시적인 방책이어서 좋은 결과를 기대하기 어렵다고 생각한다.

량치차오는 국제노동규약의 노자타협주의에 대해서는 비판적인 입장을 보이면서도, 노동제도 일반원칙에 대해서는 록 몇 백 자 되지 않는 짧은 글이지만, 참으로 신성한 '신인권선언'이라 할 만하다고 평가한다.

> 협약 각국이 노동자의 신체상 도덕상 지식상의 행복을 승인하는 것은 실로 국제사회에서 매우 중요한 사항이다…… 각국의 기후·풍속 및 경제적 기회·산업적 관례가 상이하고 노동제도의 엄격한 통일도 실현하기 어렵다. 그러나 노동자를 절대 상품으로 취급해서는 안 되기 때문에 노동제도 규정의 근거가 될 공동원칙이 있어야 한다. 각국은 자국의 특수한 상황을 고려하여 실천할 수 있는 것은 최선을 다해야 한다. 결여할 수 없는 중요한 원칙 9가지는 다음과 같다.
>
> ① 앞에서 이미 밝혔지만, 노동을 화물이나 상품으로 인식해서는 안 된다.
> ② 고용주와 노동자는 동등하게 법률상의 결사자유의 권리를 갖는다.
> ③ 최저임금은 각 지역 실정에 따르며 기본생활유지를 기준으로 삼아야 한다.

④ 노동은 1일 8시간 혹은 1주 48시간으로 제한되며, 아직 이 제도를 시행하지 않는 자에게는 빠른 시행을 촉구한다.

⑤ 노동자는 매주 최소 24시간의 휴식시간이 있어야 한다.

⑥ 아동노동을 금지하고, 청소년 노동은 특별히 제한하여 교육의 연속과 신체의 발달에 지장을 주어서는 안 된다.

⑦ 남녀가 동일한 가치의 노동을 하면 동일한 임금을 주어야 한다.

⑧ 각국은 국내에 거주하는 모든 노동자에게 경제상의 공평한 대우를 해야 한다.

⑨ 노동조례를 보호하기 위해 특별 감독제도를 설립하여 시행을 촉구하고 아울러 부녀자의 감독 참여를 허용해야 한다.[38]

량치차오는 9가지 일반원칙 가운데 두 가지 원칙이 가장 근본적이라고 지적하는데, 하나는 노동을 상품으로 보아서는 안 된다는 것이고, 다른 하나는 노동자의 신체상 도덕상 지식상의 행복 증진을 국제사회의 가장 중요한 사항이라고 승인하는 것이다. 이 두 가지 근본원칙이 확립되고 나면 각종 제도혁신에 자연히 하나의 공동목표가 생겨, 현재 이루지 못한 것은 장래 반드시 이뤄야 나갈 수 있으며, 각종 학술과 정책에 많은 차이가 있지만 이 근본원칙 하에서 공통 건설의 방법을 고안할 수 있게 된다. 이 근본원칙은 과거에 경제학자와 사회당 인사들이 오랫동안 크게 호소해온 것이지만, 정식 공문에 들어가 각국 당국자들이 국가의 이름으로 실질적으로 승인한 것은 이번 규약이 처음이다. 량치차오는 이러한 점을 근거로, 국제노동규약의 역사적 가치가 국제연맹보다 클지도 모르며, 각 조

38 梁啓超, 앞의 책, 207~208쪽.

항의 세부원칙은 모두 서구 노동계의 다년간의 숙제였는데 이번 국제노동규약에 집합되어 한 단락을 짓게 되었다고 평가한다.

량치차오는 유럽은 공업혁명시기에 이런 문제에 대한 예방책을 수립하지 않아 지금은 돌이킬 수 없을 정도로 심각해져, 엄청난 노력을 기울여도 별반 효과를 보지 못하는 처지에 놓여 있다고 인식한다. 하지만 중국은 후진국이기 때문에 잘못된 길을 피하고 예방책을 잘 활용하기만 한다면, 공업조직이 처음부터 합리적이고 건전하게 발전하여 장차 사회혁명이라는 위험한 관문을 피할 수 있다. 이러한 진단 속에서 량치차오는 현재 중국의 산업 발전을 위해 자본가와 노동자가 협동정신을 발휘하는 일이 중요하다고 생각한다. 즉 각국의 공장에서 노동자에게 주는 이익과 편의에 대해 상세하게 조사하여 중국 노동자에게도 최선을 다해 복지혜택을 제공하고, 국가는 세제와 다양한 입법을 통해 공정한 분배를 추구하면서 동시에 생산조합과 소비조합 등의 분야를 적극 추진하여 소자본가와 가난한 노동자가 정당방위의 무기를 가질 수 있게 하자는 것이다. 량치차오는 상호부조의 정신을 바탕으로 자본주의와 사회주의의 정책을 혼합한 발전의 길을 가는 것이 바로 신문명의 정치경제적 조건이라고 통찰한 것이다.

6. 신문명을 찾아서

이상으로 볼 때 국가 간 평화체제, 세계주의 국가, 국제연맹, 탈상품화된 노동사회, 인생관, 문명융합 등이 바로 『구유심영록』에서 량치차오가 예언한 새로운 문명의 구성원들이라고 할 수 있을 것이다. 홉스봄이 20세기의 역사를 극단의 시대라고 개탄한 것을 감안하면 량치차오의 예언이 빗나간 것으로 볼 수도 있고, 오늘날의 입장에서 보면 그리 새로울 것도 없는 내용일 수도 있다. 하지만 량치차오의 『구유심영록』 속에는 세상이 불투명한 오늘날의 텍스트에서 찾아보기 힘든, 어둠을 뚫고 나오는 미래의 빛을 발견할 수 있다. 그 빛은 20세기의 입구에서 미래 세상을 살아갈 후세들을 향해 비춘 것이지만, 불행하게도 그 빛은 극단의 시대에 부딪혀 오늘날의 우리에게 고스란히 전달되지 않았다. 더군다나 오늘날은 극단의 시대의 산물인 자본주의/사회주의로 세상을 나눠보는 편향과 신자유주의의 무한경쟁, 약육강식 이데올로기가 유령처럼 득세하고 있어서 그 빛을 온전히 수용하기도 힘든 실정이다.

『구유심영록』은 보수/진보, 자본주의/사회주의, 전통/현대, 국가/세계, 동/서, 과학/인생관 등의 경계를 넘나들며 새로운 가치를 탐색하는 개방적인 텍스트이다. 서구 자유주의의 편향들인 개인주의, 과학만능주의, 약육강식 등을 비판하면서도 자유, 과학, 진화 등이 지닌 본래적 의미를 현시대적 맥락에서 되살리려 하고, 자본주의적 경제발전을 승인하면서도 불평등이 초래한 문제를 해결하기 위해 노동과 분배를 중시하는 사회주의 정책을 수용한다. 또 국가주의·제국주의가 지배하는 국가 간 경쟁체제를 비판하면서도 현실 정치단위로서 국가 자체를 부정하지 않고, 국가와 세계가 소통하는 세계주의 국가를 제창하며 이러한 국가들의 관계를 조정하는 세계정부로서의 국제연맹을 통해 국가 간 평화체제를 구축하려고 한다.

오늘날 우리의 미래가 불투명해진 것은 과거의 항해지도에 오류가 있어서이기도 하지만 그 지도의 의미를 현시대적 맥락에서 읽어내는 우리의 눈이 협소해진 탓일 수 있다. 현실 사회주의가 몰락하고 자유주의·자본주의가 지배하는 전일적 세계가 되었을 때 오히려 미래가 불투명해진 것도 우연한 일이 아닐지 모른다. 2008년 미국 금융위기 이후 고삐 풀린 자본주의에 대한 대안체제를 모색할 때 국가의 자본 통제, 공적 부조 및 시회안전망에 관한 복지정책 등을 반시장적 사회주의라 운운하며 저항하는 장면을 량치차오가 보았다면 후세들의 이런 태도를 납득할 수 없었을 것이다. 백년 전에 비할 수 없을 정도로 수많은 정보와 이론이 쏟아져 나오고 있지만 이를 현재의 문제 해결을 위한 자원으로 활용하려는 개방적 태도가 없다면 오히려 혼잡성만을 가중시킬 뿐이다. 백년이 지난 오늘날에도 『구유심영록』이 신선하게 읽혀지는 것은 사상에 대한 편견을 줄이고 현재의 어둠을 뚫기 위해 개방적이고 탄력적인 사유를 밀고나가는 힘에서 연원하는 것이리라.

『구유심영록』이 우리 시대의 출로를 찾는 데 아직 유효성이 있다면 역설적으로 이는 쉽게 바뀌지 않는 인간 세상의 복원력 때문이라고 생각된다. 세계대전의 충격으로 인류사회가 급변할 것이라 기대하며 다각적인 출로를 모색했지만 백년 후 오늘날에도 여전히 미완의 상태이거나 어떤 면에선 오히려 퇴보한 것이 아닌가 하는 의문이 들 정도다. 이는 근대세계를 지배하는 거대한 시스템의 지속력 때문이기도 하고, 세속적인 권력과 욕망을 추구하는 인간들 사이의 이해관계가 변함없이 재생산되었기 때문일 것이다. 이런 거대한 지속성과 재생산 능력에 압도되어 우리는 삶에 대한 근원적인 질문을 망각하기 십상이다. 우리 시대의 미래가 불투명해진 것도 이러한 망각과 연계되어 있으며, 다시 이 시대의 문제가 파생되기 시작한 시점으로 돌아가 잊혀진 질문을 환기하는 일이 바로 현재의 어둠을 뚫고나가는 길이 될 것이다. 이를 위해선 잃어버린 과거의 항해지도가 되어 우리가 나아가야 할 세상을 상상하기 위한 길잡이가 필요할 터인데, 『구유심영록』이 믿음직한 동행이 될 것이라 생각된다.

Ⅲ.

한중 근대작가 창작의식 비교

6. 김사량 소설에서 루쉰창작의 수용양상연구*

: 『아Q정전』, 「쿵이지」와 「Q백작」, 「천마」, 「풀숲 깊숙이」를 중심으로

1.

1920-1930년대 한반도는 이미 일제의 식민지였으며 중국은 반식민지 국가로 전락하고 있었다. 이 시기 애국주의, 민족주의 사상은 한중 지식인들에게 쉽게 동감되어 전파되었다. 루쉰과 김사량 또한 이 시대배경 속에서 민족에 대한 강렬한 책임감과 사명감을 가졌던 작가였다.

잘 알려졌듯이 루쉰은 1881년 몰락해가는 지주집안에서 태어나 중국근대사상 가장 혼란한 시기를 살았다. 그는 청일전쟁, 의화단운동, 신해혁명, 5·4운동, 3·18사건, 4·12정변 등 역사적으로 중요한 사건들을 겪었다.

* Ⅲ부는 엄영욱 교수가 집필한 것이다.

김사량은 1914년 평양시의 보수적인 가정에서 태어나 카톨릭 신앙의 영향을 받았다. 일찍이 1931년, 평양고등보통학교 재학 중에 일본군 배속장교 배척운동을 벌이다가 졸업을 불과 몇 달 앞두고 퇴학당했다. 1936년 동경제국 대학 독문과에 입학한 그는 동창들과 일어를 사용하여 일본에게 수탈당한 평양빈민을 소재로 한『토성랑土城廊』을 발표했고 1941년 태평양전쟁시기에는 구류되었다가 1942년 2월 귀국 후, 평양에서 소설 창작에 전념했다. 1945년, 학도병 위문단으로 중국에 파견될 때 김사량은 연안으로 탈출했으며, 조선의용군에 가담한 이후에는 모든 작품을 우리말로 썼다. 8.15해방 후, 북한 문화 운동의 주도적 역할을 했던 그는 1950년 종군작가로 유격대에 참여하다 전사했다.

두 작가의 생평을 살펴보면 많은 유사점들이 발견된다. 그들은 모두 일본문학사조와 신문학의 영향을 받음과 동시에 일제 억압의 피해자였다. 둘 다 똑같이 민중을 계몽하고 이상 국가를 건설하기 위해 문학을 선택했다. 루쉰은 문학을 통해 봉건사상에 반대했고, 김사량은 문학을 이용해 제국주의에 반대했다. 루쉰은 소년시절 진화론의 영향을 받았고 후기에는 맑스주의자로 전변했다. 김사량은 일본어를 사용하여 일제의 식민통치와 내선일치內鮮一致를 반대하였으며 후에는 항일전사이자 사회주의자로 변했다. 이렇게 두 사람의 문학적 궤적이 똑같지만은 않았지만, 그들의 문학창작의 최종 목적은 '계몽과 구망求亡'으로 같았다. 그러나 루쉰과 달리 김사량은 한동안 월북작가의 신분으로 한국문학사상에 이름조차 올리지 못했다. 이데올로기의 시대에서, 한국문학사는 북한 인민군 종군작가로 변신한 김사량을 받아들일 수 없었다. 북한에서는 정치적인 이유로 김사량의 문학이 깊게 연구되지 못했다. 다행히 최근 수 년 사이에 김사량의 문학작품은 다시 빛을 보게 되었으며 점차 더 많은 연구자들로부터 중시되기 시작했다.

본고의 연구 목적은 두 작가의 문학적 성취의 크고 작음을 비교하는 데에 있지 않다. 봉건체제가 붕괴하던 식민지와 반식민지에 살았던 두 인접국가 작가인 루쉰과 김사량의 창작정신에 주목하면서 그들의 영향관계를 살펴보자는 데에 있다. 그것은 주로 김사량 소설에 있어서 루쉰문학 창작의 영향과 수용양상을 파악하는 데에 집중될 것이다. 루쉰보다 30년 늦게 태어나 36세에 죽어버린 천재작가, 김사량이 루쉰을 어떻게 전범으로 삼았는가 본고는 보여줄 것이다. 그의 작품을 읽다보면, '젊은 루쉰'이 자연스럽게 떠오른다.

2.

김사량이 직접적으로 루쉰의 영향을 받았는가에 대한 의문은 당시 그가 대만 작가 용잉종龍瑛宗에게 쓴 편지를 보면 쉽게 답할 수 있다.

> "나는 루쉰작가를 좋아합니다. "그는 위대합니다. 귀형께서 대만의 루쉰이 되십시오."[1]

1 黃好德, 「日本帝國与翻譯政治~魯迅, 龍瑛宗, 金史良, '阿Q'性的生活和主權」, 『大東亞文化硏究』 63輯, 379쪽 再引用. "我喜歡魯迅作家, 他是偉大的. 貴兄身爲臺灣的魯迅請樹立起自信來."

이는 김사량이 루쉰을 얼마나 흠모하고 있었는지에 대한 직접적인 토로이다. 『아Q정전』에서 커다란 영향을 받았던 김사량은 이를 거울삼아 의식적으로 "아Q적 형상"을 창작했음을 짐작할 수 있는 대목이다. 1940년 김사량은 「천마」, 「풀숲 깊숙이」를 창작한 후 이어 「Q백작」[2]을 창작했는데, 그는 여기서 '조선의 아Q'로 더욱 구체화했다. 김사량의 이 삼부작에는 모순된 사회구조에 대한 루쉰의 비판정신과 '깨어있는 현실주의 정신'이 여실히 수용되어 있다. 일제의 압박과 허구적인 내선일치의 정황 아래 정체성을 찾지 못하는 문인들의 형상을 적나라하게 그려내고 있는 것이다.

일생동안 25편의 중단편 소설을 창작했던 루쉰은 당시 중국의 어두운 현실을 폭로하는 데에 주력했다. 따라서 그의 작품들의 기조는 몇 편을 제외하고는 대부분 비극적인 정조를 띠었다.

루쉰 작품에 드러난 비극관은 고전문학이 다룬 영웅 비극과는 거리가 멀다. 19세기에 이르러 등장한 러시아 사실주의의 평범 비극에 영향 받은 루쉰은 주로 하층사회의 불행에 주목했다. 그는 평범한 사람들과 일상적인 일의 비극적 파멸을 묘사했다. 루쉰이 그려낸 비극은 역사 전환시기에 발생된 것이지만 위대한 인물의 멸망이 아니라 보통 사람들의 파멸이다. 동시에 루쉰 비극문학의 특징은 영혼의 파멸에 있다. 그는 농민, 여성, 지식인 등 다양한 계층의 인물들을 통해 마비된 국민정신을 일깨우고자 했다.

농민비극의 대표적인 작품으로 『아Q정전』과 「고향」을 들 수

---

2 小說『在留置場遇到的男子漢』(朝鮮語)是朝鮮代表性的純文藝誌『文章』在創作專輯里發表. 后來作者把作品翻譯日語, 以「Q伯爵」的名字收彔到第二小說輯里.

있다. 『아Q정전』은 1918년과 1920년 사이에 『신청년』잡지에 발표되었는데, 루쉰 작품 중 가장 성공적이었다. 루쉰은 아Q를 통해 중국인의 결점과 신해혁명 실패의 필연성을 드러내었다. 아Q의 최후 장면은 독자로 하여금 비통한 슬픔을 자아내게 하면서 동시에 마비된 그의 영혼에 대해 분개하게 한다. 마지막 죽기 직전 서명하는 순간에도 아Q는 자신을 합리화시킨다. "아마도 사람이 인간 세상에 태어나서 살아가노라면 때로는 목을 잘리우는 일도 있을 것이다."[3] 이처럼 수천 년 동안 내려온 봉건사상은 아Q의 정신을 마비시킴으로써 자신이 왜 죽어야 하는가에 대한 문제제기조차도 하지 못하고 죽게 방기한다. 아Q의 비극은 자신을 깨우치지 못한 국민 영혼의 처절한 비극인 것이다.

「고향」에서 룬투라는 농민을 통해 당시의 비극적인 현실과 일그러진 농민의 영혼을 보여주었던 루쉰은 농민 못지않게 여성문제도 중시했다. 『외침』과 『방황』에 나타난 여성에는 두 가지 유형이 있다.

하나는 새로운 사상, 문화, 교육 등을 조금도 접해보지 못한 전형적인 농촌여성들로서 구사회, 구제도의 희생물을 들 수 있다. 「축복」의 상림수가 그 대표적인 인물이다. 그녀는 아들의 죽음과 재가에 대한 죄책감으로 인해 제사에 정성을 들이며 돈을 털어 토지묘에 시주하지만 결국 죄의식을 이기지 못하고 죽는다. 「내일」에서는 열병으로 죽은 아들이 극락에 가도록 주문을 외우거나 대비주문을 태우는 데, 여기서 우리는 봉건예교에 마비된 가엾고도 우매한 영혼을 볼 수 있다.

---

3 『阿Q正傳』, 『吶喊』, 『魯迅全集』 第1卷, 北京, 人民文學出版社, 1989版, 525쪽.

다른 하나의 유형은 비교적 진보적인 여성이다. 「상서」의 주인공 쯔쥔子君은 봉건가정을 박차고 나와 사랑하는 쥐엔성涓生과 결혼한다는 면에서 어느 정도 구 사회를 타파하려는 의지를 보인다. 그러나 쥐엔셩의 해고와 함께 다가온 경제적 압력은 두 사람간의 애정을 식게 만들고, 결국 그녀는 묘비조차 없는 무덤에 묻히고 만다. 여기서 루쉰은 구 전통·구 습관을 철저히 청산하지 못한 그들의 반봉건 사상의 유약성과 불철저함을 비판한다.

반식민지 반봉건사회의 중국에서 농민이나 여성 못지않게 비극적 삶을 살았던 이들은 바로 하층 지식인이었다. 루쉰이 묘사한 지식인도 두 가지 유형으로 분류할 수 있다.

한 유형은 신해혁명 이전 봉건적인 농촌에서 자라나 구 문인들의 기풍에 물들어 진보하기를 싫어하는 쿵이지, 봉건주의 해독에 깊이 젖어들어 벼슬과 재물에만 정신이 빠진 과거시험 낙방생 천쓰청陳士成 같은 인물들이다.

또 하나의 유형은 신해혁명 전후 및 5·4운동의 세례를 받은 보다 더 진보적인 지식인들이다. 「술집에서」의 뤼웨이푸呂緯甫, 「고독자」의 웨이리엔수魏連殳, 「단오절」의 팡쉬엔추어方玄綽, 「상서傷逝」의 쯔즈쥔과 쥐엔셩 등이 그들이다. 이 유형의 지식인들은 신구역량의 모순 속에서 몸부림치며 방황하다가 구 세력의 압력과 도전을 받아 파멸되거나 혹은 구 사회와 타협, 투항하는 길을 걷다가 마침내 비극적인 종말을 맺는다.

이처럼, 루쉰은 보통 사람을 주인공으로 하는 평범 비극에 주의를 돌렸기 때문에 영웅비극을 거의 쓰지 않았다. 영웅 비극으로 간주될 수 있는 작품으로는 「약」 한 편을 들 수 있다.

「약」에서는 혁명가와 우매한 국민의 이중적 비극이 묘사되어 있다. 혁명가 샤위夏瑜는 우매한 군중을 위해 투쟁하다가 희생되었지만, 정작 우매한 군중은 그 혁명가의 죽음의 의의를 알지 못한다. 심지어 그들은 그 혁명가의 피를 폐병을 치료하는 약으로 생각한다. 루쉰은 신해혁명이 이처럼 군중과 괴리되었기 때문에 실패할 수밖에 없었다고 역설한 것이다.[4]

김사량 또한 일제하의 어두운 현실과 지식인의 허위, 파멸당한 영혼 등을 그렸는데, 상술한 루쉰작품의 경향과 멀지 않다.

「Q백작」·「천마」·「풀숲 깊숙이」에서는 일본이 내선일체를 강화시킨 중일전쟁을 배경으로 하고 있다. 김사량은 룸펜과 문인의 비참한 생활을 그림과 동시에 정체성을 상실한 친일파, 내선일체에 협조한 문인, 지조를 잃어버린 독립운동가 등의 면모를 심도 있게 파헤쳤다.

「Q백작」의 주인공은 고급지식인이자 실업자이며, 식민지 조선의 고관대작이자 백만장자의 아들인 왕백작이다. 그는 곧잘 사건에 끼어들어 경찰서에 압송되지만 석방되고 만다. 가정 배경이 좋은 그는 겉으로 보면 모든 사람들의 부러움을 산다. 그러나 정신적 지주를 상실하여 아Q와 같은 웃음을 자아내는 행동을 한다. 마지막에는 수해를 만나 만주를 떠나다 행복한 정신분열증을 앓고 있는 Q백작을 만나게 되고 결국에는 그가 살았는지 죽었는지 실종되었는지 알 수 없게 됨으로써 독자들에게 상상의 공간을 남긴다.

---

4 본고의 루쉰에 대한 비극적 관점은 졸저, 『정신계의 전사－노신』, 국학자료원, 2003년 제3장 3절의 비극문학 성격을 요약 정리한 것으로 일일이 밝히지 않았다.

「천마天馬」는 내선일체로 치닫고 있는 식민지 말기의 조선문단에서 활동하는 조선인 일본어 작가, 현룡의 비극적 파탄을 묘사하고 있다. 현룡은 아Q처럼 자기최면과 과대망상증에 빠져 사는 사람이다. 이런 성격파탄 때문에 그는 동경에서 학업을 제내로 마치지도 못하고 들개처럼 생활했다. 용모나 행동거지가 형편없는 조선인임에도 불구하고 그는 자신이 조선 귀족 집안의 자제이며 문학적으로도 천재일 뿐만 아니라 조선 문단에서는 일류 작가라는 소문을 퍼뜨리고 다녔다. 3류 작가인 그는 스스로를 꽤나 잘 나가는 일본어 작가라고 생각하며, 조선어로 창작하는 일은 지겹고 전망 없는 것으로 생각한다. 동경東京에서 인정받지 못하고 조선으로 건너온 주제에 그는 동경에 있는 잡지사로부터 원고 청탁을 받을 정도로 전도양양한 작가라고 자신을 과장하여 홍보한다.

> "지난 밤 U지의 오무라 군이 또 내 거처로 찾아왔단 말이요. 알겠소? 그 오무라군이 위스키를 들고 왔단 말이오." 그러면서 현룡은 말을 이어 나갔다. "오늘밤 안에 원고를 써 주지 않으면 돌아가지 않겠다고 하는 통에 말이요. 그렇게 나오는 통에 제 아무리 이 현룡이라도 해도 질려버렸지 뭐겠소. 마침 동경에 보낼 원고를 쓰고 있던 참이었으니까. 썩 봐줄만한 것이라오. D라 하는 일류 잡지에서 삼개월 전부터 막무가내로 청하고 있는 원고라오……난 이제 조선어로 창작하는 것에는 넌더리가 나오. 조선어 따위 똥이나 처먹으라 하오. 왜냐 그건 멸망으로 향해 가는 부적과도 같은 것이니까"[5]

---

5 金在容, 郭亨德著, 『金史良作品和硏究』(2), 力樂, 2009年版, 25쪽.

이렇게 현룡은 득의양양한 과대망상증에 빠져 있다. 조선작가를 무시하고 일본에 무조건 굽신 거리는 그의 모습은 약자에게 강하고 강자에게 약한 아Q의 모습이 그대로 보인다.

일본인에게 아부하여 권력을 얻은 현룡은 그 세력을 믿고 남을 업신여긴다. 친히 조선 문화를 형성하여 독립성을 키우겠다하지만 그것은 사실 일본문화를 위해 만든 것이다. 친일 반민족의 활동을 자행하고 같은 동포를 핍박하다 결국 일본인에게 버림 받고 정체성을 잃는 그는 비극적 결말을 맞는다.

작품 결말에서 창가의 대문을 두드리며 "이 내지인內地人을 살려줘, 살려 달라고!", "이제 난 조센진(조선인)이 아냐! 겐노가미 류노시케玄の上龍之介다. 류노스케! 류노스케를 들여보내 줘!"[6]라고 외쳐대는 현룡의 모습은 독자로 하여금 쓰디 쓴 슬픔을 자아내게 한다.

「풀숲 깊숙이」에서 김사량은 화자의 선생이자 조금 부족한 코풀이 선생을 내세워 당시의 현실과 지식인들을 풍자, 비판한다. 코풀이 선생은 일본인 선생들에게 온갖 멸시와 수모를 받으면서 학생들에게 조선어를 가르친다. 전교생이 동맹휴학에 들어갈 때 화자와 그 친구들은 이 주체성 없는 선생을 배척한다. 조선어가 폐지된 뒤(1938. 4) 그는 시골마을로 밀려나 화자의 숙부인 군수 밑에서 일본어 통역을 하는데, 그 모습은 가관이다. 군수가 서툰 일어로 연설을 하면 그는 코를 훌쩍이면서 조선어로 번역하는 것이다.

이 소설의 가장 클라이막스는 흰옷에 붓으로 동그라미를 그리는 것이다. 흰옷은 조선인이 가장 즐겨 입는 옷이다. 흰옷은 조선인에

6 위의 책, 66쪽.

게 있어 여러 가지의 상징적 의미를 담고 있다. 그런데 비상 시국에 흰옷을 입는다는 것은 금방 더러워져 자주 빨아야 하기 때문에 검은색 옷을 입어야 한다는 것이다. 코풀이 선생은 군수의 지령을 받고 길가에 잠복했다가 지나가는 사람의 흰옷에 붓으로 동그라미를 친다. 이 기묘한 행위는 루쉰의 아Q 모습을 연상시킨다.

우습고 가련한 "코풀이" 선생은 산속으로 출장 갔다가 실종되는데, 소설은 '흰옷만이 구원'이라는 신앙으로 무장한 사이비 종교인 백백교白白敎[7]에 의해 살해당한 것이 아닌가라는 강한 추측으로 끝을 맺는다. 그 이유인 즉 "코풀이 선생이 산 속 폐찰에 가서 화전민들을 모이게 해놓고 이상야릇한 일본어로 말을 하고 다시 스스로 그것을 득의양양하게 조선어로 통역하다가 흰옷 입는 것을 장려한 백백교도들에게 습격을 당했다"[8]는 것이다.

「풀숲 깊숙이」는 조선시대말 일제의 식민지 정책에 대한 조선인의 태도, 일본의 식민 정책에 동화된 군수, 그리고 의식이 마비된 "코풀이" 선생 등 여러 면면을 통해 조선의 암담한 현실을 알린 작품이다. 뿐만 아니라, 왜곡된 민족의식으로 조선 하층민을 기만한 사이비 종교를 동시에 비판하고 있다.

---

7 白道敎에서 파생한 동학의 유사종교 중 하나. 1923년 車秉幹이 유불선의 교리를 통합하여 광명세계를 이룩한다는 이름으로 경기도 가평에서 창건하였는데, 뒤에 교주가 갖은 악행을 저지르면서 경찰의 단속과 세상의 여론으로 인해 자취를 감추었다. 1937년 4월에 소위 '백백교'사건이 발생하여 깜작 놀랄만한 충격을 주었다. 당시 白白敎는 340명을 살해한다. 金在容, 郭亨德著, 『金史良作品和硏究』(2), 力樂, 2009年版, 99쪽.

8 위의 책, 100쪽.

3.

김사량은 희·비극을 하나로 융합시킨 루쉰의 창작방법을 수용하여 「Q백작Q伯爵」, 「천마天馬」, 「풀숲 깊숙이」에서 "조선의 아Q"를 탄생시켰다.

루쉰의 작품 속에서 희극은 종종 비극을 심화시키는 보조 수단으로 쓰여 비극미를 강화시킨다. 이 특징은 『아Q정전』, 『쿵이지』 등의 작품에서 특히 두드러지는데, 루쉰은 희극적인 수법으로 아Q의 정신 승리법을 가차 없이 내보인다. 예를 들면 아Q는 자기보다 힘 있는 자에게 두들겨 맞고는 "내가 결국 아들놈한테 맞은 셈이군. 요즘 세상은 정말 말이 아니야"[9]라면서 자신을 합리화시킨다. 루쉰은 이렇게 아Q의 추한 정신 승리법에 조소를 보내면서 독자로 하여금 이러한 추함으로부터 결별하고 싶게 만든다.

쿵이지孔乙己 또한 희·비극의 주인공이다. 가난한 그는 항상 더럽고 찢어진 장삼長衫(사대부들이 입는 옷)을 걸치고 있다. 술집에 나타날 때마다 항상 웃음을 자아내게 하는데, 그는 책을 훔쳤으면서도 "책을 훔친 것은 도적질이 아니다"[10]라고 강변한다. 그의 지위는 미천하지만 말할 때는 항상 "지호자야之乎者也"라 하며 고어투를 쓴다. '나'는 글자를 배우는 데 관심이 전혀 없는데도 그는 '나'에게 글을 가르쳐 주면서 쓰는 방법이 여러 가지가 있다고 아는 체를 한다. 도적질을 하다가 다리가 부러진 그는 술 한 잔이 먹고 싶어 거

---

9 "我總算被兒子打了, 現在的世界眞不像樣…" 「阿Q正傳」, 『吶喊』, 앞의 책, 492쪽.

10 「孔乙己」, 위의 책, 435쪽.

적을 깔고 그것을 새끼에 매달고 나타나는데, 그런 그의 모습은 웃음과 함께 눈물을 자아내게 한다. 루쉰은 이렇게 쿵이지의 추한 모습을 통해 쓴웃음을 자아내게 하면서 동시에 봉건사회와 봉건교육에 의해 침식당한 현실 모습을 가차 없이 파멸시켜 보여주고 있는 것이다.[11]

김사량은 『아Q정전』을 모방하여 「Q백작」을 창작했다. 작품 속 왕 백작은 이상한 습관을 가지고 있는데, 무슨 일이든 간에 맹목적으로 사건에 끼어들어 경찰서로 연행된다. 그는 사상범 혹은 반일 위험분자의 이름으로 감옥에 갇히고자 하지만 늘 현장에 없다거나 증거부족으로 인해 석방된다. 이것은 아큐가 혁명의 의의를 이해하지 못하고 맹목적으로 혁명가가 되고자 하는 것과 흡사하다. 위대한 사상가처럼 뽐낸다거나 감옥에서 큰소리를 치면서 화장실에 가는 그의 모습은 아Q나 쿵이지처럼 눈물겨운 웃음을 자아낸다. 아Q가 신해혁명 이후 어두운 중국 현실사회 속에서 의식이 마비된 보통 인민들의 자화상이라면, 'Q백작'은 조선식민지 말기 정체성을 잃어버린 문인의 자화상이라 할 수 있다.

김사량은 「천마天馬」에서 일제의 내선일체 정책으로 인해 발생한 조선인들의 정체성 문제를 현룡을 통해 자세히 표현하였다. 현룡은 "U"잡지사의 삼류작가로 그는 조선인을 경시하고 조선 사람들을 비판하였으며 조선어로 쓴 문학을 저급문학으로 취급한다. 현룡은 자신이 조선 사람보다 우수한 인자를 가지고 있는 것처럼 조선인을 비하, 무시한다.

---

11 각주 5)와 같음.

"그는 원래부터 빈대를 좋아했다. 땅바닥에 착 달라붙어서 기어가는 모습이 자신과 꽤 닮아 있다고 생각하는 것일까. 혹은 그 뻔뻔스러움이나 교활함이 마음에 들었는지도 모를 일이다."[12]

이와 같은 서술장면은 우리로 하여금 아Q가 사당에 들어가 자신의 따귀를 때리면서 자신을 안위하는 모습을 연상시킨다. 김사량은 "일제통치와 권세 있는 자에게 나아가 아부하며 빌붙고, 불어와 독일어를 몇 마디 하지도 못하면서 랭보와 보들레르를 아는 척하며 스스로를 조선 제일의 작가이자 우수한 예술가"[13]라고 자처하는 현룡의 천박함을 신랄하게 조롱한 것이다.

우리는 주인공 현룡에게서 루쉰이 아큐를 통해 보여주었던 극도의 자아착각과 저속하기 짝이 없는 열근성劣根性을 똑같이 발견할 수 있다. 거기에 더 덧붙여 김사량은 조롱당한 식민지 문인의 아큐 형상을 탄생시켰다[14]는 점에서 그 의미가 크다고 할 수 있다.

일제 말기, 대부분의 식민지 문인들이 일본 제국의 동화이론에 말려들어 정체성을 잃어가고 있었다. 일제는 역사를 왜곡하며 협애한 관점으로 한민족의 자비감自卑感을 조장하였다. 이때, 김사량은 「천마」의 현룡을 통해 일제의 동화정책을 강렬하게 비판하면서 문인들에게 경종을 울리고자 했다. 이를 위해서 희극으로 비극을 강화시키는 루쉰의 창작수법을 수용해 최대한 효과를 극대화했던 것이다.

「아Q정전」이나 「천마」, 모두 한·중 양국의 나쁜 민족성을 폭

12 金史良, 「天馬」, 『金史良全集』 1卷, 日本, 河出書房新社, 72쪽.

13 위의 책 73쪽.

14 任明信, 『韓國近代精神史中的魯迅』, 中國現代文學 第30号, 2004.9. 380쪽.

로시키면서 동시에 각 독자들의 경계심을 환기시킨 탁월한 작품이다. 또한 환경과 인물의 전형성을 소설 속에서 가장 성공적으로 구현한 작품이라 말할 수 있다.

김사량은 「풀숲 깊숙이」에서 희극과 비극을 융합하여 "코풀이 선생"을 또 체현해낸다. 화자인 '나'의 중학교 조선어 선생인 그는 늘 콧물을 훌쩍거리며 이상한 행동을 한다. 내선일치가 강화되고 조선어가 폐지(1938년 4월)되자 그는 나의 숙부 밑에서 일하게 된다. 군수가 생소한 일어로 연설을 하면 "코풀이 선생"은 콧물을 훌쩍거리면서 조선어로 번역한다.

> "에에 그러니까, 요오컨대 오인吾人은 흰옷을 폐지하고, 색을 들인 옷을 착용하지 않으면 안 된다 이 말 올시다." 하고 숙부는 가슴을 펴고 태연하게 뒷짐을 지고 자랑스럽게 변설을 늘어놓았다. "조선인이 궁핍해진 것은 흰 옷을 입었기 때문이올시다. 경제적으로도 시간적으로도 경제적이지 않다 이 말 올시다. 즉 흰옷은 빨리 더러워져서 돈이 들고, 씻는데도 시간이 든다 이 말이외다."……그러자 이번에는 코풀이 선생이 콧물을 연신 훔쳐내면서 조선어로 통역을 시작했다."[15]

이보다 더욱 웃음을 자아내는 것은 군수의 지시에 따라 조선인의 흰 옷에 검정 동그라미를 치는 장면이다. 비상시기에 하얀 옷을

15 이 작품에서 군수의 말은 번역하기 불가하다. 김사량은 군수가 "つまり"를 "ちゆまり"로 발음하게 하는 등, 군수가 사용하는 일본어를 통해 피식민자의 '모방'이라는 문제를 날카롭게 드러내고 있다. 군수의 일본어는 이런 식으로 틀어진 조선어의 억양과 발음으로 점철되어 있다. 이러한 부분을 번역에서는 제대로 옮길 수 없기 때문에 이를 감안하고 읽어야 한다. 金在容, 郭亨德著, 앞의 책, 68~69쪽.

검은 옷으로 바꾸어 입기를 강요하였는데, 코풀이 선생과 직원들은 길가에 숨어 있다가 갑자기 뛰어나와 행인들의 옷에 붓으로 검은 동그라미를 그린 것이다. 이 장면은 독자들로 하여금 눈물겨운 웃음을 자아내게 한다. "코풀이 선생"의 형상은 『아Q정전』과 「쿵이지」에서 빛을 발한 루쉰의 창작수법, '희비극의 융합'을 운용하여 창작된 것이었다.

4.

루쉰의 소설 『외침』과 『방황』은 그 정조가 어둡기 짝이 없다. 물론 『아Q정전』, 「쿵이지」 등에 희극적인 요소가 가미되어 있지만 그 희극은 오히려 비극을 더욱 강화시켜 참담한 기분을 고조시킬 뿐이다. 그렇다고 해서 루쉰 작품 전체가 완전히 절망과 비관으로 일관된 것은 아니다.

그는 『야초』에서 헝가리 시인 Sándor Petőfi의 "절망은 허망이고 바로 희망과 같다."[16]는 말을 인용하면서 중국에 대한 희망을 끝까지 버리지 않았다. "아직도 아이를 잡아먹지 않은 아이들이 있을지 모른다. 아이들을 구하라…"[17] 이렇게 「광인일기狂人日記」에서는 사람을 잡아먹지 않는 아이들만이라도 구해내야겠다는 미래에 대한 강렬한 희망을 드러내고 있다. 이와 같이 비극 속의 낙관적인 정서는 낡은 사회, 낡은 세력에 대해 사람들로 하여금 증오와 항쟁을 불

16 『野草』, 『魯迅全集』 2卷, 北京, 人民文學出版社, 1989年 4版, 178頁.

17 「狂人日記」, 『魯迅全集』 1卷, 432頁.

러일으키게 할 뿐만 아니라 이상적인 미래를 위해 투쟁하도록 고무시켜 준다.

「약」에서는 하유의 무덤 위에 놓인 화환을 통해 구사회의 어두운 세력에 대한 반항을 표시하였으며, 사람들에게 낙관적인 정서를 기탁함과 동시에 미래에 대한 희망을 기탁했다. 무덤까지 찾아올 친척도 아이들도 없는데 꽃이 놓여 있다는 것은 그의 희생이 완전히 헛된 것이 아니었음을 말하고자 하는 작가 자신의 적극적인 의사표현이라 하겠다.

「고향」은 위에서 제기한 작품들보다 더 경쾌하다. 루쉰은 희망을 대지의 길에 비유했다. "희망이라는 것은 원래부터 있다고 할 수 없고 없다고도 할 수 없는 것이 아닌가. 그곳은 마치 땅위에 난 길과도 같은 것이 아닐까. 기실 땅에는 길이 없는 것이다. 다니는 사람이 많아 길이 생기는 것이다."[18] 루쉰은 여기서 옛 농촌의 아름다운 시절에 대한 그리움을 노래하면서 군인과 토비, 세금 등이 없는 진정으로 태평하고 행복하며 자유스러운 세계에의 희망을 표현하고 있다.

1926년 8월 22일 북경여자사범대학에서 행한 강연[19]이나 하문

---

18 「故鄕」, 『魯迅全集』 1卷, 北京, 人民文學出版社, 1989年 4版, 485頁.

19 아무리 생각해 보아도 미래에 대한 희망이 있기 때문에 우리는 위안할 수 있습니다. 희망이라는 것은 존재하는 것과 함께 하므로, 존재가 있으면 즉 희망이 있는 것이고 희망이 있으면 빛이 있는 것입니다. …… 어둠은 점차적으로 멸망하는 것과 함께 하므로 그 사물이 멸망하면 어둠 또한 함께 멸망하며 영원히 존재하지 못합니다. 그러나 미래는 영원히 빛과 함께 존재할 것입니다. 다만 어둠의 부착물이 되지 않고 빛을 위하여 사라진다면 우리에게는 반드시 영원한 밝은 미래가 있을 것입니다. 『記談話』(『語絲』 周刊, 94期. 1926. 8. 24), 『華蓋集續編』, 『魯迅全集』, 3卷, 359쪽.

대학 학생들이 운영하던 빈민학교의 학생들에게 행한 연설, "여러분의 가난한 아이들은 모두 총명하며 똑같이 지혜를 가지고 있습니다. ……여러분은 반드시 성공할 것이며, 앞날이 밝을 것입니다."[20]에서 느낄 수 있듯이 루쉰은 미래의 희망에 대해 강도 높은 열망을 품고 있었다.[21]

20년대 말에 이르러 루쉰은 진화론적인 세계관이 붕괴되고 마침내 계급론자로 변신한다. 그는 "오로지 신흥하는 무산자만이 전도가 있다"[22]면서, "당신들에게 중국과 인류의 희망이 기탁되어 있습니다"[23]라며 무산계급에게 미래에 대한 기대를 걸었다.

김사량의 「Q백작」, 「천마」, 「풀숲 깊숙이」 등은 모두 루쉰의 작품들처럼 독자들에게 우수와 상실감을 느끼게 한다. 그러나 결코 비극적이지만은 않다. 중일전쟁 후, 일본의 내선일치가 강화되었지만, 김사량의 작품은 미래에 대한 희망을 견지한다. 그는 1939년에 『빛 속으로』[24]를 발표하였는데 아쿠다가와상芥川 후보작으로 선정

20 『魯迅在夏門』, (福建 : 福建人民出版社, 1976), 99쪽.

21 졸저, 앞의 책, 204쪽.

22 「『二心集』 序言」, 『魯迅全集』 4卷, 190쪽.

23 『중국 공농홍군 장정 승리에 대하여 중공중앙에 보낸 전보문』(1935) 『魯迅言論選集』 (연변인민출판사, 1976), 21쪽.

24 『빛 속으로』는 1939년 10월에 발표되었다. 당시 일본은 전쟁 중이었고, 그 전쟁에 조선인을 끌어들이기 위해 일본은 내선일체 정책을 펼친다. 내선일체는 조선인의 일체를 말살하고자 하였는데 일본문단은 이 작품이 그 정책에 부합하다고 생각했기 때문에 이 작품을 주목했다. 또 하나의 이유는 그 당시 일본문단이 소재의 빈곤이라는 문제에 빠져 있었기 때문이다. …… 그들에게 식민지 작가의 소설은 신선하게 보였던 것이다. 일본문학에서 부족한 부분을 김사량의 소설이 채워주었던 것이다.
http://blog.naver.com/PostView.nhn?blogId=kyorai&logNo=120057283044

될 만큼 크게 반향을 일으켰다.[25] 1939년은 중일전쟁을 일으킨 일본이 한국의 인적 물적 자원을 수탈하기 위해 내선일체를 적극적으로 추친한 시기였다. 1938년에 이미 조선어 교육을 폐지했기 때문에 한국어로 쓸 수 없었으며 그 당시 많은 식민지국의 문학도들은 동경에서 등단하기를 희망했다. 식민지인 자국보다는 강대국인 일본에서 인정받고 싶어 했으며 상금 또한 컸던 것이다. 장혁주張赫宙나 타이완의 양쿠이楊逵같은 작가들 또한 그런 경우였다.

『빛 속으로』의 쯔루오(つるお)는 조선인 엄마와 일본인 아버지 사이에서 태어난 혼혈아로, 조선과 조선 엄마를 한탄, 경시, 원망하면서 문제를 일으키는 비뚤어진 문제아이다. 그러나 똑같은 처지에 있는 남南선생을 통해 자신의 정체성을 회복하고 정상적인 아이로 돌아간다. 작가는 어두운 식민지의 주인공이 어떤 누구보다 더 박절하게 광명의 세계로 나아가는 내용을 그렸다. 소설의 제목에서 복선을 짐작할 수 있듯이, '빛'은 주인공이 정체성을 찾아가는 것을 의미할 뿐만 아니라 식민지 조선이 하루 빨리 주권을 되찾아 광복되기를 희망한 것임을 알 수 있다.

김사량은 1943년 2월에 집필하기 시작하여 10월에 장편소설 『태백산맥』을 완성했다. 『태백산맥』은 인간의 진정한 자유와 민족의 독립을 갈구한 지식인의 고뇌가 흠뻑 배어나오는 작품이다.[26] 한말, 구역량과 신역량이 충돌하는 비극적 시기에 억압받던 민중들은 구

---

25 金史良씨는 좋은 작품을 썼다. 민족의 감정이라는 커다란 문제를 다룸으로써 앞으로 성장이 크게 된다. 문장도 좋다. (下略), 『芥川賞全集』 第2卷, 文藝春秋社, 1982, 397쪽.

26 金學東, 『在日朝鮮人文學과 民族』, 國學資料院, 2004, 99頁.

역량에 반항하여 깊은 태백산에 들어가 화전민 생활을 한다. 험준한 태백산맥을 배경으로 한 이 작품 속에서 민중들은 민족의 정의를 실현하고자 하며 또 자신들의 소중한 사랑을 위해 투쟁한다. 부패한 현실에 대해 반항하고 동시에 현실을 피해 새로운 천지를 찾고자 한다. 그들은 미래의 어떤 날에 구세주가 출현하여 조선을 구해줄 것을 기대했다. 김사량은 이 작품을 통해 조선민족의 이상적인 미래를 제시하였을 뿐만 아니라 장차 나아가야 할 방향과 쟁취해야 할 출로를 모색했다. 이 작품은 우리 민족의 가슴 밑바닥에 흐르는 민족의식과 애정을 굵은 선으로 박진감 있게 그려낸 작품이다.

또 다른 작품 『호접胡蝶』은 1941년 태항산 호가장胡家莊 전투[27]를 다룬 것으로, 작가 김사량이 태항산太行山 조선의용군의 호가장 전투를 동료들로부터 들은 것을 기본 골간으로 하여 창작한 것이다.

---

27 1941년 1월 무정(武亭)·이유민(李維民)·김창만(金昌萬 : 韓得志) 등은 중국 산시성[山西省] 태항산[太行山]에서 화북조선청년연합회를 결성했다. 이어 최창익(崔昌益)·한빈(韓斌) 등 조선민족혁명당과 그 산하 조선의용대에서 빠져나와 옌안[延安]으로 북상한 인사들도 연합회에 가담하여 조선의용대 화북지대가 창설되었다. 이들은 일본군 점령지역 침투공작과 선전공작에 참여하여 상당한 전과를 올리고 있었다. 1941년 12월 일본군 점령지대와 중국 해방구의 중간지대 유격구인 원씨현(元氏縣) 호가장 부근에서 조선의용대 대원 30명이 무장선전대를 편성하여 일본군 점령하에 있는 부락민에게 항일선전공작을 수행했다. 공작 후 본대로 돌아가던 중, 호가장 부락에서 잠시 휴식을 취했는데 친일파인 구장(區長)의 밀고로 이들은 500여 명의 일본군에게 완전히 포위당했다. 의용대는 결사 항전할 것을 결의하고, 대문 밖을 향하여 수류탄을 연속해서 던진 후 대원 전원이 경기관총을 앞세우고 문 밖으로 돌격하여 치열한 육박전 끝에 포위망을 뚫었다. 이때 팔로군이 달려오자, 일본군은 퇴각했다. 이 전투로 대원 박철종(朴喆鍾)·송일봉(宋一峰)·이만갑(李萬甲) 등 4명이 전사하고 대장 김세광(金世光)이 부상을 당했으며, 김학철(金學喆)은 부상당한 채 일본군에게 체포되어 나가사키[長崎] 감옥에서 옥고를 치렀다.
http://100.daum.net/encyclopedia/view.do?docid=b25h1207a

이 작품은 단순히 조선의용군과 일본군의 싸움으로만 끝나는 것이 아니라 조선의용군 김학운과 하순과의 이룰 수 없는 사랑[28]을 묘사하고 있으며 비민족주의적 반식민주의와 국제주의를 외치고 있다. 그들의 싸움은 일본으로부터 나라를 되찾는 것뿐만 아니라 한층 나은 인간성의 실현, 그리고 고향 땅에서 평화롭게 살려고 하는 인간의 희망과 이어지고 있음을 보여준다.[29]

이처럼 김사량은 루쉰의 창작수법을 수용하여 비극 문학 속에 낙관적 정서를 함유해냈다. 루쉰과 김사량의 작품은 끊임없는 절망 속에서도 불요불굴의 정신으로 희망을 찾고자 한 의지의 소산이었다. 두 작가의 작품은 삶만큼이나 똑같이 치열했으며 닮았다.

5.

루쉰과 김사량, 두 작가는 똑같이 강렬한 민족책임감과 사명감을 가진 작가였다. 둘 다 일본 문예사조와 신문학의 영향을 받았으며 문학창작의 목적 또한 유사했다. 루쉰은 민족의 열근성을 깊이

---

28 위생원으로 참전한 霞順은 金鶴雲을 사랑한다. 그러한 김학운은 이를 받아들이지 못한다. 현재는 일본과 싸우기 때문에 오빠와 여동생의 관계로 남아야 한다고 주장하는 김학운에 대해 하순은 더 이상 자기의 사랑을 고집하지 못한다. 하지만 김학운은 전투에서 부상을 당하여 죽게 되었을 때, 하순에게 자신의 사랑을 고백한다. 조국이 해방 될 때까지 이성과 사랑을 유보해야 한다는 생각이 죽음을 앞두고 사라진 것이다. 金在容, 郭亨德著, 『金史良作品和研究』(2), 力樂, 2009年版, 674.

29 金在容·郭亨德著, 『金史良作品和研究』(2), 力樂, 2009年版, 674頁.

파헤쳤는데, 그 목적은 민족을 계몽시키고 격발시켜 민족의 출로를 탐색하고자 하는 것이었다. 김사량은 문학을 무기로 삼아 일제의 식민통치에 반항했으며 내선일치를 철저히 반대함으로써 민족정체성을 환기시켰다.

루쉰과 김사량의 주요작품을 통해 우리는 김사량의 소설 창작정신과 창작수법이 루쉰문학에서 많은 영향을 받았다는 사실을 알 수 있었다. 루쉰의 작품에서 희극은 비극을 심화시키는 보조 수단으로 쓰이는데, 김사량은 루쉰의 이 희비극 융합의 창작방법을 수용했다. 그는 「Q백작」, 「천마」, 「풀숲 깊숙이」 작품에서 희극과 비극을 하나로 융합시키고 비극미를 강화시킴으로써 "조선의 아Q"를 탄생시켰다.

그 밖에 김사량은 루쉰 작품의 비극속의 낙관적인 정서를 수용했다. 루쉰 작품의 대부분은 어둡다. 그러나 「광인일기」·「고향」·「약」 등의 직품에서 루쉰은 미래에 대한 희망을 예시했다. 김사량의 작품 또한 대부분 비극이지만 결말이 결코 비극적인 것은 아니다. 『빛 속으로』과 『태백산맥』에서 주인공들은 간절하게 광명을 추구하며 젊은 사람들과 민중들은 미래에 대해 희망을 갈구한다. 결론적으로 미래에 대한 민족의 출로에는 낙관적인 기대가 충만되어 있다.

내선일체정책이 추진되던 시기에 김사량은 일본어로 『빛 속으로』를 썼고, 아쿠타가와 상 후보의 영예를 안았다. 그는 한국어와 일본어 두 개의 언어로 창작활동을 했는데, 이 같은 언어 선택의 문제는 작가로서 아주 어려운 문제였을 것이다. 조국의 현실에 괴로워했던 양심가 김사량은 1950년, 아직 젊은 나이에 덧없이 희생되었다. 그의 죽음은 우리 문학사에 있어서 애석한 손실이며, 그가 겪은 시대적 고통은 분단 현실을 살아가야 하는 오늘 우리에게도 아직 끝나지 않았다.

본고는 당시 한중 양국의 대표적인 지식인, 루쉰과 김사량의 고뇌를 우리가 이해하는 데 도움을 줄 뿐만 아니라, 한중근대문학 비교연구에도 작은 단초가 될 것이라 기대한다.

7. 옌푸와 루쉰의 외국문화 수용과 전통문화 대응 양상 비교

1. 들어가는 말

옌푸嚴復와 루쉰魯迅은 중국 근대의 걸출한 사상가이자 선구자이다. 서세동점西勢東漸의 시기, 제국주의가 침략한 격동의 시기에 태어난 두 사람은 그 누구보다도 중국의 근대화와 민중 계몽을 위해 앞장 선 인물이다. 그만큼 이 두 사람에 대한 중국 내의 평가는 높을 뿐만 아니라 연구 또한 광범위하고 심도 있게 진행되어 왔다.[1]

---

1 옌푸에 관한 연구서로는 1940년 周振甫가 펴낸 『嚴復思想述評』(中華書國)과 1964년 슈월츠(Benjamin Schwarz)가 쓴 In search wealth and power : Yen and the west(Cambridge, mass)가 널리 읽혔으며, 근래의 단행본으로는 王中江의 비교연구서 『嚴復與福澤諭吉 : 中日啓蒙思想比較』(河南出版社, 1991), 張志建의 『嚴復思想研究』(北京商務印書館) 등이 기존의 연구에 더해 옌푸의 사상에 대해 비교적 상세한 고증을 하였다. 중국에서 옌푸에 대한 연구논문으로는 1500편 정도가 나왔으며 그중 옌푸의 사상성에 관한 대표적인 博士學位論文으로는 『嚴復政治思想研究』(董小燕, 浙江大學, 2006년), 『嚴復政治哲學研究』(王建龍, 華東師範大學, 2003년), 『嚴復憲政思想研究』(楊陽, 重慶大學, 2008년), 『嚴復的制度與國民性互動思想研究』(陳勇軍, 首都師範大學, 2010년), 『通向自由富强之

새로운 관점을 제기하기는 쉽지 않을 것이다. 그러나 바로 이 점에서 그들을 한 번 더 살펴보고 점검해야 하는 역설이 생겨나기도 한다.

옌푸와 루쉰은 둘 다 외국에서 유학했고 외국문화사조의 영향을 받았으며, 민중을 계몽하고 이상 국가를 건설하고자 글을 썼다. 중국의 부강과 중국인의 정신개조를 위해 서양의 학술 문화를 적극적으로 수용해야 한다고 생각했기에 그들은 많은 명저를 번역했던 것이다. 그들의 최종목적은 똑같이 계몽과 구국이었다.

그러나 중국 근대사에 있어서 두 사람의 지위와 평가에는 확연한 차이가 있다. 주지하다시피 루쉰은 중국의 위대한 문학가이자 사상가, 혁명가로 추앙받았지만 옌푸에 대한 평가는 상대적으로 다양했다.[2] 두 사람에 대한 평가에 주목하면서 필자는 종합적, 객관적인

路的探索-嚴復文化思想新探』(張儒威, 南開大學, 2013). 『通向自由富强之路的探索－嚴復文化思想新探』張儒威, 南開大學, 2013, 7-8쪽.

한국에서도 Yang Il Mo(양일모)의 『嚴復 : 중국의 근대성과 서양사상』(太學社, 2008), 「자유의 조건; 옌푸의 『原富』, 『群己權界論』, 『政治講義』 分析」과 都重萬의 「國粹와 西學」, 『중국현대사연구』 외에 번역서 李澤厚의 『中國近代思想史論』(北京人民出版社, 1986)와 殷海光이 모은 1985년의 책 『근대사상인물론: 자유주의』(臺北: 時報文化出版)에 실린 「嚴復與自由主義」(Schwarz 저, 楊肅獻 역, 1985) 등 백여 편에 이른다.

2 옌푸에 대한 평가는 크게 3가지로 분류된다. 첫 번째 관점은 옌푸의 만년의 사상에 대한 완전 부정이다. 이 관점은 1980년대까지의 평가로 대만과 중국에서의 옌푸 연구는 대체로 變法運動時期와 帝制운동시기를 각각 분리하여 연구하였고, 그 결과 정치사적 시각에서만 평가하여 사상적 변절로서 그의 행적을 설명해왔다. 두 번째 관점은 상대적으로 중립된 시각이다. 두 번째 관점을 가진 연구자들은 옌푸를 사상가로 간주하고 만년에는 시대와 혁명추세를 따라가지 못했지만 구국의 길을 찾는 데는 변함이 없었다는 것이다. 세 번째 관점은 옌푸의 만년 사상에서 긍정적인 점이 있다고 보는 것이다. 가령, 福州大學의 林怡 教授는 『從"求富强"到"尊人道"－論嚴復社會學思想的嬗變』에서 "옌푸 사상에는 전후 발전된 변화가 있지만 '人道'를 존중하는 사상은 시종 변함이 없었고

시각에서 그들의 외국문화 수용양상과 전통문화에 대한 대응 양상을 고찰하고자 한다. 옌푸와 루쉰은 무엇보다도 서구 진화론 사상에 크게 힘입은 바, 이에 대한 두 사람의 관점을 먼저 살펴볼 것이다. 이는 봉건체제의 붕괴 이후, 반식민지 시대의 두 인물의 근대의식을 이해하고 외국 문화의 수용양상을 파악하는 데에 중요한 단초가 될 것이기 때문이다. 또한 당시 중국을 대표하는 지식인의 고뇌와 중국 근대 상황을 보다 더 내밀하게 이해하는 데도 일조할 것이다.

2장에서는 옌푸와 루쉰이 유학 중 서구 문화와 일본의 영향을 어떻게 받았는지, 외국문화 수용양상에 어떠한 차이점이 있는지를 살펴본다. 동시에 그들이 서양으로부터 수용한 이론을 가지고 어떻게 중국 현실을 인식하고 그 해결책을 모색했는지 알아본다.

3장에서는 전통문화에 대한 대응양상을 다룰 것이다. 중국 근대 19세기의 두 인물이 서양문화의 충격에 대해 어떻게 대응하고 전통문화를 어떻게 비판, 계승했는가를 파악하는 작업은 문화의 혼종시대인 21세기 오늘날에도 여전히 새롭고 유효한 시사점을 제공해 줄 것이다.

2. 외국 문화의 수용양상

19세기 중국에서 서구문화의 충격은 대단한 것이었다. 1840년 아편전쟁의 패배, 양무운동洋務運動과 변법자강變法自强의 실패, 청일

더욱 확장되었다"고 보는 것이다.

전쟁 패배 등은 중국에게 서양문화와 과학이 얼마나 우수하고 강력한지, 중국의 봉건문화와 봉건체제가 얼마나 무력한지를 보여주는 좋은 예였다.

이때, 중국근대의 깨어있는 선각자들은 서양과 일본의 과학 문명을 배워 중국을 계몽하고 국가를 부강시키고자 유럽과 일본으로 유학을 떠났다. 그 대표적인 사람들 중에 옌푸와 루쉰이 있었다. 두 사람은 서양의 문화를 수용하여 중국인의 정신을 개조하고 중국을 부국강병하게 하고자 힘썼지만 그 방법에서는 달랐다.

무릇, 한 인간의 사상형성에 가장 중요한 것은 환경이다. 그것도 청장년 시절의 교육과 환경의 영향은 일생의 과정에서 가장 골간을 형성한다. 그 중요한 시기에 두 사람은 영국과 일본에 각각 유학을 하였다. 이 유학시기에 그들이 영국과 일본의 사조로부터 받은 영향은 지대했다.

옌푸가 영국에 유학한 시기는 빅토리아(Victoria) 여왕시대로 18세기 후기에 일어난 산업혁명이 절정에 이르던 시기였다. 도시는 공장지대가 되어 인구는 도시로 집중되었고 산업과 과학의 발달, 국제 무역 등으로 영국은 사상 최대 부강한 나라가 되었다.

특히 Charles Darwin의 『The Origin of Species』의 출판은 종교와 사회에 많은 파문을 일으켰다. 그의 과학적인 진화론에 호감을 가진 청년과 지식인들은 기독교에 회의를 가지게 되었으며, 전통과 도덕보다는 물질주의적인 인생관을 추구하게 되었다.

이러한 시기에 유학한 옌푸는 해양에 관계된 자신의 전공 공부뿐만 아니라 서양의 정치경제와 철학 사상에 대해서도 주의 깊게 연구하였다. 옌푸에게 영향을 준 서구사상은 주로 19세기 영국사상으로 실증론, 진화론, 공리론, 윤리학이다. 실증론의 과학실험 정신은 근대서양사상을 지배하는 기본요구이고 진화론, 공리론, 윤리학은 모두 이 정신에 입각하고 있다. 옌푸는 진화론의 인식의 차이가 중서문화 우열의 원인이 되었다고 생각했다. 그는 생존경쟁의 투쟁의식을 강조하는 진보적인 사회진화론을 소개함으로써 옛 것만을 숭상하고 역사의 순환론적 정체성만을 당연한 것으로 인정하고 있던 중국인들을 각성시키고자 하였다. 그는 행복을 추구하는 인류의 보편적 성향을 주장하는 공리론에 의거하여 자유평등을 기초로 하는 민주주의를 주장하였으며 부강을 도모할 수 있는 실용적인 학문을 중시했다. 새로운 윤리학을 소개함으로써 고거考據, 사장詞章, 의리義理, 심성心性의 중국학문을 배격하고 자연과학적인 실용정신을 불어넣어주고자 노력했다.

서양의 자유와 민주에 감명을 받았던 옌푸는 '자유를 체體로 삼고, 민주를 용用으로 삼'을 때 신분제도가 타파되고 금기의 장벽이 허물어질 수 있다고 생각했다. 옌푸는 창조적이고 발전적인 서양의 자유와 민주를 우월한 문화체제로 받아들여 정체적인 중국의 세계관을 타파하고 서양의 세계관으로 중국 부강의 방편으로 삼고자 했던 것이다. 그는 군사 및 경제 방면의 부국강병도 중요하지만 중국인이 계몽되는 것을 부강의 핵심으로 보았다. 이 점에서 우리는 계몽주의 지식인으로서 그의 위상을 확인할 수 있다.

그는 자유와 민주 외에 진보, 과학, 공공성 등 서양의 학문적 성과로 이루어진 진리를 신봉했는데, 특히 Darwin의 진화론과 Spencer의 『사회학연구』(1873)를 읽고 감동을 받았다. 옌푸는 서양 근대과학의 최고의 성과는 바로 진화론이고 진화론의 관점을 중국에 도입하는 것이야말로 중국의 국력을 강화시키기 위한 가장 근본적인 방책이라고 생각했다. 옌푸는 서양열강의 부강의 열쇠가 된 사상은 진화론이라고 생각하여 19세기 말에 진화론을 중국에 적극적으로 소개했다.

옌푸가 진화론에서 주목한 점은 진화론 그 자체 이론도 이론이지만 진화론 안에 내재된 서양의 진보적 가치관이었다. 그는 서양문명의 발달 근원엔 세계가 끊임없이 앞으로 전진한다는 진보 관념과 미래를 향해 나아가는 진보 의식이 있다고 보았다. 그가 진화론의 전파에 열성을 다한 이유도 여기에 있는데 그는 중국이 순환론적이고 정체적인 사고방식에서 벗어나 발전하기를 희망했다.

옌푸가 중국에서 진화론을 번역하였을 때 그다지 큰 반발 없이 수용되었던 것은 당시 약육강식의 국제 정세도 있었지만 '역경' 사상이 일조하였다. 지식인들에게 있어서 역경의 핵심적인 사상은 '우주는 항상 변화하고 있다는 것'이다. '생물이 변화하여 진화해간다.'는 진화론의 사고방식은 이러한 역경의 사상과 어떤 면에서 상당히 비슷하다.

또 하나의 이유로는 Spencer의 『사회학연구』의 발상이 유교적인 학문관과 굉장히 비슷했다는 점이다. 옌푸는 '천연론天演論'에서 System of Synthetic Philosophy을 '천인회통론天人會通論'이라 부르며 각각의 권[3]에 대해 중국의 사상朱子學과 연결시켜 놓았다.

---

3 『天演論』, 「導言一 察變」 案語, 『嚴復集』, 1325쪽) 格致로부터 시작하여 최종적으로 '道德, 正教'에 도달하는 Spencer의 학문체계는 大學의 소위 8條目 '格物, 治地, 誠意, 正心, 修身, 齊家, 治國, 平天下'라는 유교적 학문체계와 매우 유사하다 할 수 있다.

Spencer의 진화론의 구도는 주자학적인 우주관과 매우 유사한 구조를 가지고 있다고 보았는데, 이것은 진화론에 대한 옌푸만의 독특한 수용방식이라 볼 수 있다. 아무튼 Spencer적인 진화론과 주자학의 세계관이 비슷한 구조를 가지고 있다고 소개함으로써 중국 지식인들은 거부감 없이 진화론을 수용할 수 있었다.

옌푸는 중국 사상을 중심으로 서양의 진화론을 재해석했다. 따라서 서양의 진화론적인 사고방식과는 다소 다른 독자적인 특징이 있다. 옌푸의 해석은 당시 서양을 야만시하고 있던 완고한 중국 지식인들을 계몽시키기 위해 부득이하게 취한 방법이라고 할 수 있으며 옌푸 자신의 중화사상도 작용하고 있었다.

옌푸는 Spencer에게 가장 많은 영향을 받았다. 스펜서의 사상이 중서문화관中西文化觀에 합당하다고 여겼다. 그래서 그는 서학西學을 제창하면서 서학으로 중학中學을 증익하고자 하였고 중서절충中西折衷, 체용혼일體用混一하고자 하였다.

루쉰 또한 당시의 선각자인 량치차오梁啓超, 천뚜시우陳獨秀, 후스胡適 등과 같이 옌푸의 『천연론』의 영향을 크게 받았다. 일찍이 광무철로학당鑛務鐵路學堂 재학시절에 옌푸의 『천연론』을 읽고 받았던 신선한 충격을 루쉰은 다음과 같이 술회한 바 있다.

> 아아, 이 세상에는 Huxley 같은 사람도 있구나. 서재에서 어떻게 이런 일들을 생각할 수 있었을까? 더우기 이런 신선한 사고로써. 나는 단숨에 읽어 내려갔다.[4]

4 "哦! 原來世界上竟還有一個赫胥黎坐在書房里那麼想, 而且想得那麼新鮮? 一口

훗날 쉬셔우상許壽裳의 말에 의하면 당시 루쉰은 『천연론』의 몇 구절을 암송할 정도로 깊은 감명을 받았다고 했다.[5] 그러나 루쉰이 진정으로 진화론을 개인 중심의 사회개혁론으로 수용하게 된 것은 Nietzsche의 사상을 학습한 다음이었다.

「문화편지론」에서 루쉰이 "생존을 다투고 각국과 승부를 겨루려면 무엇보다도 인간을 일으켜 세워야 한다."[6]며 물질을 배격하고 '개인'을 중시하자고 주장한 것은 모두 Nietzsche주의에 기초한 것이었다. 또한 「악마주의 시의 힘」에서 루쉰은 '정신계의 전사'를 강조했는데, 이 반항의 시인에도 Nietzsche의 초인 사상이 그대로 나타나 있다. 루쉰에게 있어서 이 초인 형상은 강렬한 의지와 주체적 정신을 가진 "과학자의 정신"과 같은 연장선상에 있다. 이렇듯 루쉰의 진화론 사상은 Arthur Schopenhauer, Nietzsche 등의 철학사상과 밀접했다. '인간'을 모든 문제의 출발점으로 삼아 인간의 가치와 존엄, 자유와 개성, 자발성과 창조성을 강조하였다. 특히 사회와 역사발전에 미치는 천재와 초인의 주관적 의지의 작용을 강조한 이들의 사상은 1910년대 루쉰에게 있어서 반봉건 투쟁의 논리적 근거가 되었다.[7]

여기에서 루쉰과 옌푸의 서구문화 수용에는 상이한 특징이 나타난다. 두 사람의 외국문화 수용양상의 차이는 구체적으로 다음 네

氣讀下去." 「瑣記」 (『莽原』 反月刊 第 1卷, 第 22期, 1926. 11. 25), 『朝花夕拾』, 『魯迅全集』 2卷, 296쪽.

5 丸山昇 著, 韓武熙 譯, 앞의 책, 42쪽.

6 「文化偏至論」, 『魯迅全集』 1卷, 56쪽.

7 졸저, 『정신계의 전사 - 노신』, 국학자료원, 2003, 21쪽.

가지 점에서 살펴볼 수 있다.

첫째, 앞에서 언급한 진화론에 대한 관점과 수용양상이다. "하늘의 도는 불변하나 낡은 틀에 머물지 않으며, 특히 오랜 옛날부터 지금에 이르기까지 변화가 점진적으로 진행되었다.天道不變, 不主故常, 特自皇古迄今, 爲變概漸" 이것이 진화론의 핵심이다. 이 사상은 봉건완고파의 천도불변의 사상에 큰 충격을 주었고 변법유신사상에 윤리적 근거를 제공했다. 진화론은 역사에 있어서 커다란 진보를 가져온 것이었다. 옌푸가 진화론을 수용하면서 강조한 것은 "위변개점爲變概漸" 이다. 옌푸는 사회가 전제, 입헌, 공화의 순서 단계로 발전해간다면서 점차적인 변혁을 주장하였다. 그는 급진적인 변화나 혁명을 원하지 않았다. 신해혁명에 대해서 반대하지는 않았지만 급진적인 혁명이나 과격성은 반대했다. 그러한 관점은 바로 "위변개점爲變概漸"에서 기인한 것으로, 옌푸는 비약적인 발전이나 혁명적인 변혁을 반대한 것이다. 그에게는 리홍장李鴻章, 위안스카이袁世凱와 같은 당대 권력가들의 비호가 있었다. 옌푸는 중국 근대혁명사상사에 있어 변법파變法派의 한 분파로 간주되었으며, 그는 계급적 입장을 떠날 수 없는 한계를 가졌던 것이다.

또한, 계몽사상가로서 옌푸는 당시 중국 민중의 지적 수준을 매우 낮게 평가하였다. 민지民智가 낮은 상태에서의 혁명은 엄청난 사회 혼란을 야기할 것이라는 것이 옌푸의 눈에는 명명백백해 보였다. 그에게 중요한 목적은 오직 부강한 나라였다. 개명開明한 군주가 되든 아니면 입헌군주가 되든 간에 이 목적을 위하여 다른 것들은 모두 수단이 되었으며 심지어 자유까지도 수단이 되었던 것이다.

반면에 루쉰은 초기 논문 「중국지질약론中國地質略論」에서 변혁의 비약을 허용하지 않는 단선론單線論에 기초하여 혁명에 반대하는 입헌파의 정체론(Idienty)을 다음과 같이 강도 높게 비판한 바 있다.

"인류 역사를 논하는 자는 전제, 입헌, 공화의 순서를 정치 진화의 공식이라고 주장한다. 그러나 전제가 맹위를 떨치고 있을 때 결단성 있게 칼을 뽑아 피를 묻히고 용기있게 공화 정체의 대열 속에 참여하는 사례는 역사에서 볼 수 없는 것은 아니다. 지층의 변례變例도 이와 같을 뿐이다."[8] 이처럼 루쉰은 점진적인 변혁보다는 한번에 사회를 변혁할 수 있는 혁명을 주장하였다. 사회변화에 옌푸와 루쉰의 견해는 이렇게 차이를 보였다.

둘째, "옌푸는 생물진화론, 물경천택物竟天擇, 자강보종自强保種의 관점을 중시하였는데 이것은 루쉰의 초기 애국사상을 형성하는 데 도움을 준다. 그러나 어떻게 자강보종을 하느냐에 대한 해결방법은 같지 않다. 루쉰은 진화론의 각 학설을 광범위하게 접촉하였고 비교와 감별을 통하여 민주혁명과 결합시켰다. 여기에 개조를 가하여 진화론의 정수를 흡수하여 소박한 변증법을 갖추었던 것이다."[9]

역사의 발전이 정반합의 끊임없는 투쟁에 의해 이뤄지듯, 진화의 과정 또한 평화롭게 진행되는 것은 아니다. 옌푸는 단지 Spencer의 물경천택物竟天擇, 우승열패優勝劣敗만 강조했을 뿐, 계급모순과 투쟁 그리고 환경을 극복하려는 적극성과 능동성을 주시하지 않았다. 여기에는 당시 옌푸의 절박함이 담겨 있다. 옌푸에게서 '진화'와 '물경', '천택'은 가장 근본적인 공리公理로서의 성격을 띠고 있다. 옌푸

8 『集外集拾遺』, 『魯迅全集』 7卷, 5쪽.

9 「論魯迅与嚴复的中外文化觀」 『北京社會科學』 1986年 第3期.

가 진화론에 강한 집착을 보이는 데는 당시의 중국의 위기와 깊은 연관을 지니고 있다. 근대중국의 지식인에게선 '중국이 어디로 가야 하는가'에 대한 강한 문제의식이 공통적으로 발견된다. 옌푸 또한 예외일 수 없다. 이 물음에 대한 옌푸의 해답은 곧 '적자생존適者生存'과 '자연도태自然淘汰' 과정에서 살아남기 위한 '자강自强'이다. 그리고 이는 타국과의 '경쟁'에서 살아남으려는 구성원의 분발에서 시작된다고 생각했다. 옌푸는 중국의 위기가 '경쟁'을 회피하는 민족 정서에서 비롯되었다고 보았다.

루쉰은 옌푸의 이러한 견해에 동의하면서 한걸음 더 나아간다. 신구투쟁, 신진대사, 옛것을 버리고 새로운 것을 받아들인 덕분에, 썩은 열매는 떨어지고, 새로운 꽃이 돋아나고 있다"[10]고 생각한다. 진화론을 인간사에 적용시킨 루쉰은 곧잘 "미래는 과거보다 더 낫고 청년은 노년보다 더 나을 것"[11]이라고 강조했다. 그는 생태계의 진화와 마찬가지로 사회도 변화와 발전 속에서 존속하리라 생각했다. 신과 구, 미래와 과거, 청년과 노인 간의 대립과 투쟁으로 인하여 앞으로 발전해간다는 것은 바로 일종의 계급투쟁을 의미한 것이다. 루쉰은 이 5·4시기에 정식으로 맑시즘을 수용하지는 않았지만 이미 거칠게나마 변증법으로 봉건세계에 대항했다.

루쉰은 또한 생물학적 진화론의 견해를 민족의 생존과 연결시켜 파악했다. 그는 조국의 멸망을 국권의 상실이나 민족의 노예화 등과는 다르게, 즉 민족 자체의 도태와 퇴화라는 관점에서 사고했

---

10 所謂 "吐故納新, 敗果旣落, 新葩欲吐", 「說鈤」, 『集外集』, 『魯迅全集』 7卷, 25쪽.
11 「『三閑集」 序言」(北新書國, 1932. 9), 「三閑集」, 『魯迅全集』 4卷, 5쪽.

다.[12] 그 결과 루쉰은 중국민족에게는 인간으로서 뭔가 중대한 결함이 있다고 판단하면서 그들이 자연 도태될 수 있다는 가능성까지도 이야기 한다. “날로 퇴화하여 원숭이, 새, 조개, 수초로 되고 심지어는 비생물로까지 이를 수 있다.”[13]라는 자조 섞인 말은 그런 배경에서 나온 것이다. 루쉰은 이같은 역설을 통해 노예근성에 젖어버린 중국인의 현상을 폭로하려 했다. 여기에서 우리는 루쉰이 당시 파멸의 위기를 맞은 중국 현실의 근원을 상부계층을 포함한 하층 민중의 마비된 정신에서, 그리고 중국의 노예근성에서 찾으려했다는 것을 알 수 있다. 이런 의미에서 루쉰은 인간을 둘러싼 환경만을 문제 삼으려 한 사회 진화론적 인식에 대해 비판적 견해를 가지고 있었다고 할 수 있다. 세계열강과 경쟁하기 위해서는 적자생존이라는 경쟁력도 필요하지만, 루쉰에게 더욱 중요한 것은 환경의 적응보다 ‘인간’이었던 것이다. 루쉰의 기준에 의하면, 환경만을 문제 삼을 때 그것은 환경에 적응을 잘 하느냐 못하느냐의 수동적 문제만 야기시킬 뿐 근원적으로 사회를 변혁시킬 수 없었다. 즉, 낡은 간판(권력)을 새로운 간판으로 바꾸는 것에 지나지 않는 것이다.

루쉰은 진화의 정도가 낮은 이들 두 부류의 대척점에 진화를 계속하는 인간으로 ‘정신계의 전사’를 상정한다. 또한 정신계의 전사는 약소국가를 침략하여 지배자가 되기 위해 싸우는 존재가 아니라 압제자에게 반항하고 독립을 쟁취하기 위해 싸우는 존재이다. 이 전사가 목표 하는 바는 지배자와 피지배자 관계의 근원적 해소이다.

---

12 金河林, 「魯迅文學 思想의 形成과 轉變硏究」, 고려대학교 박사학위논문, 1992. 12.

13 “以日退化, 爲猿鳥蜃藻, 以至非生物”, 「中國地質略論」, 『集外集拾遺補編』, 『魯迅全集』 8卷, 3쪽.

그는 약자의 입장에서 강자에게 반항하고 다른 약자를 도와주는, 인류 중 가장 진화된 모습의 인간이다.

루쉰의 '정신계의 전사'가 반항과 투쟁의 원천으로 삼는 것은 심성心聲이다. 그렇다면 루쉰이 진화한 인간으로 상정하는 심성을 가진 이상적 인간인 이 정신계의 전사는 자신의 심성의 권위를 어디에서 찾는 것일까? 루쉰은 그것을 밖이 아니라 자기 안에서 구해야 한다고 생각한다. 바로 여기에서 루쉰은 Nietzsche에 주목하게 된다. 의지에 의한 자기초극自己超克, 다시 말해 현존하는 권위를 부정함으로써 가치의 기준을 '신'에게서가 아니라 '인간'에게서 찾는 것이다. 그 인간이 바로 초인이다.

루쉰은 진화론에 Nietzsche의 초인사상超人思想을 가미했다. 생존경쟁 및 적자생존을 중시한 Darwin의 진화론과 달리 Nietzsche는 환경을 극복하는 능동성과 적극성을 강조하면서 강자생존을 주장했다. "연약한 민족은 강한 민족보다 전사를 당하는 일이 늘 많으며 비겁한 민족은 용감한 민족보다 죽음을 당하는 일이 많다"[14]는 루쉰의 개탄은 Nietzsche의 관점을 배경으로 한 것이었다. 중국이 처한 위기적 상황에서 Nietzsche의 초인철학은 루쉰에게 중국을 위기에서 구할 수 있는 사상의 기반으로 다가왔다. 동시에 당시 루쉰이 가장 절실하게 느꼈던 '국민성 개조'라는 욕구에도 부합되었다. Nietzsche를 통해 유럽 근대문명의 정수인 개인주의를 받아들인 루쉰은 개인의 주체성 확립을 강조했으며 이는 곧장 민족의 주체성 확립에 대한 요구로 확대되었다.

---

14 위의 책, 위의 글, 69쪽.

루쉰의 진화론은 개인의 자각과 존종, 민중의 자각을 문제삼았다는 측면에서 옌푸의 진화론과 다르다. 옌푸의 우승열패優勝劣敗는 "상등인이 하등인보다 뛰어나다上等人勝於下等人"라는 것을 고취한 것으로 통치계층의 생각을 반영한 것이다. 그러나 루쉰은 여기에 대하여 적극적으로 반대하여 "하등인이 상등인보다 낫고, 꼴지가 있어야 1등이 있다"라는 소박한 계급관념을 보인다. 루쉰의 자강보종은 통치계층과 그 사상의 독해를 비판한 것으로 옌푸의 사상보다 진일보한 것이다. 옌푸의 『천연론』이 환기시켰던 위기감을 출발점으로 한 루쉰의 진화론은 근본적으로 사회진화론을 초월한 것이라고 말할 수 있다. 인간의 역사를 생물이 환경에 적응해가는 과정의 일환으로 파악하는 사회 진화론적 이해 방식에 대해 루쉰은 인간의 도덕적 의지를 가지고 문제 삼은 것이다. 이것이 루쉰 진화론의 핵심적 의미라 하겠다.

셋째, 옌푸와 루쉰은 구국의 방법에서 차이가 있었다. 옌푸의 교육구국론은 루쉰의 국민성 개조사상에 일정한 영향을 주었지만 루쉰은 한걸음 나아가 하층계층의 사상계몽과 개방해방을 강조하였다. "옌푸는 고민력鼓民力(백성의 역량을 고무시킴), 개민지開民智(백성의 지적 능력을 개발시킴), 신민덕新民德(백성의 도덕 능력을 새롭게 함)의 삼민사상三民思想 중에서 '개민지開民智'를 최우선 과제로 상정했다. 그 개민지를 위해서는 서학을 적극적으로 수용하여 학교와 병원을 설립하고 시급히 국민교육을 시행해야 한다고 주장했다."[15] 옌푸는

15 김종윤, 「嚴復 전통 인식 및 서학(西學)수용의 태도」, 『중국학보』 37권, 1997년, 208쪽.

'중국백성의 품성의 우둔함은 가난과 유약함에서 해결되어야 하는데 "우둔함"을 치료하는 방법은 바로 교육이다.以爲中國民品的"愚"在其"貧", "弱"之上要解決, 所以醫治"愚"的變法, 卽是教育.'라면서 교육만이 중국을 구할 수 있다는 교육구국론을 제창하기에 이른다.[16] 또한 그는 「한유사상비판韓愈思想批判」에서 자유를 억압하는 성인군주제聖人君主制를 비판하면서도 "그러한 즉 오늘 나의 군신을 버리려 하는데 가한지요. 왈, 불가하옵니다. 왜 그렇습니까? 그 때가 아직 이르지 않고 풍속이 성숙하지 않아 백성들은 족히 스스로 다스리지 못합니다.然則及今而棄吾君臣, 可乎. 曰, 是大不可. 何則, 其時未至, 其俗未成, 其民不足以自治也."[17]라고 말해 사람들을 교육 시킨 후에야 비로소 가능하다고 본 것이다. 이렇게 옌푸의 교육구국론은 개량주의에 속하며 한계성을 드러내고 있다. 그의 주장은 반봉건의 진보적 의의는 있었지만 봉건사회와 제도를 전면적으로 개혁할 수는 없었다.

또한 옌푸의 『천연론』 번역과 서학론은 격물치지格物致知에 착안점을 두었지만 다수 인민의 민주혁명의식을 높일 수는 없었다. 『천연론』의 번역은 일반 민중들이 읽기에는 너무 어려웠고 격물치지의 서학은 지식수준이 낮은 민중들에게 고루 혜택이 가지 않았다. 소

16 1905년 옌푸가 開平鑛務局의 訟事로 영국 런던에 갔을 때, 마침 그곳에 가 있던 孫文이 옌푸를 방문하였다. 이때 옌푸는 혁명을 추진하던 孫文에게 중국 民品이 低劣하고 民智가 미천하니 만약 개혁을 한다면 그 화가 국민 고루에게 미칠 것이라고 주장하고 지금의 시점에서는 급히 교육으로부터 착수하여 갱신하는 것이 바람직하다며 교육에 의한 점진적 개혁만이 유일한 방법이라고 주장하였다. 이에 孫文은 옌푸는 사상가이고 자신은 행동가라면서 옌푸의 주장을 완곡히 비판하였다. 위의 주)와 같음.

17 『闢韓』, 盧雲昆 編選, 『嚴復文選』(上海遠東出版社, 1996), 250쪽.

수 지식인의 의식을 개조하는 데 도움을 주었지만 결국 전제정치의 장식품이 되어버려 커다란 작용을 할 수 없었다.

반면, 루쉰은 민중을 계몽하고 국민정신을 개조하기 위해 주로 억압받는 민중에 관심을 두었다. 아Q阿Q, 룬투潤土, 상린셔우祥林嫂, 단쓰부인單四婦人 등과 같이 그의 작품에 등장하는 대부분의 주인공들은 사회에서 주목받지 못한 소인물小人物이자 비극적인 인물이다. 19세기 러시아 비판주의 사실주의 작가들의 영향을 받은 루쉰은 하층계층의 인물을 작품의 주인공으로 등장시켜 모순된 사회를 폭로하고자 했다. 루쉰 작품에 등장하는 캐릭터들은 봉건문화의 피해자로서, 인간으로서의 자기 존재가치를 모르는 인물들이다. 그들의 의식을 일깨우고 개성을 해방시킴으로써 루쉰은 봉건문화의 폐해를 타파하고자 주력했다.

옌푸 역시 민중의 정신을 계몽하고자 했지만 그 방법에 있어 다소 차이가 보인다. 옌푸는 지식인들을 교육하는 위치에 서 있었으며, 캉여우웨이康有爲나 쑨원孫文같이 자신의 개혁사상을 정치적으로 실현시키지는 않았다. 루쉰과 비교하면 옌푸의 입장 차이는 더 드러난다. 옌푸는 당시 중국민중의 의식 수준을 끌어올리기에는 너무 요원하다고 생각하여 계몽의 대상을 먼저 지식인으로 잡았다. 반면에 루쉰은 마비된 국민의식을 가진 절대 다수의 하층 민중을 먼저 겨냥했던 것이다. 한 마디로, 옌푸가 사회개조에 일익했다면 루쉰은 민주혁명의 투쟁에 일익을 다했다고 말할 수 있다. 바로 이 점이 옌푸와 루쉰의 차이점이다.[18]

18 옌푸의 사회개량주의 운동은 개량운동의 파산으로 민주혁명을 반대하는 도구

넷째, 그들은 똑같이 번역을 통해 외국문화를 소개했으며 번역의 의미를 개화와 계몽, 진보에 두었다. 서학을 배우자는 동일한 목적을 갖고 있었으며, 정치개혁의 측면에서 번역의 임무를 규정하였다. 그러나 그들의 번역관은 사뭇 달랐다.

옌푸는 1898년에 『천연론』을 번역, 출판했다. 이 책의 서문에서 그는 자신의 번역론을 "신信, 달達, 아雅"라는 세 글자로 정의했다. "신信, 달達, 아雅"는 각각 "원전에 대한 충실함 곧 정확함, 번역의 유창함과 명백함, 문장의 우아함"을 의미한다. 다시 말해서, 옌푸의 번역관의 핵심 개념은 텍스트에 대한 "충실성", 독자의 독서효율을 말하는 "가독성可讀性", 그리고 문장의 아름다움을 뜻하는 "문체미文體美"[19]로 이해할 수 있다. 옌푸는 이 가운데 독자를 위한 가독성 – 즉 '達'을 우선시해야 한다고 생각했다. 이러한 번역은 옌푸 자신이 살고 있는 문화적 토대를 바탕으로 서양을 해석하는 작업이기도 했는데, 그가 본 서양은 실제의 서양이 아니라 그의 사상이 투영된 서양이었다. 그는 번역이라는 작업을 통해 중국의 근대를 만들어가고자 했던 것이다.

루쉰은 독창적인 번역론을 제시했는데 그것은 바로 경역硬譯의 번역관이다. 루쉰은 자국의 문화와 언어를 풍요롭게 만드는 데에는 타자(즉 외국문학 및 문화)의 '낯섦陌生'과 '고유함'이 반드시 필요하다고 생각했다. 원작의 이질성異質性(외국의 문화와 외국어, 중국문화와

로 쓰여졌다는 점에서 커다란 차이가 있다.

19 李寶暻, 「동서문명의 遭遇와 근대 중국지식인의 번역관」, 『中國現代文學』, 22號, 519쪽.

중국어 간의 차이)을 그대로 존중해야 한다고 생각했기에 그는 경역을 선택했다.

"루쉰이 경역이라는 방식을 선택하는 데에는 일종의 전략적인 사고가 깔려 있다. 이는 전통과 국민성에 대한 루쉰의 입장과 무관하지 않다. 그가 이렇게 매끄럽지 않는 어려운 문장을 고집한 이유는 그것을 통해 독자의 마비된 시선을 끌어오고 그들의 주의력을 일깨워 그들에게 강력한 자극을 주고자함이었다. 그들로 하여금 사고하게 하려는 의도에서 유래한 것이다. 루쉰은 변화하기를 싫어하는 중국인의 보수적 심리를 간파하고 있었고, 번역에 있어서 경역을 강경하게 주장한 것은 이런 배경이 작용했다."[20] 다시 말하면, 루쉰에게 있어서 경역은 뿌리 깊은 고질병에 가장 강력한 처방을 내리고자 한 일종의 전략적인 방도라고 할 수 있었다. 루쉰 스스로도 자기의 난해한 경역은 대중을 위한 것이 아니라고 분명하게 말했다. 그는 독자를 "교육을 충분히 받은 사람", "약간의 식자능력을 갖춘 사람", "아는 글자가 거의 없는 사람", 이렇게 세 가지로 나누었으며 자기의 경역은 오로지 첫 번째 유형의 독자를 지향한다고 설명했다.[21]

물론, 루쉰이 경역을 모든 장르에 적용시킨 것은 아니다. 장르에 따라 루쉰은 다른 번역방법을 선택했다. 많은 장르들 가운데 경역된 책은 대부분 문예이론서와 정치사상 저작에 한해서였다. 이와

---

20 왕성, 「근대중국 지식인의 번역관 -魯迅, 嚴復, 梁啓超를 중심으로」, 비교문학 55권, 2011년, 243쪽

21 『魯迅全集』, 4권, 382쪽.

반대로 시, 동화, 산문 등 문학성이 강한 작품의 경우, 루쉰의 번역은 그가 창작한 작품에서 보인 문필과 비교될 만큼 유창하고 분명했다.

3. 전통문화에 대한 대응 양상

전통문화에 대한 옌푸의 대응이 어떠했느냐에 따라 그에 대한 평가 또한 판이하게 달라진다. 일반적으로 전통문화에 대한 옌푸의 초기 입장은 전반서화全般西化 혹은 서용서체西用西體라 할 수 있다.

옌푸는 중국의 송학의리宋學義理, 한학고거漢學考據, 사장詞章 등은 현실을 이탈하여 쓸모가 없다고 여겼다. 그는 논리학, 수학, 물리학, 화학, 천문학, 지리학, 인류학, 동식물학 등과 같이 실용적인 서학의 수용을 주장했다. 특히 그는 서양의 진화론적 세계관을 숭상했으며 중국의 순환론적 세계관을 지양했다. 옌푸는 중국의 "호고이홀금好古而忽今"(옛것을 좋아하고 지금 것은 소홀히 한다.)하는 세계관과 일치일란一治一亂의 순환론적인 역사관은 "하늘은 불변하고 땅도 불변하며 도道 또한 불변하다."는 사상을 기초로 하고 있으며, 중국이 정체되어 발전하지 못한 장애 요인이 바로 여기에서 비롯되었다고 생각했다. 그는 서양의 '금이승고今以勝古'(지금 것이 옛 것보다 뛰어나다)하는 진화적, 진보적인 역사관(세계관)이야말로 중국을 국제사회의 경쟁 속에서 구출해 줄 수 있는 신무기라고 인식했다.

"중국과 서양의 사리에 대해 말한 적이 있다 ……중국사람들은 과거를 좋아하고 현재를 소홀히 하는데 서양사람들은 현재에 힘씀으로써 과거를 극복한다는 것이다. 중국 사람들은 한 차례의 안정과 혼란, 흥성과 쇠퇴를 우주의 운행과 인간사의 순리로 생각하지만 서양사람은 날로 발전하여 무궁무진하게 나아가며 흥성하여 다시는 쇠하지 아니하고 이미 잘 다스려지면 다시는 난세로 돌아가지 않는 것을 학술과 정치교화의 최고 준칙으로 삼는다. 嘗謂中西事理, ……莫大於中之人好古而忽今, 西之人力今以勝古, 中之人以一治一亂一盛一衰爲天行人事之自然, 西之人以日進無疆, 旣盛不可復衰, 旣治不可復亂, 爲學術政化之極則."[22]

옌푸는 중서논쟁에서 서학중원설西學中原說이나 중체서용설中體西用說도 부정하였다. 동시에 그는 서학을 배우는 주목적은 중서학술의 회통會通을 통하여 자국 학술에 대한 이해의 정도를 부단히 심화시켜 나가는데 맞춰져야 한다고 보았다. 그래서 그는 서학으로써 중국의 고유문화, 전통문화를 해석했다.

그는 Huxley를 순자荀子와 유종원柳宗元에 Spencer를 노자老子와 주희朱熹에 비교했으며, 서방 정치의 민주와 자유 관념을 도가의 노장철학老莊哲學에 연결시켜 해석했다. 예컨대, 『노자』를 평론할 때 옌푸는 "무위無爲" 사상을 서양의 민주이념과 연결시켰다. 또한 자유의 이념으로 『장자莊子』의 사상을 해독했으니 한마디로 중국 고유의 문화에 현대성을 가미한 것이었다.

더욱이 그는 공자를 결코 비난하거나 반대하지 않았으며 도리어

22 「論世變之亟」, 盧雲昆 編選, 『嚴復文選』(上海遠東出版社, 1996), 3쪽.

공교孔教를 긍정하였다. 그에게 가장 깊은 영향을 미친 Spencer의 사상에 대해서도 "그는 Spencer 생민生民 "삼요소"－"힘, 지혜, 덕"에 근거하여 『중용』에서의 군자수신의 "삼달덕三達德"－"지智, 인仁, 용勇"에 대하여 중서문화中西文化를 비교하고 반사反思를 하였는데 그것은 이상하지 않았다."[23]

중서문화에 대한 이런 절충론은 옌푸 자신이 중국전통에 대해 해박한 지식을 갖추고 있었기에 가능한 일이었지만, 무엇보다도 주체적으로 서학을 수용하려는 주체의식과 당시 지식인들의 중화사상과도 무관하지 않았다고 생각된다.

루쉰은 옌푸와 달리 봉건문화, 특히 유불도儒佛道야말로 중국국민의 정신을 마비시키는 근원이라고 보았다. 유가는 질서와 황제에 대한 충성을 강조했다. 도가는 무위사상을, 불가는 윤회사상을 강조했는데, 이것들은 민중으로 하여금 사회참여를 부정하고 반항을 제거함으로써 방관자로 만들었다. 이들 봉건사상은 '인심을 건드리지 않는' 소극적인 국민성을 소성하게 하였는데 루쉰은 이 봉건문화를 극력하게 비판했다.

반면에 옌푸는 중국에 대한 자부심을 가지고 있었다. 중국문화가 서방의 문화보다 먼저 발생했으며 어떤 면에서는 서방보다 우수하다고 생각했다. "중국 고서 속에는 확실히 정의미언精義微言(깊고 오묘한 이치)이 숨겨져 있다. 그것은 서방학술과 다른 사상이면

---

23 蘇中立, 「略論戊戌時期嚴復的中西文化觀」, 『華中師範大學學報』, 1990년 제1기, 54쪽, 他根據 Spencer 的生民 "三要素"－"力, 智, 德" 以及『中庸』上關於君子修身的 "三達德"－"智, 仁, 勇", 進行中西文化比較和反思, 就不足爲奇了.)

서도 일치된 것도 있다. 이미 절학絶學 되었지만 서방의 학술을 빌어 검증할 수 있고 오히려 이로써 옛 사람이 전한 것을 증명할 수 있다."[24]

옌푸는 중국의 전통정치와 전통학문을 엄밀히 구분하여 논평하면서 자연스럽게 서학수용의 긴박성을 피력했다. 우선 그는 정치적 차원에서 자국의 정교전통政教傳統에 대해 장점보다도 단점이 더 많다고 혹평했다. 반면에 학술적인 면에서, 그는 고대학술에는 그 무엇으로도 대체할 수 없는 참된 가치가 담겨 있다고 높게 긍정했다. 만일 전통문화 속에 이렇게 장단점이 뒤섞여있다면 옥석을 구별해 내야 하는데, 그 옥석을 선별해 줄 기준을 설정하는 것이 당시 학자들에게 부여된 급선무였을 것이다. 이 시대적 난제의 답안으로 옌푸가 찾아낸 열쇠가 바로 서학의 수용이었다. 즉 서학만이 전통문화에 혼합되어 있는 장단점을 분별해 줄 유일한 척도라고 본 것이다.

옌푸는 교육에 있어서 "중국의 옛 것을 모두 버리고서 서양의 것을 가르치도록 도모하면 어떤가"에 대해 그렇지 않다고 답하면서, 변법이 어려운 것은 "옛 폐단은 버리고 오래된 좋은 것은 잘 골라 남길 수 있어야 하기" 때문이라고 주장했다. 여기서 우리는 그가 서학의 전면적인 수용에 분명히 반대하고 중학中學의 보존을 인정하고 있음을 볼 수 있다. 후기로 갈수록 옌푸는 전통문화사상을 중시하고 중국고유의 문화가치를 더 분명하게 인식했다.

24 嚴復譯, 「天演論」, 38쪽, 商務印西館, 1981. 38쪽, 中國古書里, 確是寶藏着精義微言, 它與西方學術不相謀而各有合, 只是它已成爲絶學, 還得借西方的學術來參證, 反以證諸吾古人之所傳而已.

옌푸가 전통문화에 대해 이렇게 적극적으로 긍정한 것과 달리, 루쉰은 국민성의 약점을 조성한 것이 오히려 전통문화라고 생각했다. 루쉰 소설에 등장하는 하층 계층 – 아Q, 상린써우, 단쓰부인, 천쓰청, 쿵이지 등은 하나같이 마비된 국민의식을 보여주는 인물들이다. 그들은 모두 현실을 직시하지 못하고 삶을 주체적으로 살지 못한 채 비극적으로 살아가는 '침묵하는 국민의 영혼들'이다. 그들이 맞게 되는 비극적인 파멸의 원인은 무엇보다도 구사회 제도의 모순과 폐단점에 있다. 그 제도의 모순과 폐단점이란 바로 봉건예교, 봉건교육과 봉건사상에서 기인한 것이었다. 오랜 동안 국민의 의식을 지배해온 전통문화, 루쉰은 그것을 타파하지 않으면 새로운 국가도 국민도 있을 수 없으며 나라도 일으킬 수 없다고 생각했다.

반면에 옌푸는 줄곧 전통 속에서 나라를 구출할 방법을 도모했다. 이를 위해 그는 새로운 지평—서양에 대한 인식과 시대 변하에 대한 인식—을 향해 전통을 재해석하고자 했다. 이제, 공자의 가르침은 만권의 책—특히 서양의 책—을 읽지 않고서는 그 가르침을 드러낼 수 없으며, 서학에 의한 재해석을 통해 그 가치를 재확인해야 할 대상이 되었다. 옌푸에게 있어서 공자의 존재는 자신이 학문을 일으켜 세울 마음의 고향이었으며, 서학수용의 주체성확립을 위한 터전이었다.

말기에 들어서자 옌푸는 급기야 서양사상을 부정하고 유가사상을 더욱 존중하기에 이르렀다. 그는 경서를 읽으면서 고유의 윤리, 예교, 풍속 습관을 옹호하게 되었다. 혁명, 진화, 민주에 대한 초기의 주장과 상반되는 이러한 태도는 물론 오랜 동안 전통교육을 받은 그의 보수적인 경향과 무관하지 않을 것이다. 후기에 보수주의자로 변함으로 말미암아 그는 사상이 퇴색되어 사회개혁에 아무런 효과를 주지 못했다고 많은 비판을 받았다.

그러나 그 같은 부정적인 평가는 다소 일면적이라 할 수 있다. 시대가 변한 오늘날 더 거시적인 안목으로 옌푸의 중국 근대화에 미친 영향과 옌푸라는 선각자의 전체적인 모습을 종합적으로 고찰할 필요가 있다. 후기에 들어서서 옌푸의 전통문화에 대한 경도는 전기前期의 모습이 연장, 확대된 것이며 "조건적으로 서방 문화를 흡수하고", "선택적으로 전통문화를 계승" "有條件的吸收西方文化"和"有選擇的繼承傳統文化"한 것으로서, 오히려 문화사상의 성숙이라 볼 수 있다[25]는 견해가 갈수록 설득력을 얻고 있다. 한 인물에 대한 평가는 시간과 공간, 정치적 입장에 의해서 다르게 진행된다. 21세기 들어와 서구 물질문명의 폐해가 갈수록 심각해지고 있으며 전통문화에 대한 소홀로 정체성은 실종되어 가고 있다. 전통문화에 대한 긍정적 재평가가 필요한 시점인데, 바로 이 점에서 옌푸에 대한 긍정적 평가는 시대적 요구에 부합된다.

미국학자 슈워츠史華茲는 옌푸의 전후기 사상의 연관성에 대해 다음과 같이 언급한 바 있다.

"이 시기 옌푸에 대한 나의 인상은, 그가 시종 초조함을 견지하고 있었으며 내적인 사상의 본질은 전후기가 일치한다는 것이다. 이 시기 옌푸의 전통관념에 대한 부정적인 태도는 『법의法意』와 『노자』의 평어 속에 보이는데 1895년의 논문에 나타난 것처럼

25 馬勇, 「嚴復晚年思想演變之重估」, 『哲學研究』, 1992년 제4기.

명료하다. 이 시기에 옌푸의 보수적인 정치적 편향은 그의 초기 논문에서 볼 수 있는데 의화단 사건 후 더욱 뚜렷하다. 어떠하든 간에 이러한 보수주의 등은 전통으로의 퇴보와 똑같이 간주할 수 없다.…”[26]

슈워츠는 옌푸의 전후기 사상의 가장 중요한 목표는 부국강병이었으며 전후기에 걸쳐 이 사상은 변함이 없었다고 강조한다. 후기의 옌푸의 전통의 회귀는 단지 외적인 변화였지 내적인 변화가 아니라는 것이다.

슈워츠의 이같은 지적은 옌푸의 만년 사상에 대한 대표적인 긍정적인 평가이며 옌푸사상의 본질에 대한 외국학자의 객관적인 관점을 보여주는 것이라 하겠다.

한편, 전통문화에 대해 혹독한 비판을 가했지만 루쉰 또한 비관적으로 실망하지만은 않았다. 모든 전통문화가 나쁜 것이라고 보지 않았기에 찌꺼기를 걸러 정화를 취하고자 하였으며 긍정적인 점은 계승 발양하여 새로운 문화를 창조할 것을 강조했다. 예를 들어 그는「악마주의 시의 힘」에서 굴원의 애국정신을 찬미했다. ‘소극적인 반항과 도전’에는 불만을 품었지만 ‘거리낌 없이 말하는 것’에 대해서는 긍정했다. 루쉰은 국혼國魂을 “관혼官魂”, “비혼匪魂”, “민혼民魂”으로 나누었고, 그 가운데 ‘민혼民魂’이 적극적으로 발양할 가치가 있다고 여겼다. 그는 “오직 민혼만이 고귀한 가치가 있는 것이며 그것을 발양해야만 중국은 비로소 진보가 있다”고 말했

26 陳華偉,「嚴復的中西文化觀與第三條救國道路的選擇」,『莆田高等轉科學校學報』, 2002년 3월, 9권, 1기 參考.

다."[27] 『한 가지 작은 일』에서 인력거꾼의 고상한 품덕, 『고향』에서 룬투의 순박함, 『이혼』에서 아이꾸의 반항정신 등등, 이런 것들이 모두 민혼의 내용이었다.

『화개집華盖集』의 『이것과 저것』에서 루쉰은 한비자의 "선두를 다투지 않으며 꼴찌를 부끄러워하지 않는 것"[28]을 칭찬하면서, 그 한 가지 묘법이 '불치최후不恥最後(꼴찌를 부끄러워하지 않는 것)'라 하였다. 그는 아무리 느리다 해도 열심히 쉬지 않고 달리면 설사 낙후되고 실패해도 반드시 그가 향하는 목적지까지 도달한다면서, "꼴찌를 부끄러워하지 않는 사람이 많을수록 어떠한 일이 되었든 한 순간에 와해되지는 않을 것"[29]이라고 힘주어 말한다. 루쉰 또한 국민성을 개조하는 데에는 오랜 세월과 끈질긴 인내심이 필요하다고 생각했던 것으로 보인다.

루쉰이 부인 허광평에게 쓴 다음과 같은 편지는 그런 관점의 연장선상이다. "마비된 상태를 고치는 방법에는 단 한 가지 방법이 있는데 그것은 바로 강인함이다. 즉, 끊어질지언정 놓지 않는다는 것이다. 점차적으로 조금씩 해 나가 쉬지 않으면 뛰어나지는 못하지만 효과가 없지는 않을 것이다."[30]

국민성의 개조는 하루아침에 이루어지는 것이 아니라 점진적으

27 「學界的三魂」(『語絲』周刊 第64期, 1926.2.1), 『華盖集續編』, 『魯迅全集』3卷, 208쪽.

28 「這個與那個」(『國民新報副刊』, 1925.12.10日, 12日, 22日分載), 『華盖集』, 위의 책, 141쪽.

29 「這個與那個」, 위의 책 143쪽.

30 「兩地書一二」(1926.4.14), 『兩地書』, 『魯迅全集』 11卷, 46쪽.

로 추동시킴으로서 변화 발전되어 간다는 것이다. 여기에는 끈질긴 인내심이 필요한데 이 인내심에는 바로 '꼴찌에게 보내는 갈채'와 같은 사고의 전환이 절실하다는 것을 루쉰은 일찌감치 간파한 것이다.

이상에서 살펴본 바와 같이 루쉰은 전통문화에 대하여 이중적 태도를 취했다. 그는 전통문화의 긍정적 요소를 수용하면서 부정적 요소는 타파하고자 했다. 전통문화에 대한 그의 인식과 태도는 '가져오기주의'에서 집중적으로 표현된다. 그는 중국과 외국문화 유산의 비판적 계승의 필요성과 중요성을 명확히 했다. 가져오는 것이 없으면 새로운 사람이 될 수 없고 문예 또한 새로운 문예를 만들 수 없다면서 적극적이고 주동적이면서 대담하게 '가져오기주의'를 강조했다. 한마디로 루쉰은 외국문화의 편향적인 국수주의는 비판하면서 전통의 우수한 점을 계승하고 외국의 장점을 변증법적으로 결합할 것을 주장했다.

4. 나가는 말

이상으로 외국문화와 전통문화에 대한 옌푸와 루쉰의 대응양상을 살펴보았다.

영국유학시기에 직접적으로 Darwin과 Spencer의 영향을 받았던 옌푸는 진화론을 중국 사상의 틀인 주자학을 기초로 하여 재해석했다. 그의 재해석은 중국의 실정에 맞게 진화론을 변용한 것으로서 당시 루쉰과 일부 지식인들에게 중서사상의 견강부회牽强附會라 비판을 받기도 했지만, 당시 중국의 상황에서 옌푸의 선택은 불가피한 것이었으며 그 나름대로 주체적 수용이라고 말할 수 있다.

진화론의 수용방법에 있어서 옌푸와 루쉰은 차별성을 보인다. 첫째, 변화에 대한 관점이 같지 않았다. 옌푸는 부분적이고 점진적인 변화를 희망했지만 루쉰은 전체적인 변화와 완전한 혁명을 원했다.

옌푸는 단지 Spencer의 물경천택, 우승열패만 강조하였을 뿐 계급모순과 투쟁 그리고 환경을 극복하는 적극성과 능동성을 주시하지 않았다. 그러나 루쉰은 신구투쟁, 신진대사, 소위 옛것을 버리고 새로운 것을 받아들인 덕분에, 썩은 열매는 떨어지고, 새로운 꽃이 돋아나고 있다"를 주장했다. 옌푸의 우승열패는 "상등인이 하등인보다 뛰어나다"를 고취한 것으로 통치계층의 생각을 반영한 것이다. 그러나 루쉰은 이에 대해 적극적으로 반대하여 "하등인이 상등인보다 낫고, 꼴지가 있어야 1등이 있다"면서 서로 다른 계급관념을 드러냈다. 루쉰의 자강보종은 통치계층과 그 사상의 독해를 비판한 것으로 옌푸의 사상보다 진일보한 것이라 볼 수 있다.

옌푸와 루쉰은 구국의 방법에서도 차이가 있었다. 옌푸가 교육구국론을 주장한 반면, 루쉰은 사상계몽과 개방해방을 주장했다. 옌푸는 구국을 위하여 직접적인 교육과 함께 지식인들을 교육하는 데 중점을 두었다. 옌푸가 생각하는 민중은 지혜가 낮아 변혁의 주체가 되지 못했다. 반면 루쉰은 민족정신 개조의 목표대상을 중국인 다수를 차지하는 하층계급으로 삼았다. 옌푸가 진화의 주체를 지식인이나 국가로 삼았다면 루쉰은 진화의 주체를 개성이 해방된 민중으로 보았다. 루쉰이 강조했던 개성이 해방된 개인은 단순히 개체로서의 의미가 아니라 민족을 의식 속에 내면화시킨 개인이다. 루쉰에게 있어서 진화의 주체는 '민족'과 '인민'이다. 하나의 민족이 다른 민족에게 지배받을 수 없듯이 개인이나 국가도 다른 개인이나 강대국에 의해 지배받을 수 없는 것으로 인식했다.

그들은 둘 다 번역을 통해 외국문화를 소개하고 개화와 계몽, 진보를 꾀했으며, 번역의 임무를 정치개혁의 측면에서 찾았다. 그러나 번역관은 서로 달랐다.

옌푸는 자신의 번역론을 "신, 달, 아"라는 세 글자로 정의했다. 그는 독자를 위한 가독성 -즉 '달'을 우선시해야한다고 생각했는데, 루쉰은 오히려 경역硬譯을 주장했다.

옌푸는 의화단義和團 사건 전에는 '전반서화론'을 주장했지만 전통을 완전히 부정하지는 않았다. 의화단 사건의 무모함을 보고 중국 사람들이 아직 자치할 단계에 도달하지 못했다고 생각한 그는 '중서절충론'으로 전환한다. 옌푸에게 있어서 전통은 단지 비판받고 지켜야 할 대상이 아니라 서학을 받아들이는 토대로 작용한다. 전통의 기반은 무엇이며 그것은 과연 서학과 조화될 수 있는가 하는 어려운 문제를 안게 된 옌푸는 결국 자신의 서구적 학문배경에도 불구하고 여전히 전통적인 세계관 속에서 변화를 도모했다.

그래서 그는 서양의 원리와 가치를 토대로 중국사회를 분석하고 비판했다. 그의 삶은 서양의 원리를 발견하고 서양의 원리 속에 감추어진 문제를 인식하고 중국의 가치를 발견해가는 과정이었다. 이러한 원리와 가치를 찾아 고뇌하는 과정이야말로 그가 추구했던 중국의 근대성이라고 규정한다. 그는 서양화를 중국의 근대화로 생각한 것이 아니라 서양의 학문과 과학적 방법에 기초하여 중국의 근대를 창안하고자 한 것이다. 그는 중국인의 정체성(Identity)은 유교의 경전 속에 있다고 보았다. 한편 서양사회가 문제를 야기해도 서양의 학문은 여전히 그의 원리였다. 그에게 중요한 것은 원리의 진리성이었으며 중국과 서양은 지리적으로 구획된 세계는 아니었다. 후기에 들어서서 전통문화를 고집한 것("조건적으로 서방 문화를 흡수"하고, "선택적으로 전통문화를 계승")은 옌푸의 변모가 아니라 전기의 모습이 확대 돌출된 것으로 문화사상의 성숙한 표현이라는 관점이 꽤 설득력을 얻고 있다.

반면, 루쉰은 전통문화에 대해 이중적 태도를 취하였다. 그는 전통문화의 긍정적 요소를 수용했고 부정적 요소는 파괴하였다. 그의 전통문화에 대한 인식과 태도는 '가져오기주의'에서 집중적으로 표현된다. 그는 중국과 외국문화 유산의 비판적 계승의 필요성과 중요성을 명확히 지적했다. 후기의 루쉰은 외국문화에 대한 편향적인 국수주의를 비판하면서 동시에 전통의 우수한 점을 계승하고 외국의 장점을 변증법적으로 결합해야 한다고 주장했다.

루쉰에 대한 평가가 정치적으로 과장되게 평가되었다면 옌푸에 대한 평가는 말년의 삶 때문에 상대적으로 축소된 경향이 있다. 그에 대한 평가는 긍정과 부정으로 크게 엇갈려 진행되었지만, 그가 중국근대화에 있어 커다란 중간물 역할을 했다는 것은 부인할 수 없다. 『천연론』을 비롯한 옌푸의 다양한 번역물은 루쉰, 후스, 량치차오, 천뚜시우 등과 같은 선구자들에게 많은 사상적 영향을 주었으며 그들로 하여금 중국의 근대화를 이끌게 하는데 큰 원동력이었음은 명백한 일이다. 또한 비판받았던 옌푸의 후기 생각이야말로 향후 중국이 나아갈 방향을 제시해준 것으로 평가할 수 있다는 리

저허우李澤厚의 주장[31]은 매우 설득력 있게 들린다.

31 중화민족의 부강이라는 철저한 자기민족 중심주의 또한 배타적 민족주의가 유행하던 시대에 계몽적, 개량적 교육방법으로 '開民智'하려던 옌푸의 노력은 제2세대 근대지식인들을 성장시키는데 큰 도움을 주었다. 즉 피상적 부국강병책인 中體西用에 반대하여 西學의 體用이 있다고 주장하면서, 서양의 자유를 體로 하고 서양의 민주를 用으로 삼았다. 李澤厚, 『中國近代思想史論』(北京人民出版社), 1986, 278-284쪽.